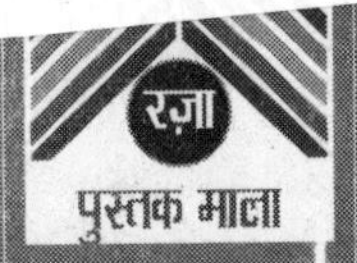

चित्रमय भारत

कलालोचना

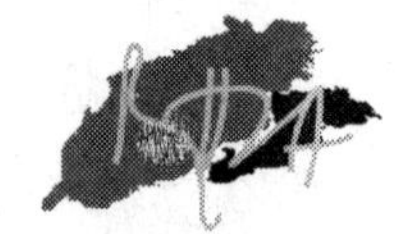

रज़ा फ़ाउण्डेशन | THE RAZA FOUNDATION

चित्रमय भारत

सुधाकर यादव

मराठी से अनुवाद
डॉ. गोरख थोरात

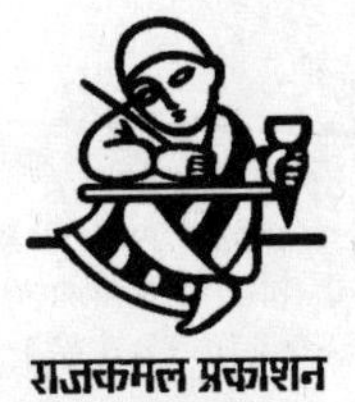

राजकमल प्रकाशन

रज़ा पुस्तक माला : **कलालोचना** | **अनुवाद**
प्रधान सम्पादक : अशोक वाजपेयी | सम्पादक : पीयूष दईया
राजकमल प्रकाशन प्रा.लि. और रज़ा फ़ाउण्डेशन का सह-प्रकाशन

ISBN : 978-93-89577-36-5

मूल्य : ₹295

पहला संस्करण : 2019
दूसरा संस्करण : 2022

प्रकाशक : राजकमल प्रकाशन प्रा. लि.
1-बी, नेताजी सुभाष मार्ग, दरियागंज
नई दिल्ली-110 002

शाखाएँ : अशोक राजपथ, साइंस कॉलेज के सामने, पटना-800 006
पहली मंजिल, दरबारी बिल्डिंग, महात्मा गाँधी मार्ग, प्रयागराज-211 001
36 ए, शेक्सपियर सरणी, कोलकाता-700 017

वेबसाइट : www.rajkamalprakashan.com
ई-मेल : info@rajkamalprakashan.com

मुद्रक : बी.के. ऑफ़सेट
नवीन शाहदरा, दिल्ली-110 032

CHITRAMAY BHARAT
by Sudhakar Yadav
Translated by Dr. Gorakh Thorat

आमुख

कलाओं में भारतीय आधुनिकता के एक मूर्धन्य सैयद हैदर रज़ा एक अथक और अनोखे चित्रकार तो थे ही उनकी अन्य कलाओं में भी गहरी दिलचस्पी थी। विशेषत: कविता और विचार में। वे हिन्दी को अपनी मातृभाषा मानते थे और हालाँकि उनका फ्रेंच और अँग्रेज़ी का ज्ञान और उन पर अधिकार गहरा था, वे, फ्रांस में साठ वर्ष बिताने के बाद भी, हिन्दी में रमे रहे। यह आकस्मिक नहीं है कि अपने कला-जीवन के उत्तरार्द्ध में उनके सभी चित्रों के शीर्षक हिन्दी में होते थे। वे संसार के श्रेष्ठ चित्रकारों में, २०-२१वीं सदियों में, शायद अकेले हैं जिन्होंने अपने सौ से अधिक चित्रों में देवनागरी में संस्कृत, हिन्दी और उर्दू कविता में पंक्तियाँ अंकित कीं। बरसों तक मैं जब उनके साथ कुछ समय पेरिस में बिताने जाता था तो उनके इसरार पर अपने साथ नवप्रकाशित हिन्दी कविता की पुस्तकें ले जाता था : उनके पुस्तक-संग्रह में, जो अब दिल्ली स्थित रज़ा अभिलेखागार का एक हिस्सा है, हिन्दी कविता का एक बड़ा संग्रह शामिल था।

रज़ा की एक चिन्ता यह भी थी कि हिन्दी में कई विषयों में अच्छी पुस्तकों की कमी है। विशेषत: कलाओं और विचार आदि को लेकर। वे चाहते थे कि हमें कुछ पहल करनी चाहिये। २०१६ में साढ़े चौरानवे वर्ष की आयु में उनकी मृत्यु के बाद रज़ा फ़ाउण्डेशन ने उनकी इच्छा का सम्मान करते हुए हिन्दी में कुछ नयी क़िस्म की पुस्तकें प्रकाशित करने की पहल *रज़ा पुस्तक*

माला के रूप में की है, जिनमें कुछ अप्राप्य पूर्व प्रकाशित पुस्तकों का पुनर्प्रकाशन भी शामिल है। उनमें गाँधी, संस्कृति-चिन्तन, संवाद, भारतीय भाषाओं से विशेषत: कला-चिन्तन के हिन्दी अनुवाद, कविता आदि की पुस्तकें शामिल की जा रही हैं।

दूसरी भाषाओं से कलाओं पर महत्त्वपूर्ण सामग्री हिन्दी अनुवाद में प्रस्तुत करने के हमारे उपक्रम में सुधाकर यादव की मराठी पुस्तक 'चित्रमय भारत' भारत के आधुनिक और समकालीन कलाकारों पर सार्थकता से 'क्षण भर' विचार करने में हमारी मदद करती है। हमारे जाने तीस से अधिक कलाकारों पर ऐसी कोई पुस्तक हिन्दी में नहीं है। हमें इसे प्रकाशित करते हुए इस कारण भी प्रसन्नता है कि कला पर मराठी में हो रहे विचार से हमारा परिचय हो सकेगा।

अशोक वाजपेयी
जून २०१९, नयी दिल्ली

प्रस्तावना

भारत के मूर्धन्य चित्रकारों पर भारतीय भाषाओं में अपेक्षा कृत कम गम्भीर लेखन हुआ है। यह नहीं कि ऐसा कुछ अँग्रेज़ी में हुआ हो। वहाँ भी स्थिति अन्य भारतीय भाषाओं से कुछ बेहतर है पर सन्तोषजनक तब भी नहीं। रिचर्ड बार्थोलोमियो, गीता कपूर, के.जी. गोयल आदि कुछ चित्रकला के आलोचकों को छोड़ दिया जाये तो अँग्रेज़ी में भी कला-आलोचना की स्थिति निराशाजनक ही जान पड़ेगी। हमारी सभी भाषाओं में यह स्थिति है कि हमें अपने चित्रकारों के थोड़े बहुत नाम भले ही मालूम हो, हममें से बहुत थोड़े लोग उनके चित्रों को भी शायद पहचान लेते हैं पर उनकी चित्रकला की गहरायी का, उसमें उद्घाटित नयी दृष्टि का अनुमान अधिकांश को लगभग नहीं है। जबकि पिछले सौ वर्षों की भारत की चित्रकला ने अनेक मार्ग लिए हैं और वह समूची दुनिया में सम्मान अर्जित करने में भी सफल रही है। हमारी भाषाओं में चित्रकला की आलोचना सुघड़ पत्रकारिता से आगे नहीं जा पायी और इसे हमारा दुर्भाग्य ही मानना होगा। चित्रकला महज़ सज्जा की वस्तु नहीं होती। हर चित्र से कोई-न-कोई गहन अनुभव विकीरित होता ही है, उसे उतनी ही गहनता से अनुभव करने की सामर्थ्य स्वयं हमें जुटानी पड़ती है, शायद इसे ही संस्कार कहा जाता है। हमारे भीतर चित्रकला अनुभव करने के संस्कार कमज़ोर होते चले गये हैं। यह कितनी पीड़ा की बात है कि एक चित्रकार अपना समूचा जीवन चित्रसृजन में व्यय कर देता है और तब भी

उसे उसी गम्भीरता से ग्रहण करने वाले दर्शक नहीं मिलते, कभी-कभी ख़रीददार भले ही मिल जायें। किसी भी जीवन्त संस्कृति की निर्मिति के लिए चित्रकला आदि सृजन आवश्यक हैं तो इसके साथ ही उन्हें दर्शकों को उपलब्ध कराने वाली विस्तृत आलोचना भी उतनी ही अनिवार्य है। अगर चित्रकला मनुष्य को प्रकृति का उपहार है तो उसकी विवेचना मनुष्य के उपहार को अपने लिए उपलब्ध करने का अत्यन्त महत्त्वपूर्ण उपक्रम है। इसके अभाव में सृजन होता रहता है पर वह व्यापक संस्कृति में भागीदारी नहीं कर पाता।

भारतीय भाषाओं में कला-आलोचना के अभाव को किसी हद तक सुधाकर यादव की 'चित्रमय भारत' दूर करने का एक ऐसा विस्तृत प्रयास है जो अब तक नहीं हुआ है। सुधाकर ने अपनी इस पुस्तक में रवीन्द्रनाथ ठाकुर, जामिनी रॉय, अब्दुल रहमान चुग़ताई, रामकिंकर बैज, के.सी.एस. पणिक्कर, अमृता शेरगिल, आरा, जैनुअल अब्दीन, मक़बूल फ़िदा हुसेन, चित्ताप्रसाद, अम्बादास, सूज़ा, गायतोण्डे, के.जी. सुब्रह्मण्यन्, तैयब मेहता, कृष्णा रेड्डी, जगदीश स्वामीनाथन, हिम्मत शाह, जेराम पटेल, हिम्मत शाह, जिव्या सोमा माशे, भूपेन खख्खर, प्रभाकर बर्वे, नसरीन मोहम्मदी, ज़रीना हाशमी, अतुल दोडिया, जनगढ़ सिंह श्याम आदि भारत के लगभग सभी महत्त्वपूर्ण चित्रकारों की कला पर संक्षिप्त पर गम्भीर निबन्ध लिखे हैं। इस बड़े स्तर पर ऐसा करने वाले सुधाकर सम्भवत: अकेले हैं। ये निबन्ध इन लेखकों का परिचय भर नहीं देते, वे इनकी चित्रकला के मर्म को किसी हद तक उद्‌घाटित करने की ईमानदार और दृष्टि सम्पन्न कोशिश करते हैं।

पाठक लक्ष्य करेंगे कि 'चित्रमय भारत' में आधुनिक नागर चित्रकारों की कला को तो विषय बनाया ही गया है, पर साथ में हमारे आदिवासी अंचलों में काम कर रहे चित्रकारों की कला पर भी उतनी ही गम्भीरता से लिखा गया है। यह इस पुस्तक की विशिष्ट बात है। मसलन, सुधाकर के लिए मक़बूल फ़िदा हुसेन और जनगढ़ सिंह श्याम दोनों की ही चित्रकृतियाँ विचार योग्य है और वे दोनों ही भारत की चित्रकला संस्कृति को समृद्ध करती हैं। इस

किताब को अन्तिम पृष्ठ तक पढ़ने के बाद पाठक को पिछले सौ वर्षों से अधिक की भारतीय चित्रकला की यात्रा का, उसमें आये नये-नये पड़ावों और प्रस्थानों का ज्ञान तो होगा ही, अनुभव भी बहुत हद तक हो सकेगा। 'चित्रमय भारत' हमें भारतीय चित्रकला संस्कृति से आत्मीय होने का अवसर प्रदान करती है। इसे पढ़कर पाठक स्वयं को अपनी संस्कृति की चित्रकला से कहीं अधिक निकटता महसूस करेंगे और अपने भीतर इसे और इसके सहारे ख़ुद को अनुभव करने के मार्ग कहीं अधिक सुगमता से अन्वेषित कर सकेंगे।

उदयन वाजपेयी

क्रम

आरम्भ

भारत में राजनीतिक जागरूकता का दौर आरम्भ होते ही पूरे देश में ब्रिटिश उपनिवेशवाद के विरुद्ध आन्दोलन शुरू हुआ और सभी तबकों में विदेशी वस्तुएँ, विचार, संस्कृति को नकारते हुए स्वदेशी की भावना दृढ़मूल होने लगी। इस प्रक्रिया में औद्योगीकरण का भी विरोध होने के कारण यहाँ के देशज कारीगरों को महत्त्व प्राप्त हुआ। इस माहौल में देश के विचारकों, कलाकारों ने भी ख़ुद को अपनी परम्पराओं से जोड़ने का प्रयास किया। इस दौर में राजनीतिक, सामाजिक और सांस्कृतिक परिवर्तन का केन्द्र बंगाल बना हुआ था। अत: स्वाभाविक रूप से यहाँ स्वदेशी का प्रभाव अधिक देखा गया। साथ ही ईसाई मिशनरियों का विरोध करते हुए नवहिन्दुत्व का विचार भी यहाँ प्रभावशाली ढंग से उभरा। आर्य समाज और ब्रह्म समाज के ज़रिये हिन्दू दर्शन प्रस्तुत करनेवाले दयानन्द सरस्वती, रामकृष्ण परमहंस, अरविन्द घोष, विवेकानन्द, महर्षि देवेन्द्रनाथ ठाकुर, भगिनी निवेदिता वग़ैरह विचारकों की एक विशाल परम्परा बंगाल में शुरू हुई।

बंगाल के सांस्कृतिक एवं सामाजिक परिवर्तन में ठाकुर घराने की भूमिका अत्यन्त अहम रही है। गगेन्द्रनाथ, अवनीन्द्रनाथ ठाकुर ने 'विचित्रा' नाम से एक दल की स्थापना की थी, जिससे रवीन्द्रनाथ ठाकुर भी जुड़ गये। बाद में यही संस्था भारतीय सौन्दर्यशास्त्र, कला, परम्परा के गहन अध्ययन का केन्द्र बन गयी। आगे चलकर आनन्द कुमारस्वामी जैसे सौन्दर्यशास्त्र के अध्येता इसमें शामिल हुए।

नन्दलाल बोस इस दौर के एक अत्यन्त महत्त्वपूर्ण चित्रकार हैं। वे

उपनिवेशवाद के विरोध से प्रभावित थे और अवनीन्द्रनाथ के 'विचित्रा' दल के प्रभाव से ही कला शिक्षक बने थे। उन्होंने अजन्ता चित्रशैली और मुग़ल तथा राजपूत लघुचित्र शैली का उन्नयन किया। सन् १९१९ में रवीन्द्रनाथ ने शान्तिनिकेतन में शिल्प-चित्र विभाग के रूप में 'कला भवन' की स्थापना की और उसमें नन्दलाल बोस को कला अध्यापक के रूप में नियुक्त किया।

नन्दलाल बोस, असित हालदार, मुकुल डे आदि सभी ने एक ही शैली में कार्य किया। इसी से 'बंगाल स्कूल' का आविर्भाव हुआ। इसका स्वाभाविक असर मुम्बई के कला-जगत् पर भी पड़ा। मुम्बई में अहिवाशी, चिमुलकर, पलशीकर से लेकर गायतोण्डे तक के चित्रकारों ने इसी शैली का अनुमोदन किया। इस तरह 'बंगाल स्कूल' के समानान्तर 'बॉम्बे स्कूल' तैयार हुआ। यह शैली पूरे देश में भारतीय शैली के रूप में स्थापित हुई। सन् १९२० तक कलकत्ता स्कूल ऑफ़ आर्ट्स और बाद में जे. जे. स्कूल ऑफ़ आर्ट्स में विशिष्ट भारतीय शैली की पारम्परिक अध्ययन कक्षाएँ शुरू हो चुकी थीं। दोनों कला संस्थाओं में यूरोपीय और भारतीय शैली के परस्पर विरोधी पाठ्यक्रम शुरू हुए। भारतीय शैली यानी अजन्ता भित्तिचित्र, लघुचित्र, साथ में पौराणिक, ऐतिहासिक विषय और लयबद्ध तथा आलंकारिक आकार।

पूरे देश में इसी अलंकार शैली का प्रभाव था। अमृता शेरगिल सन् १९३४ में भारत आयी। भारतीय नस्ल की अमृता का जन्म यूरोप में हुआ था और उसकी शिक्षा भी वहीं पूरी हुई थी। यूरोपीय कला के पॉल गोगाँ, वान गॉग, मोदिग्लियानी, पॉल सेज़ां आदि उस दौर के विख्यात कलाकारों का उस पर प्रभाव था। विशेषत: पॉल गोगाँ का प्रभाव तो बहुत ज़्यादा था। परन्तु पॉल गोगाँ को पूर्वी कला के प्रति, विशेषत: जापानी कला के प्रति आकर्षण था। यही प्रभाव आगे चलकर अमृता शेरगिल पर दिखायी देता है।

अमृता शेरगिल ने भारतीय समाज तथा उसकी जीवन शैली का अध्ययन किया। साथ ही एलोरा-अजन्ता तथा दक्षिण भारत के भित्तिचित्रों का भी विशेष अध्ययन किया। उसने अजन्ता के बाह्य सादृश्य पर आधारित बंगाल शैली की आलोचना की। उसका आरोप था कि नन्दलाल बोस के चित्र मात्र इलस्ट्रेशन हैं, उनमें तार्किकता नहीं है।

पॉल गोगाँ ताहिती द्वीप पर पहुँचा था और वहाँ की आदिवासी संस्कृति से एकाकार हो गया था। यह जीवन शैली उसके चित्रों में दिखायी देती है। इसी तर्ज़ पर अमृता शेरगिल को भारतीय ग्रामीण जीवन, उसका भीतरी कारुण्य, दुख क़रीबी लगा। उसी से कला-प्रेरणा ग्रहण करते हुए उसने चित्र बनाये। अजन्ता के अलावा यहाँ के ग्रामीण जीवन में भी वह गहरायी तक गयी थी। इस कारण शेरगिल के चित्रों में मात्र बाह्य सादृश्य शैली नहीं आयी, बल्कि वह अन्तर्बाह्य ठेठ भारतीय शैली बन गयी। इस महत्त्वपूर्ण प्रभाव से पूरे देश में परिवर्तन आया। बंगाल स्कूल और बॉम्बे स्कूल पीछे छूट गये और भारतीय कला एक नयी दिशा में प्रवाहित हुई। इसमें मुख्यतः के. के. हेब्बर, एन.एस. बेन्द्रे तथा एम.एफ़. हुसेन आदि मुम्बई के कलाकार शामिल थे।

भारतीय कला की ओर भारतीय जीवन के चश्मे से देखने के इस दृष्टिकोण के कारण देहाती, गँवार और पिछड़ी हुई 'कालीघाट' कला की ओर देखने की नयी दृष्टि प्राप्त हुई और इस बात पर मुहर लग गयी कि वह उच्च कोटि की कला है। अमृता शेरगिल ने रवीन्द्रनाथ की कविता की तुलना में उनके चित्रों की प्रशंसा अधिक की है। कुल मिलाकर, कला से कला की निर्मिति की परम्परा टूट गयी और यथार्थ जीवन से आशय लेकर कला निर्मिति का दृष्टिकोण दृढ़ होने लगा। इस तरह भारतीय कला आकार ग्रहण करने लगी और अमृता शेरगिल के अलावा जामिनी रॉय, रवीन्द्रनाथ ठाकुर आदि आधुनिक भारतीय कला के महत्त्वपूर्ण चित्रकार बन गये।

इससे स्पष्ट होता है कि आज़ादी से पहले ही भारतीय चित्रकला का आरम्भ हुआ। द्वितीय विश्वयुद्ध के बाद विश्व के अनेक देश उपनिवेशवाद की जंज़ीरों से आज़ाद हुए। आज़ाद भारत में कला, साहित्य, नाटक के आन्दोलन शुरू हुए। 'प्रगतिशील लेखक संघ' के रूप में साहित्यिक आन्दोलन शुरू हुआ। उसी से प्रेरणा पाकर मुम्बई में 'प्रोग्रेसिव ग्रुप' नाम से एक चित्रकला संगठन स्थापित हुआ। सूज़ा, एम. एफ़. हुसेन, एच. एस. रज़ा, के. एच. आरा, गाडे और बाकरे आदि इस समूह के संस्थापक थे। हुसेन और आरा के अलावा बाक़ी सभी कलाकार यूरोप चले गये और वहीं बस गये। उस दौर के विख्यात चित्रकार पिकासो, पॉल क्ली आदि का प्रभाव पूरी दुनिया पर था, जो हुसेन और सूज़ा पर भी दिखायी देता है। परन्तु ऐसे बाह्य प्रभाव से पीछा छुड़ाने के लिए सभी कलाकार

अपनी कला को 'भारतीयता' में ढालने का प्रयास करने लगे। इसके लिए वे वैदिक दर्शन, गुप्तकालीन कला, भारतीय मिथक चेतना आदि के साथ जुड़ते हुए नज़र आते हैं।

इस तरह उपनिवेशवाद विरोधी आन्दोलन से लेकर भारतीय स्वाधीनता और वर्तमान तक, एक ही सूत्र, कलाकारों को आपस में जोड़े हुए है।

२ रवीन्द्रनाथ ठाकुर
(१८६१-१९४१)

रवीन्द्रनाथ ठाकुर

> रवीन्द्रनाथ टैगोर कहते हैं कि उनके कवि-कर्म का उनके चित्रकार से कोई सम्बन्ध नहीं है।
>
> —ओरी बिदाओ

रवीन्द्रनाथ ठाकुर साहित्य, संगीत, नृत्य, नाटक वग़ैरह कई कलाओं के ज्ञाता थे। एक व्यक्ति का इतनी सारी कलाओं का ज्ञाता होना अपवाद में भी अपवाद माना जा सकता है। उनकी ये सभी कलाएँ मात्र पारम्परिक नहीं हैं, बल्कि उन पर रवीन्द्रनाथ की अपनी अलग छाप है। जब एक ही व्यक्ति में इतनी कलाएँ होती हैं, तब लोग उन कलाओं के बीच परस्पर आन्तरिक सम्बन्ध की बात लगभग मानकर ही चलते हैं। परन्तु, रवीन्द्रनाथ के उपर्युक्त कथन से उनकी चित्रकला में अलग से सौन्दर्य मूल्य को ढूँढ़ने का रास्ता हमारे लिए खुल जाता है।

रवीन्द्रनाथ की चित्रकला की साधना उनकी आयु के पैंसठ वर्ष बाद यानी ढलती उम्र में शुरू होती है। तब तक साहित्य, संगीत, नृत्य, नाटक आदि विधाओं में उनका औचित्यपूर्ण सर्जन हो चुका था और सारे संसार ने उनका लोहा मान लिया था। साहित्य के लिए तो उन्हें 'नोबेल' पुरस्कार से नवाज़ा गया था। तात्पर्य यह कि रवीन्द्रनाथ के रूप में एक अलग सौन्दर्यशास्त्रीय मूल्य-विचार स्थापित हो चुका था। रवीन्द्रनाथ यदि उपर्युक्त बात नहीं कहते, तो शायद उनकी अन्य कला में स्थापित सौन्दर्य मूल्यों को ही उनके चित्रों के साथ जोड़ दिया जाता। अत: उनके चित्रों की अलग से समीक्षा करना इसी कथन के कारण सम्भव हुआ है।

रवीन्द्रनाथ के अलावा उनकी चित्रकला और अन्य कला सौन्दर्य पर बेबाक टिप्पणी केवल अमृता शेरगिल ने ही की है। अमृता सन् १९३४ में भारत आयी। तब तक वह पेरिस में थी। वहाँ उसने पिकासो, ब्राक, मातीस आदि का काम अपनी आँखों से देखा था। उसका संवेदनशील मन पॉल गोगाँ, विन्सेंट वान गॉग आदि के चित्रों से प्रभावित हुआ था। कुल मिलाकर, वह चित्रकला के एक अहम दौर की प्रत्यक्षदर्शी थी। जब वह भारत आयी तब पूरे देश में 'बंगाल शैली' का बोलबाला था। चित्रकार नन्दलाल बोस भी ख़ूब चर्चा में थे। सन् १९३० के दरमियान रवीन्द्रनाथ के चित्र पेरिस और यूरोप के अन्य देशों में भी प्रदर्शित हो चुके थे। यानी, एक भारतीय चित्रकार के रूप में वे स्थापित हो चुके थे।

भारत आते ही अमृता ने भारतीय कला का जायज़ा लिया और भारतीय कला के सन्दर्भ में अपने विचार बेबाकी और दृढ़ता से प्रतिपादित किये। उसका कहना था कि नन्दलाल बोस के चित्र चित्रकला नहीं, बल्कि 'इलस्ट्रेशन' हैं और सतही दर्ज़े के हैं। साथ में उसने यह भी कहा कि पूरी 'बंगाल शैली' केवल अजन्ता की बाह्य सदृश्य है और भीतर से पोली है। उसकी रवीन्द्रनाथ पर की गयी टिप्पणी तो और भी प्रभावशाली है। वह कहती है, 'जहाँ तक टैगोर की क्षुद्र कविता का सम्बन्ध है, मुझे उससे गहरी घृणा है, जैसी कि मुझे उनके बनावटी व्यवहार से। दरअसल, जो काम टैगोर कर सकते हैं वह केवल चित्रकला है।' (कारी को लिखे पत्र में, सितम्बर, १९३७) रवीन्द्रनाथ के चित्रों पर की गयी इस टिप्पणी से यही अर्थ निकलता है कि रवीन्द्रनाथ की अन्य कलाएँ और उनके चित्र में कोई अन्तःसम्बन्ध नहीं है।

रवीन्द्रनाथ की चित्रकला की शुरुआत सन् १९२८ के आसपास मानी जाती है। परन्तु उनके आरम्भिक चित्र कला सर्जन की प्रेरणा से नहीं, बल्कि उस दृश्य-निर्मिति से बने थे जो लेखन के ग़लत ब्यौरे की काटा-पीटी से बनते हैं। यानी, असमान लम्बाई के शब्दों को काटने से बने असमान लम्बाई के आकार समूह, दो शब्दों के बीच की ख़ाली जगहें आदि से रवीन्द्रनाथ को अलग-अलग आकृतियों का आभास होता। फिर शब्दों के रिक्त स्थानों को रेखाओं द्वारा इन शब्द समूहों से जोड़ने पर जो आकृतियाँ उभरतीं, वे उन्हें परिचित लगतीं। रवीन्द्रनाथ उनमें और ज़रा-सा ब्यौरा जोड़ देते और उससे पक्षी या पशु की आकृति का आभास होता। इस क्रीड़ा की निरन्तरता से ही

रवीन्द्रनाथ को आकार का अहसास हुआ, जो चित्रकला का एक महत्त्वपूर्ण आयाम है। ऐसी सहजता से जो सर्जन होता है, उसे कला तो नहीं कह सकते, परन्तु वह कला की एक प्रक्रिया अवश्य है। वह रूप-संवेदना का दस्तावेज़ है।

इस दौर को रवीन्द्रनाथ का दूसरा बचपन ही माना जा सकता है। दुनिया भर की कला-संस्कृतियों का अवलोकन करने के बाद वे शान्ति निकेतन में बस गये थे और यह कला भी उन्हें अपनी बालसुलभ जिज्ञासा से ही अवगत हुई थी।

लेखन पद्धति में सामान्यत: बायें से दायें का क्रम होता है। शब्दक्रम में सीधी समान्तर रचना होती है। अत: रवीन्द्रनाथ की यह कृति, उससे आभासी बननेवाले पशु-पक्षियों के आकार भी सीधे समान्तर ही हैं। रवीन्द्रनाथ ने स्वतन्त्र रूप से भी ऐसी ही आकृतियाँ बनायी हैं। उन्हें वज़न प्राप्त हो इसलिए वे क़लम से ही एक दूसरी के समानान्तर, एक दूसरी से स्पर्श कर जाती, टेढ़ी और सीधी आदि अनेक रेखाओं को पिरोते गये। इन आकारों को एक गठन प्राप्त हो जाने से बिना रंगों के भी वे चित्र परिपूर्ण लगते।

अपने चित्रों में पक्षी, पशु, पत्ते, फूल आदि प्राकृतिक तत्त्वों के आकार आते ही रवीन्द्रनाथ को उनमें रंग भरने की आवश्यकता महसूस होने लगी। शुरू में रवीन्द्रनाथ ने प्रकृति में मुख्य रूप से पाये जानेवाले लाल, हरे और पीले आदि रंगों का चयन किया। इन रंगों का प्रयोग करते समय छायाभेद के लिए फिर क़लम और स्याही का इस्तेमाल किया। विरोधी रंग लाल, हरा और पीला ऐसे रंग-संयोजन के कारण उनके चित्रों में मुख्यत: 'मटमैली' रंगछटा आ गयी।

रेखा से आरम्भ हुए चित्रों में रंगों का प्रवेश होते ही रवीन्द्रनाथ की रेखा का रूप बदल गया। क़लम और स्याही के इस्तेमाल से बननेवाली एक ही मोटायी की रेखा चली गयी और उसके स्थान पर ऊबड़-खाबड़ और असमान मोटायी की बनी रेखा आ गयी। रवीन्द्रनाथ के आकार और उनके पीछे का अवकाश सामान्यत: गहरे रंग का है, परन्तु रेखाएँ तेजस्वी और उजली हैं। रवीन्द्रनाथ की 'रेखा' हमेशा शुरू से लेकर अन्तिम चित्र-शृंखला तक बदलते हुए मगर मुख्य रूप में दिखायी देती है। यह रेखा, वस्तु या आकार की बाह्यरेखा या वस्तु के आकार को उभाड़ती नहीं, बल्कि चित्र

को एक गति और लय प्रदान करती है। रेखा के कारण आकार रूप धारण करते हैं। रवीन्द्रनाथ की रेखा सभी दिशाओं में अखण्ड और सीधी चलती है। वह 'बॉडी लाइन' नहीं है, अपितु उस रेखा का अपना व्यक्तित्व है, अपना शरीर है।

रवीन्द्रनाथ ने एक तत्त्व के रूप में रेखा का अनेक पद्धतियों से इस्तेमाल किया है। साथ ही उसका आकार भी स्वाभाविक रूप से बदलता रहा है। चित्रों में क़लम के साथ-साथ ब्रश का भी इस्तेमाल है। वहाँ ये रेखाएँ मोटी या घुमावदार नहीं हैं, बल्कि सीधी भौमितिक हैं। इससे चित्र में भौमितिक आकार आते गये। इन भौमितिक आकारों के कारण ही रेखाओं का मुक्त विचरण और ऊबड़-खाबड़पन दूर हो गया और रेखा निश्चित दिशा में जानेवाली और घनता धारण करनेवाली बन गयी।

दरअसल, मोटी और सौष्ठवपूर्ण रेखा ही बंगाली 'कालीघाट' शैली के चित्रों की मुख्य विशेषता है। परन्तु, रवीन्द्रनाथ की यह रेखा 'कालीघाट' से भिन्न है। वह भौमितिक रूप में द्विमिति ढर्रे की है। ऐसे भौमितिक आकार के चेहरे, पक्षी आदि शरीर रचना से ज़्यादा वास्तु रचना के समान लगते हैं। इस कारण उसमें मानवीय भाव अनुभव नहीं होते।

रवीन्द्रनाथ की कला कैलिग्राफ़ी से शुरू होती है। अत: उनकी सभी चित्र-शृंखलाओं के आकार—चाहे पक्षी हों, फूल-पत्ते हों या व्यक्तियों के चेहरे—सभी कैलिग्राफ़िकल ढंग के हैं। उनमें कैलिग्राफ़ी के शब्द-रूप का लोप होकर भी प्रत्येक आकार से उसका दृश्य-ग्राफ़ महसूस होता है। रवीन्द्रनाथ ने क़लम को साधन के रूप में यहाँ भी कायम रखा है। यहाँ तक कि जलरंगों में भी। उन्होंने पहले प्रकृति-चित्रण या व्यक्तियों के चेहरे बनाये और बाद में पूरी तरह अमूर्त चित्र, परन्तु साधन के रूप में क़लम का स्थान हमेशा बना रहा। इस कारण शैलियाँ, रंग, रूप, आकार आदि अलग-अलग होकर भी चित्रों की गठन एकसमान है। क़लम की एक जैसी मोटी अखण्ड रेखा या खण्ड-खण्ड रेखाओं से बनी बुनावट कभी प्रिंट मेकिंग के 'एचिंग' की तरह लगती है तो कभी शिल्प खोदते समय छेनी के आघात से बनी बुनावट जैसी लगती है। संक्षेप में, ये रेखाएँ 'टूलमार्क' जैसी प्रतीत होती हैं। इससे चित्र की बुनावट अत्यन्त सजीव महसूस होती है।

रवीन्द्रनाथ के चित्रों में लगभग सभी ओर सजीव वस्तुओं का चित्रण है।

पक्षी, पशु, फूल, मानवीय चेहरे अथवा प्रकृति-चित्रण आदि में समूह चित्रण शायद ही कभी आया है। समूह चित्रण में अवकाश, आकार आदि के परस्पर सम्बन्धों से एक 'कथन' तैयार होता है। समूह अथवा अवकाश चित्र में यह कथन न होने के कारण हम सीधे चित्र के रंग, रेखाएँ और आकार के भावजगत् में पहुँच जाते हैं और चित्र में कथन अथवा वर्णन के लिए अवसर नहीं रह जाता। इसीलिए मानवीय चेहरा, पशु, पक्षी आदि आकारों में एक ही 'मानवीय' भाव प्रकट होता है। यह भाव सामान्यतः सम्भ्रम, प्रश्न, व्यथा आदि रूपों में दिखायी देता है।

रवीन्द्रनाथ के चित्रों में यथार्थ का कोई भी संकेत नहीं है। उनके प्रकृति चित्रण में भी यथार्थ दर्शन का अभाव पाया जाता है। उनके प्राकृतिक चित्रण विस्तृत नहीं बल्कि संक्षिप्त प्रतीत होते हैं। इस कारण आकार और रंगों की योजना आवश्यकतानुरूप ही की जाती है। साथ ही प्रकृति का विश्लेषण किये बिना ही उसमें एक चित्रसूत्र प्राप्त होता है, जो पक्षी, चेहरे आदि के चित्रण से सुसंगत होता है।

रवीन्द्रनाथ ठाकुर के प्राकृतिक चित्र अत्यन्त विशिष्ट होते हैं। चित्र के दृश्य में वे गहरे अँधियारे और बहुत ऊबड़-खाबड़ रूप में रंग भरते हैं। उससे दिखायी देनेवाला आकाश तेजस्वी रंगों की विभिन्न छटाओं से लैस होता है। इससे ऐसा प्रतीत होता है कि प्रकाश योजना प्राकृतिक दृश्य के पीछे से ही की गयी है। कम से कम भारतीय कला में तो यह दिखायी नहीं देता कि किसी चित्रकार ने प्राकृतिक दृश्य में ऐसी योजना की हो। रंगों की तेजस्विता से रंगों की नहीं, आलोक की अनुभूति होती है। आलोक भी सामान्य नहीं, 'सन्ध्यालोक'। ऐसा सन्ध्यालोक और सामने अँधियारा दृश्य—इससे समूचे चित्र में रहस्यमयता आ जाती है। यूरोप के प्रभाववादी चित्रकार प्रकाश के ब्यौरे का चित्रण अवश्य करते थे, परन्तु वस्तु से परावर्तित होनेवाले प्रकाश के ब्यौरे का। सम्भवतः जॉन टर्नर के बाद रवीन्द्रनाथ ही अकेले ऐसे चित्रकार हैं, जो अवकाश के आलोक में रंग भरते हैं। पेड़ों के आकार देखकर तो यह निश्चित रूप से कह सकते हैं कि रवीन्द्रनाथ प्रकृति का चित्रण उसे प्रकृति समझकर नहीं, बल्कि उसे अपना 'परिसर' समझकर करते थे। इसी कारण वह दृश्य केवल दृश्य नहीं रह जाता, क्योंकि उसके पीछे अपने भू-परिसर की तीव्र अनुभूति होती है।

अनजाने में शुरू हुई इस चित्रकला में मासूमियत हमेशा कायम रही। उसमें

कोई पाण्डित्य, कौशल प्रदर्शन अथवा दर्शन का भार नहीं है। नन्दलाल बोस जैसे अत्यन्त प्रभावशाली और जाने-माने चित्रकार रवीन्द्रनाथ के सान्निध्य में थे, परन्तु रवीन्द्रनाथ पर उनका ज़रा भी प्रभाव नहीं है। उनसे पहले, गगेन्द्रनाथ, अवनीन्द्रनाथ जैसे प्रभावशाली चित्रकार उनके घर में ही थे, तब भी रवीन्द्रनाथ चित्रकला से अलिप्त रहे। सन् १९२२ में जर्मन चित्रकारों की एक प्रदर्शनी कलकत्ता में सम्पन्न हुई, जिसमें पॉल क्ली जैसे अत्यन्त प्रभावशाली चित्रकार सम्मिलित हुए थे। रवीन्द्रनाथ की चित्रकला तो इसके बाद शुरू हुई थी, इसलिए उन पर क्ली का प्रभाव पड़ना स्वाभाविक था, परन्तु यहाँ भी रवीन्द्रनाथ स्वतन्त्र हैं।

जर्मनी, जापान और मध्य यूरोप आदि देशों के साथ बंगाल के कलाकारों, विचारकों ने सम्बन्ध बना रखे थे। उपनिवेशवाद का विरोध—यही इसके पीछे मुख्य उद्देश्य था। अतः इस बंगाल कला पर यूरोपीय कला का कोई प्रभाव नहीं है। इसकी तुलना में उन्होंने जर्मन अभिव्यक्तिवाद को अपनाया। बंगाल के चित्रकारों ने अपने चित्र जर्मनी में प्रदर्शित किये।

रवीन्द्रनाथ के चित्र 'बंगाल स्कूल' से भी अलग हैं। वे बंगाल स्कूल के चित्रकार नहीं हैं, बल्कि उनके चित्रों के कारण बंगाल स्कूल की परिसीमाएँ कला-जगत् के सामने खुल गयीं।

कैलिग्राफ़ी से शुरू हुई रवीन्द्रनाथ की चित्र-प्रक्रिया पक्षी, फूल, पशु, चेहरे, प्रकृति से होते हुए ग्राफ़ तक आती दिखायी देती है। रवीन्द्रनाथ रेखांकन से पूर्व आड़ी-खड़ी रेखाओं का ग्राफ़ अपने हाथों से बनाते और उस बुनियाद पर अपनी आकृति की रचना करते। इससे उनके चित्रों को एक वास्तुरचना का सूत्र प्राप्त हो जाता है। ग्राफ़ के कारण लम्बाई-चौड़ाई-ऊँचाई का बोध बना रहता है। इसी कारण उनके चित्र भौमितिक रूप में प्रकट हुए हैं।

कैलिग्राफ़ी और ग्राफ़ 'अमूर्त' रूप के लिए पूरक होते हैं। इस कारण रवीन्द्रनाथ के चित्रों में अमूर्त का सूत्र हमेशा बना रहा। भौमितिक शैली के चित्रों के बाद यह दिखायी देता है कि रवीन्द्रनाथ ने पूरी तरह से अमूर्त चित्र बनाये हैं। फिर भी मूर्त, अमूर्त, प्रकृति, व्यक्ति, वस्तु आदि में बिना कोई भेद किये वे अपनी संवेदनाएँ अंकित करते रहे।

उपनिवेशवाद के विरोध से उभरे 'स्वदेशी' पन् के अहसास और आज़ादी के बाद उभरे 'भारतीयता' के आग्रह के कारण अपनी कला में भारतीय

पुराण, अध्यात्म, दन्तकथाएँ, परम्परा, दर्शन आदि का समाहार कर राजा रविवर्मा, नन्दलाल बोस से लेकर सैयद हैदर रज़ा आदि चित्रकार अपनी कला के भारतीय होने का दावा करते हैं। परन्तु उनकी कलाकृतियों के मात्र बाह्य सादृश्य अथवा शैली को ही भारतीय पहचान मिली है, भीतरी संवेदनाओं को नहीं।

रवीन्द्रनाथ ने यह प्रतिपादित किया है कि स्वदेशी या भारतीय विचार अथवा अपने काव्य, साहित्य, संगीत आदि कलाओं का उनकी चित्रकला से कोई सम्बन्ध नहीं है। साथ ही उन्होंने यह भी कहा है कि धर्म और कला में कोई सम्बन्ध नहीं होता और दोनों क्षेत्र स्वतन्त्र हैं। इस कारण रवीन्द्रनाथ के चित्र किसी भी बने-बनाये दर्शन या परम्परा का अनुमोदन नहीं करते, बल्कि अपनी भीतरी संवेदनाओं से उभरी और ठेठ देसीपन का बयान करनेवाली उत्कृष्ट कला की बानगियाँ पेश करते हैं।

३

जामिनी रॉय
(१८८७-१९७२)

जामिनी रॉय

'I have seen four or five specimens of Jamini Roy's Bengal folk art style but though I agree that it is certainly in a different class from the work of most Bengalis I emphatically disagree with you regarding his line being "worthy of the old frescoes painters." As one familier with the technical aspect of painting, I can unhesitantgly assure you that this line, unlike the vital yet at the same time subtle sensitive quality of the Ajanta Frescoes Painters and vigour of mattencheri, is not really powerful or vital at all, the illusion of strength it creates on the layman is brought about by a laborious heaviness.

His line is dense- it is dead, if you know what I mean, sorry to seem unjust to our Indian artist. I hope you won't think it is mere cattishness, because I assure you it depresses no one more than me to contemplate the lack of talent, the barreness, of present day Indian Painters and Sculptors. But while admitting that Jamini Roy has a certain talent, which is more than can be said of the vast majority of "artists" here and is obviously a thinking man, I feel that you are doing a vast injustice to the old frescopainters by comparing Jamini Roy's work with theirs!'

(Amrita Sher-gil, Letter to Karl, Feb/March-1938)

महात्मा गाँधी का स्वदेशी आन्दोलन देश भर में फैल गया था। इस कारण

कलाकार भी अपनी कला-परम्पराओं की ओर आस्था की नज़र से देखने लगे थे। परन्तु पूरे देश में साम्राज्यवादी विचार से स्थापित कला-संस्थाओं में विदेशी कला-शिक्षा दी जा रही थी। साथ ही राजा रवि वर्मा (१८४८-१९०५) जैसे चित्रकारों के प्रभाव से भारतीय कला-परम्पराओं की ओर अत्यन्त हीन और देहाती कला के रूप में देखा जा रहा था। इस समय कलकत्ता के कला विद्यालय में अर्नेस्ट बिनफिल्ड हॅवेल (१८६१-१९३४) प्रिन्सिपल थे। उन्हें पूरा अहसास था कि भारतीय कला पर विदेशीपन थोपा जा रहा है। उन्होंने अपने कार्यकाल में भारतीय कला के लिए अलग से क्लास खोली और उसमें पूरी तरह से भारतीय परम्परा की कला का अध्यापन शुरू किया। अवनीन्द्रनाथ टैगोर को कला शिक्षक के तौर पर नियुक्त कर उन्हें कला-शिक्षा का दायित्व सौंपा। इस कारण बंगाल में राजा रवि वर्मा की शैली का संक्रमण नहीं हो पाया।

स्वदेशी आन्दोलन के कारण सारा सांस्कृतिक माहौल संक्रमण की अवस्था में था। अवनीन्द्रनाथ टैगोर इस परिवर्तन के लिए छात्रों को तैयार कर रहे थे। विदेश निवासी भारतीय कला के गहरे अध्येता आनन्द कुमार स्वामी टैगोर परिवार के सम्पर्क में थे। वे टैगोर परिवार से भारतीय कला के सम्बन्ध में मार्मिक चर्चा करते थे। न केवल चित्रकला बल्कि भारतीय कला, कारीगरी, खिलौने, देशी कारीगरी से बने बर्तन, देशी बुनकरों द्वारा बनाये जानेवाले सुन्दर डिज़ाइन आदि सभी कला प्रकारों के प्रति उनमें आस्था थी। उनके पास इन वस्तुओं का बड़ा संग्रह था। अवनीन्द्रनाथ टैगोर पर आनन्द कुमार स्वामी की इन बातों का भी प्रभाव था।

अवनीन्द्रनाथ के छात्रों पर भी इन विचारों का प्रभाव होना स्वाभाविक था। साथ ही अवनीन्द्रनाथ ने नन्दलाल बोस, असित हालदार, मुकुल डे और इनके बाद जामिनी रॉय आदि को भी अपनी देशी परम्पराओं से जोड़ने का प्रयास किया। नन्दलाल बोस, असित हालदार आदि ने अजन्ता और लघुचित्र परम्परा को चुना और जामिनी रॉय ने ख़ुद को सीधे ग्रामीण जीवन की कारीगरी और पट-चित्र की परम्परा से जोड़ लिया।

बाँकुरा-विष्णुपुर इलाक़ा परम्परागत कारीगरी का प्रमुख केन्द्र था। कुम्हार और बढ़ई कारीगर यहाँ काफ़ी मात्रा में थे। जामिनी रॉय का जन्म इसी इलाक़े में हुआ। रामकिंकर बैज का भी जन्म इसी इलाक़े में हुआ था। दोनों को कला की विरासत यहीं से मिली। जामिनी रॉय कला-शिक्षा के

लिए कलकत्ता चले गये और रामकिंकर बैज शान्तिनिकेतन।

परम्परा को स्वीकार करते हुए उसे आगे बढ़ाना एक कलाकार के लिए महत्त्वपूर्ण होता है। परन्तु परम्परा में ही पूरी तरह से खोये रहने से भी कोई नवनिर्मिति नहीं होती। दरअसल, परम्परा को गहरायी से जानना अहम होता है, वरना उसका सतही अनुकरण होता है। अत: इस परम्परा की पुनर्रचना करना अहम होता है।

स्वदेशी के प्रभाव के चलते अपनी परम्परा से जुड़नेवाले कलाकार किसी न किसी विदेशी कला, शैली या कलाकार को आदर्श मानकर काम कर रहे थे। बंगाल में विशेषत: जर्मन चित्रकारों का प्रभाव था। जर्मन चित्रकारों की एक विशेष प्रदर्शनी कलकत्ता में सम्पन्न हो चुकी थी और जर्मनी में भी बंगाली कलाकारों की प्रदर्शनी सम्पन्न हुई थी। इस आदान-प्रदान में काफ़ी कलाकार जर्मन चित्रकार पॉल क्ली से प्रभावित हुए। प्रभाववादी और घनवादी शैली में काम करनेवालों का भी एक दल था। गगनेन्द्रनाथ टैगोर पर घनवादी शैली का, उसमें में भी पॉल सेज़ां और पिकासो का सीधा प्रभाव था। रामकिंकर बैज के चित्र पिकासो से कुछ ज़्यादा ही प्रभावित थे। जामिनी रॉय के कुछ चित्र ऐसे हैं जो विन्सेंट वैन गॉग से सीधे प्रभावित तो नहीं, परन्तु उनके चित्रों से अभ्यास से बनाये जैसे हैं। आनन-फानन में यह प्रभाव अस्वीकार कर अपनी परम्परा के अनुकूल चित्र बनाना या स्वदेशी के राजनीतिक विचार के समान्तर कला के सम्बन्ध में निर्णय लेना आसान नहीं होता। इससे परम्पराओं को आमूल न उठाकर उसका साधर्म्य ही कला में आता है और कला की आत्मा खो जाती है।

भारतीय कला की इस उथल-पुथल के दौरान अमृता शेरगिल भारत आयीं। अमृता ने अपनी स्पष्टवादिता से इस भ्रामक कला का जायज़ा लिया और पूरे बंगाल स्कूल तथा बॉम्बे स्कूल की सीमाएँ स्पष्ट कीं।

भारतीय ग्रामीण चित्रकला सदियों से 'देवता' केन्द्रित है। इसकी शैलियाँ किसी न किसी देवी-देवताओं के चित्रों से सम्बन्धित बनी हैं। कालीघाट पट-चित्र परम्परा इसी तरह काली मन्दिर के परिसर में निर्माण हुई।

ग्रामदेवी या देवता उत्कीर्ण या सुडौल नहीं होते। किसी भी स्वयंभू पत्थर को सिन्दूर मलते ही उसे देवता का रूप प्राप्त हो जाता है। उसे दो आँखें जड़ देते ही उसे दैवी रूप प्राप्त हो जाता है। ऐसी चित्र या शिल्प शैली में आँखें

महत्त्वपूर्ण होती हैं। कालीघाट चित्र-निर्मिति शैली के केन्द्र में ऐसी ही आँखें थीं। यही नहीं, पक्षी, प्राणियों के चित्रों में भी मानवीय आँखों जैसी आँखें होती हैं। अतः मानवीय आकार अथवा पशु-पक्षियों के आकार में परिवर्तन बहुत अहम नहीं रह जाता।

जामिनी रॉय ने यही शैली अपनायी। परम्परागत कला से जुड़ते समय अनेक चित्रकार उसके मिथकों पर अधिक विचार करते हैं और परम्परागत मिथक, पुराणकथा लेकर अपनी अलग शैली में चित्र बनाते हैं। परन्तु जामिनी रॉय ने मिथक को अधिक महत्त्व न देकर परम्परागत शैली को ही स्वीकार किया। इसी शैली में अपने इर्द-गिर्द के यथार्थ में रंग भरे। संथाली स्त्रियाँ, संथाली नृत्य आदि उनके विषय होते थे। कालीघाट-पट शैली होने के बावजूद उसमें महाकाली के परम्परागत चित्रों के साथ-साथ रामायण, कृष्णलीला अथवा ईसामसीह का भी चित्रण होता है। ईसा, राम, कृष्ण का चित्रण एकसमान शैली में आता है। कृष्ण, गाय, गोपी आदि का चित्रण पुराणकथा की तरह नहीं, बल्कि अलग-अलग है। केवल गाय या गोपी के स्वतन्त्र चित्र हैं। गोपियाँ या संथाली स्त्रियों के चित्रण में पुराण और यथार्थ का भेद नहीं रह जाता। इस कारण इन चित्रों में पुराण अथवा यथार्थ केवल निमित्त मात्र होते हैं। बाक़ी चित्र फिर परम्परागत शैली में बनते हैं।

मोटी रेखा और मुखर आँखें इस शैली की विशेषता है। ऐसी मोटी रेखा के कारण ये चित्र काष्ठ-शिल्प जैसे उत्कीर्ण लगते हैं। इन चित्रों में रंग, आकार और रचना की अपेक्षा रेखा ही अधिक मुखर होती है।

जामिनी रॉय के चित्र में मानवीय आकारों के साथ आनेवाले पशु-पक्षियों के आकार छोटे बच्चों के खिलौनों जैसे हैं। ये आकार मानवीय आकार की तुलना में अलग होने के कारण इनमें कालीघाट-पट और बाँकुरा इलाक़े की कारीगरी का उचित सामंजस्य हुआ है।

खिलौने बनानेवाले कारीगर, बढ़ई, लुहार, संथाली आदि लोगों का नृत्य-गायन भी जामिनी रॉय के चित्रों के विषय हैं। संथाली नृत्य जैसा विषय होने के बावजूद चित्र में कहीं भी लयबद्ध हरकतें, नृत्य की अदाएँ नहीं होतीं। स्थिर, स्तब्ध मानवीय आकार एक-जैसे रचे होते हैं। रंग-रूप, अनुपात में भी भेद नहीं होता। एक ही दिशा में मुड़े चेहरे, देह की सपाट गठन और स्पष्ट रेखा के कारण ये चित्र इज़िप्सियन उत्कीर्ण शिल्प जैसे लगते हैं।

परम्परा से आ मिलकर परम्परा को आगे बढ़ाना नवनिर्मिति है। जामिनी रॉय के चित्र में कालीघाट-पट परम्परा से भी आगे बढ़ने का प्रयास दिखता है। जामिनी राय ने इस परम्परा में 'चाइल्ड आर्ट' का हू-ब-हू का मिश्रण कर चित्र में सहजता के साथ सरलता भर दी है। इसके लिए जामिनी रॉय ने अपने ही बच्चों के चित्रों का बाक़ायदा अध्ययन किया है।

छोटे बच्चों के चित्रों में आदिवासी कला जैसी मासूमियत होती है। इसी मासूमियत के दोनों रूपों से जामिनी रॉय ने चित्र-निर्मिति की है। इसलिए उनके सभी चित्र ऐसे ही मासूम भाव के साथ अभिव्यक्त हुए हैं।

जामिनी रॉय के आकार सपाट और काफ़ी हद तक पुष्ट प्रतीत होते हैं। परन्तु इन आकारों की रेखाएँ मोटी और गोलाकार होती हैं। इस कारण वे सम्बन्धित आकारों की गोठ या किनारी लगती हैं। रेखा और आकार में तालमेल बनाने के लिए जामिनी रॉय रेखाओं पर रंगों की पर्तें चढ़ाते हैं। इससे आकार और रेखा में परस्पर अटूटता आती है। रंगों की हल्की-सी पर्तों के कारण आकार का रंग-लेपन एक रंग का नहीं लगता। उसमें अर्द्धपारदर्शिता का अहसास होता है।

सीधा-सरल चौड़ा आकार और उसके इर्द-गिर्द रचना में रेखा पर हल्का-सा अलंकरण होता है। इससे चित्र आकर्षक लगता है। भौमितिकता के पास जानेवाले और आलंकारिक विवरण के आकार की, रेखा की रचना एक ही चित्र में संयोजित होती है।

आकार में रेखा अनिवार्य होती है, फिर भी रेखा अपनी घनता से अपना अस्तित्व बनाये रखती है। परन्तु आकार-रेखा अटूट भी नहीं हैं। बिना कोई अन्तर रखे एक दूसरे के समान्तर मुड़नेवाली है। पृष्ठ पर ही अलग-अलग मोड़ों से मुड़नेवाली रेखा से 'शब्द' प्रकट होते हैं। और जब हम देखते हैं, तब हमें केवल शब्द का अहसास होता है। फिर भी वहाँ रेखा क्रियाशील होती है। जामिनी रॉय के चित्र की रेखा इसी तरह क्रियाशील होती है। इससे आकार प्रकट होता है।

चित्र की रेखा सामान्यत: टूलमार्क होती है, बॉडी लाइन होती है, भौमितिक होती है या वस्तु और अवकाश की सीमा पर धूसर प्रतीत होनेवाली क्षितिज रेखा होती है। जामिनी रॉय के आकार और रेखा के रिश्ते में वह सुलेखन की रेखा जैसी है। परम्परा के पीछे के मूल आदिवासी चित्रकार जो निर्मिति

करते हैं, वे चित्र-निर्मिति नहीं, बल्कि अपनी निर्मिति को लेखन क्रिया समझकर करते हैं। उसका चित्र बनता है। विवरण को अंकित करना, उनका अभीष्ट होता है। शब्दांकन या चित्रांकन उनका उद्देश्य नहीं होता। दर्ज किये गये विवरण को वे लेखन समझते हैं। जामिनी रॉय के चित्र की रेखा में, रेखा की प्रकृति में परम्परा के पीछे की यही आदिमता अनुभूत होती है। आकार के अहसास के साथ-साथ रेखा का अहसास भी उनके चित्र में होता है। आकार, रेखा के साथ-साथ दृश्य शब्द का अहसास भी होता है। जिस प्रकार शब्द के बाद शब्द, यह लेखन का क्रम होता है, उसी प्रकार जामिनी रॉय के चित्र में भी आकार का क्रम होता है। आकार के बाद आकार, इससे उसकी रचना ऐसी 'लिपिक' जैसी बनती है।

साफ़, सीधे-सरल आकार, मोटी-चौड़ी रेखा, आकार-रेखा स्वतन्त्र अस्तित्व की होती हैं। फिर भी दूसरे का अनिवार्य अंग के भौमितिक आकार के पास जानेवाले सपाट द्विमित आकार। परन्तु रेखा घनी। कभी-कभी आलंकारिक प्रतीत होती रेखा मानवीय आकार के भौमितिक आकार जैसी तटस्थ लगती है। ऐसे समान तत्त्व जामिनी रॉय और मान्द्रियन के चित्रों में हैं। चित्रों में बस 'पिक्टोरियल' की ही समानता है। बाक़ी सब भिन्न है।

४

अब्दुल रहमान चुग़ताई
(१८९७–१९७५)

अब्दुल रहमान चुग़ताई

उन्नीसवीं शती में देश भर में औपनिवेशिक सत्ता स्थापित हुई। देश के कई महत्त्वपूर्ण शहर औद्योगिक विकास हेतु यातायात की व्यवस्था द्वारा परस्पर जोड़ दिये गये। अलग–अलग प्रदेशों की कारीगरी की सम्पन्नता को ब्रिटिश सत्ता ने गम्भीरता से लिया और यहाँ के निपुण कारीगरों को प्रशिक्षण देने हेतु देश के महत्त्वपूर्ण शहरों—मुम्बई, कलकत्ता, चेन्नई और लाहौर में ऐसी प्रशिक्षण कला–संस्थाएँ स्थापित कीं।

सन १८५७ में ब्रिटिशों के विरुद्ध विद्रोह भड़क उठा था। इसी दौरान मुम्बई, कलकत्ता, चेन्नई, लाहौर में ये कला–संस्थाएँ स्थापित हुईं और इसी परस्पर विरोधी सामाजिक, राजनीतिक माहौल में यहाँ कला–निर्मिति प्रारम्भ हुई। शुरू में इन संस्थाओं में केवल कारीगरों को प्रशिक्षण दिया जाता था, बाद में वहाँ चित्रकला और शिल्पकला का प्रशिक्षण भी शुरू हुआ।

इस दौर में ये कला–संस्थाएँ इस सम्भ्रम में थीं कि परम्परागत कारीगरी का प्रशिक्षण दें या ब्रिटिश शैली की शिक्षा दें। महात्मा गाँधी के स्वदेशी आन्दोलन के कारण यहाँ के कलाकारों में राष्ट्रप्रेम जाग उठा और ब्रिटिश शिक्षा के विरोध में इन कलाकारों ने ब्रिटिश कला के प्रभाव को अनदेखा करते हुए ख़ुद को अपनी ही कला–परम्परा से जोड़ना शुरू किया। परिणामतः भारतीय कला–परम्परा को स्थान देना इन संस्थाओं के लिए अनिवार्य हो गया। इसी कारण इन संस्थाओं में ब्रिटिश शिक्षा पद्धति और भारतीय कला के वर्ग स्थापित हुए।

पौराणिक कथा और ब्रिटिश वास्तववादी शैली में काम करनेवाले राजा रवि

वर्मा का प्रभाव देश भर में फैल चुका था। वास्तववादी शैली में पहली बार भारतीय देवी-देवताओं की प्रतिमाएँ साकार होने के कारण सामान्य लोगों तक राजा रवि वर्मा के चित्र पहुँच गये थे। देवताओं की प्रतिमा होने के कारण इन चित्रों के स्थापित होने के पीछे श्रद्धाभाव भी था। साथ में कला-परम्परा और कला-मूल्यों का भी सवाल था।

रामकृष्ण परमहंस, विवेकानन्द, भगिनी निवेदिता, श्री अरविन्द घोष आदि चिन्तकों के प्रभाव से हिन्दू दर्शन, परम्परा, संस्कृति, धर्म-समीक्षा के प्रति नवजागृति हो चुकी थी। इसी का असर बंगाल पर कलाओं और साहित्य-संस्कृति पर भी हुआ। इसी प्रभाव से अवनीन्द्रनाथ टैगोर, गगनेन्द्रनाथ टैगोर, आनन्द कुमार स्वामी आदि की कला-दृष्टि बनी। उन्होंने राजा रवि वर्मा की वास्तववादी कला-शैली का विरोध कर भारतीय चित्र-परम्परा और उसमें भी भारतीय सौन्दर्यशास्त्रीय विचारों का समर्थन किया।

ब्रिटिश कला-शिक्षक हैवेल ने अवनीन्द्रनाथ टैगोर के कला-विचारों का ज़ोरदार समर्थन किया। उन्हें अहसास हुआ कि भारतीय कलाकारों के सामने ब्रिटिश शैली की बजाय भारतीय कला-परम्परा का ही आदर्श होना चाहिए। परिणामतः अजन्ता के भित्तिचित्रों का प्रत्यक्ष अध्ययन करने के लिए वे कुछ छात्रों को लेकर अजन्ता गये। उस समय उनके साथ नन्दलाल बोस, मुकुल डे, असित कुमार हालदार आदि छात्र थे।

स्वदेशी की समानान्तर विचारधारा से रवीन्द्रनाथ टैगोर ने शान्तिनिकेतन की स्थापना की। शान्तिनिकेतन में चित्रकला की कक्षा शुरू कर नन्दलाल बोस वहाँ कला-शिक्षक के रूप में नियुक्त हुए। आगे चलकर नन्दलाल बोस के प्रभाव से कई कलाकार तैयार हुए। उन्होंने पुनरुज्जीवनवादी हिन्दू विचार, भारतीय दर्शन, सौन्दर्यशास्त्र, परम्परा, अध्यात्म आदि के ज़रिये ब्रिटिश वास्तववादी विचार का विरोध कर अजन्ता-एलोरा, लघुचित्र परम्परा से जोड़ने का प्रयास किया। इसी आन्दोलन से 'बंगाल स्कूल' शैली की उत्पत्ति हुई। बंगाल के कलाकारों ने ऐसा प्रभाव उत्पन्न किया कि 'बंगाल स्कूल' भारतीय कला का पर्याय बन गया। बाद में मुम्बई के कलाकारों ने इसी विचार को अपनाकर 'बॉम्बे स्कूल' की स्थापना की।

कलकत्ता, मुम्बई, चेन्नई और लाहौर आदि शहर ही भारतीय कला के केन्द्र थे और इन्हीं शहरों में ब्रिटिशों ने कला-संस्थाएँ स्थापित कीं। परन्तु कला

का समुचित विकास पहले बंगाल में और बाद में मुम्बई में हुआ। इनकी तुलना में चेन्नई और लाहौर में कम हुआ। स्वदेशी आन्दोलन के तत्त्वावधान में पूरे देश में राष्ट्रप्रेम की लहर दौड़ गयी थी। चेन्नई तथा लाहौर में भी स्वदेशी का विचार हो रहा था, परन्तु बंगाली चित्रकारों के प्रभाव से पूरे देश की कला ने अजन्ता-एलोरा के लघुचित्रों को अपना लक्ष्य बनाया। परन्तु इसकी पृष्ठभूमि अथवा उसकी प्रादेशिकता का अलग विचार नहीं किया जा सका।

अब्दुल रहमान चुग़ताई प्रादेशिकता का विचार, पौराणिक कथा से अलग ऐतिहासिक विषय, व्यक्ति, परम्परागत कला से अलग काव्य-साहित्य का विचार, रंग-रेखा-तकनीक आदि सभी परम्परागत विवरण से हटकर स्वतन्त्र प्रस्तुति करनेवाले चित्रकार थे। बंगाल और बॉम्बे स्कूल के समकालीन स्वदेशी विचारक चित्रकार अब्दुल रहमान चुग़ताई एक अलग ही व्यक्तित्व हैं। अवनीन्द्रनाथ टैगोर के शिष्य होने के कारण उन पर अवनीन्द्रनाथ का प्रभाव स्वाभाविक है।

बंगाल स्कूल के चित्रों में जिस प्रकार पुनरुज्जीवनवादी हिन्दू प्रेरणाएँ नज़र आती हैं, उसी प्रकार अब्दुल रहमान के चित्रों में इस्लामिक संस्कृति का प्रभाव दिखायी देता है। उनके आसपास मुग़ल साम्राज्यवादी परिवेश था। इस कारण उनके चित्रों में कुछ साम्राज्यवादी व्यक्तित्व तथा कुछ ऐतिहासिक कथाएँ दिखायी देती हैं।

चित्रों का आशय-विषय ऐतिहासिक तथा पौराणिक कथाओं का होने के बावजूद भाषा का अपना एक अलग सौन्दर्य होता है। अब्दुल रहमान चुग़ताई के चित्र में विषय और कथा की तुलना में भाषागत सौन्दर्य ही अधिक दिखता है। प्रत्येक भाषा का अपना एक वर्ण होता है। वर्णमाला की तरह प्रत्येक रंग का अपना एक स्थान होता है। रंग का स्थान बदल जाने पर भी उसमें कुछ न कुछ आशय अभिव्यक्त होता है। यानी वर्णमाला के अक्षरों का क्रम बदलने पर भी शब्दों का बोध होता है। यह भाषागत अहसास रंगों के अहसास जैसा होता है। अब्दुल रहमान चुग़ताई के चित्र में विषय तो बस एक बहाना मात्र होता है। उस चित्र में रंगों का अहसास महत्त्वपूर्ण होता है। यह रंगों का अहसास किसी भी भारतीय चित्रकार से अलग है। जिस प्रकार संस्कृत का अपना एक भाव सौन्दर्य है, उसी प्रकार उर्दू का भी अपना एक भाव सौन्दर्य है। उर्दू का यह सौन्दर्य, उसका बोध

चुग़ताई के चित्र में प्रतिबिम्बित हो जाता है। इसी कारण चुग़ताई के चित्रों के रंग प्राकृतिक नहीं हैं, रंगशास्त्र के नहीं हैं, परम्परागत नहीं हैं या भौतिक वस्तु से परावर्तित भी नहीं हैं।

रंग में ऊर्जा होती है, वे संवेदनशील होते हैं। चित्र के माध्यम से चित्रकार भाव-अभाव, रसनिष्पत्ति का अहसास, रंग-संवाद की सम्भावना; कुछ न कुछ अभिव्यक्त करता ही है। सामान्य चित्रकारों की तुलना में अब्दुल रहमान चुग़ताई के चित्र के रंग सतत प्रज्ज्वलित स्थिति में होते हैं। किसी भी रंगीन वस्तु के पीछे से प्रकाश पड़ने पर प्रकाश के कारण जिस तरह वह रंग प्रज्ज्वलित होता है, ठीक उसी प्रकार चुग़ताई के रंग प्रज्ज्वलित होते हैं।

एक तेजस्वी रंग के पास उसके जैसा दूसरा तेजस्वी रंग आने पर बीच की रेखाओं का कोई अस्तित्व नहीं रह जाता। इस कारण चुग़ताई के चित्र में रेखा महत्त्वपूर्ण होती ही नहीं। उनके चित्रों में आकार और अवकाश का विभाजन रंग-परिवर्तन से होता है।

रेखा प्रभावशाली होने पर आकार भी प्रभावशाली हो जाता है। रेखा और आकार के प्रभाव से अवकाश का अहसास नहीं होता। इसी कारण चित्र में केवल आकार को अहमियत देनेवाले इस शैली के चित्रकारों से चुग़ताई अलग दीख पड़ते हैं। लयबद्ध रेखा से आकार भी लयबद्ध हो जाते हैं और कुल मिलाकर निर्मिति भी आलंकारिक हो जाती है। बंगाल स्कूल और बॉम्बे शैली में इसी कारण आलंकारिकता आयी। रेखा और आकार की लयबद्ध रचना से मुक्त होने के कारण चुग़ताई आलंकारिकता से भी मुक्त हैं। फिर भी रंगों की आकर्षक छटाएँ उनके चित्र को सीमारेखा में बाँध देती हैं।

अब्दुल रहमान चुग़ताई के चित्रों के रंगों में घनापन और भारीपन नहीं होता। सभी रंग हल्के और भूरे होने के कारण चित्र भी तरल और हल्का प्रतीत होता है। रंगों की तरल छटाएँ, रंगों के सम्मिश्रण में विरोध का अभाव, रंग परस्पर विरोधी होने के बावजूद समान रूप से प्रज्ज्वलित होने के कारण उनका विरोधी अहसास भी पूरक बन जाता है। रंग और आकार में घनापन और भारीपन न होने के कारण वे यथार्थ से दूर स्वप्नवत् प्रतीत होते हैं।

संरचना की दृष्टि से चुग़ताई के चित्र सामान्यतः सीधे-सरल होते हैं। उनमें व्यक्तियों के आकार की योजना न्यूनतम होती है। फिर भी चित्र के व्यक्ति

परस्पर उलझे न होकर आत्ममग्न और एकाकी अनुभव होते हैं। इसीलिए चुग़ताई के चित्र, कथाचित्र अथवा विषय प्रासंगिक नहीं लगते।

चुग़ताई के चित्रों में रंग-योजना के आकार और अवकाश में सन्तुलन होता है। परस्पर आसक्ति के कारण आकार और अवकाश का स्वतन्त्र अस्तित्व नहीं रह जाता। इसीलिए आकार और अवकाश की विभाजक रेखा चुग़ताई के चित्र में नहीं होती। अवकाश आकार की विभाजक रेखा न हो तो आकार निराकार और अवकाश निर्विकार प्रतीत होता है। दो रंगों का साफ़-साफ़ अस्तित्व होने के बावजूद बीच में विभाजक रेखा नहीं होती। रेखाएँ साफ़-साफ़ न होने के कारण आकार भी अस्पष्ट होते हैं। अमूर्त की तरफ़ झुके हुए ये चित्र पूरी तरह से अमूर्त भी नहीं और पूरी तरह से मूर्त भी नहीं होते।

अवकाश के आकर्षण में चित्र असीम प्रतीत होता है। चित्र में भौतिक रूप होने के बावजूद रंग संरचना की दृष्टि से वे आधिभौतिक, निर्गुण अथवा सन्त या सूफ़ी सिद्धान्तोंवाले लगते हैं। उमर ख़ैयाम के साहित्य का अहसास, इसी कारण, चुग़ताई के चित्र में दिखता है।

भारतीय कला में चुग़ताई के तत्त्वावधान में उर्दू भाषा, उर्दू साहित्य, उर्दू संस्कृति पहली बार सशक्त रूप में आयी है। चित्र विषय से तटस्थ होने से उर्दू संस्कृति का अहसास प्रत्येक चित्र में आता है।

चुग़ताई की चित्र-संरचना में विवरण न्यूनतम होता है। व्यक्ति की न्यूनतम संरचना और आनुषंगिक रूप से आनेवाला पेड़। चित्र में पेड़ का विवरण नहीं होता। वह हमेशा अधूरे रूप में होता है। सम्पूर्ण आकार चित्र में अपनी मौजूदगी दिखाता है। अधूरे आकार कुछ सूचक के तौर पर या रचना अथवा रंग में सन्तुलन बनाने के लिए आते हैं। चुग़ताई के चित्र का अधूरा पेड़ इसी तरह रंग-परिवर्तन के लिए या चित्र का सन्तुलन बनाने के लिए आता है।

लघु चित्रकला चाहे परम्परा से आ रही हो, लेकिन बाद में इसे राजाश्रय प्राप्त हुआ। राजाश्रय प्राप्त होने के कारण इस चित्र में दरबारी अभिरुचि की रक्षा होने लगी, जिससे यह सम्पन्न और विलासी रूप में बदल गयी और उसमें लोकरुचि का ह्रास होता गया। चित्रकार आश्रित होने के कारण राजा का अनुनय करनेवाला चित्रण या राजा की धार्मिक श्रद्धा की रक्षा के लिए इसका उपयोग होने लगा।

मुग़ल लघुचित्रकला में ऐसे पौराणिक विषय के स्थान पर ऐतिहासिक विवरण आता है। पौराणिक लघुचित्र में प्रकृति के साथ-साथ राजा, उसका महल, उसके वैभव का दर्शन करानेवाला चित्रण आता है, उसी प्रकार दरबारी व्यक्ति-चित्रण की परम्परा इस लघुचित्र में आयी है। अब्दुल रहमान चुग़ताई के चित्रों में इस लघुचित्रीय व्यक्ति-चित्रण का प्रभाव है। ऐसे चित्रण में रंग संयमित होते हैं और विवरण के लिए रेखा अनिवार्यतः आ जाती है।

उमर ख़ैयाम के रुबाई काव्य का प्रभाव अब्दुल रहमान चुग़ताई की कला पर है। इस प्रभाव के कारण केवल काव्य ही नहीं, बल्कि सूफ़ी सिद्धान्त का भी अहसास चित्र में हो जाता है। आधुनिक कला में भारतीय लघुचित्र परम्परा की मुग़ल लघुचित्र परम्परा में इस्लाम और पर्शियन संस्कृति का विस्तार अब्दुल रहमान चुग़ताई के चित्र के कारण हुआ है।

भारतीय भक्ति-परम्परा के सूफ़ी सन्त, भारतीय लघुचित्र परम्परा की मुग़ल शैली, अजन्ता पर स्थित पर्शियन प्रभाव आदि से यह साफ़ होता है कि इस्लामी संस्कृति भारतीय संस्कृति में ऐसी घुलमिल गयी है कि उसे अलग नहीं किया जा सकता। वह भारतीय ही है। परम्परा का यही आयाम अब्दुल रहमान चुग़ताई के चित्रों में प्रतिबिम्बित होता है।

स्वाधीनतापूर्व स्वदेशी आन्दोलन देशव्यापी था। कलकत्ता, मुम्बई, लाहौर, चेन्नई, कराची आदि प्रमुख शहर स्वदेशी आन्दोलन के केन्द्र ही थे। इन सभी शहरों में भारतीय कला परम्परा का समर्थन ब्रिटिश कला के विरोध के लिए हुआ। अवनीन्द्रनाथ टैगोर इस समूचे आन्दोलन के मुख्य प्रेरणास्रोत थे। नन्दलाल बोस जिस प्रकार अवनीन्द्रनाथ के शिष्य थे, उसी प्रकार अब्दुल रहमान चुग़ताई भी अवनीन्द्रनाथ के शिष्य थे। नन्दलाल बोस के समकालीन और समविचारी के रूप में वे प्रभावशाली चित्रनिर्मिति कर रहे थे। परन्तु 'बंगाल स्कूल' और 'बॉम्बे स्कूल' की परिधि के बाहर चुग़ताई एकाकी होने के कारण इतिहास में उन्हें पर्याप्त अहमियत नहीं मिली।

हम प्राचीन भारतीय संस्कृति के रूप में सिन्धु संस्कृति की तरफ़ देखते हैं। मोहनजोदड़ो और हड़प्पा शहर इस संस्कृति के केन्द्र थे। आज भौगोलिक और राजनीतिक दृष्टि से वे भारत में नहीं हैं। स्वाधीनतापूर्व दौर में कराची और लाहौर भी भारत में थे। आज भौगोलिक और राजनीतिक दृष्टि से ये

शहर भी भारत में नहीं हैं। स्वाधीनता के साथ हुए विभाजन में कराची और लाहौर पाकिस्तान में विलीन हो गये। साथ ही मोहनजोदड़ो और हड़प्पा भी पाकिस्तान में विलीन हो गये। भौगोलिक और राजनीतिक दृष्टि से विभाजन हो सकता है, परन्तु सांस्कृतिक परम्परा का विभाजन नहीं होता। भारतीय कला के इतिहास में अवनीन्द्रनाथ टैगोर, नन्दलाल बोस को तवज्जो दी जाती है। परन्तु स्वाधीनतापूर्व भारतीय कला-आन्दोलन की नवजागरण की धारा में अब्दुल रहमान चुग़ताई भी उनके साथ थे। इसीलिए भारतीय कला-इतिहास को उन पर ग़ौर करना अनिवार्य है।

५

रामकिंकर बैज
(१९०६-१९८०)

रामकिंकर बैज

रामकिंकर बैज का जन्म बंगाल के बाँकुरा गाँव में हुआ। बाँवु रा पारम्परिक कारीगरों का गाँव है। यहाँ कुम्हार, सुतार, चित्तारी तथा मिट्टं के खिलौने और माँ दुर्गा की मूर्तियाँ बनानेवाले पारम्परिक कारीगरों की बस्तियाँ थीं। यहाँ के बाँकुरा घोड़े तो सुविख्यात हैं। रामकिंकर इसी कारीगरी को घण्टों निहारता रहता और इसी कारण बचपन से उसमें इस कारीगरी के प्रति दिलचस्पी जग गयी।

बाँकुरा गाँव भारतीय स्वाधीनता आन्दोलन में स्वदेशी आन्दोलन का केन्द्र था। महात्मा गाँधी ने स्वदेशी आन्दोलन तीव्र कर ब्रिटिश साम्राज्यवाद के विरुद्ध 'असहयोग' की घोषणा की। रामानन्द चटर्जी इस आन्दोलन के नेता थे। वे भी बाँकुरा के निवासी थे। रामानन्द ने रामकिंकर के कुछ काम देखे थे। रामानन्द चटर्जी उसके कलागुण देखकर औपचारिक कलाशिक्षा के लिए उसे शान्तिनिकेतन ले गये। विशेष बात यह कि चित्रकार जामिनी रॉय भी बाँकुरा इलाक़े से ही हैं। उन पर भी इसी कारीगरी का प्रभाव है। बाद में वे कलकत्ता गये।

रामकिंकर बैज सन् १९२५ में शान्तिनिकेतन गये। रवीन्द्रनाथ को 'नोबेल' पुरस्कार इससे पूर्व ही प्राप्त हो चुका था। अत: शान्तिनिकेतन में संसार भर के चित्रकार, शिल्पी, कवि, विचारक आदि का जमावड़ा लगता था। अपने शैक्षिक दौर में ही रामकिंकर को इसका लाभ हुआ। उस समय कलाभवन में अध्ययन विषय के रूप में केवल चित्रकला थी, शिल्पकला नहीं। परन्तु रामकिंकर को बचपन से ही मिट्टी की मूर्तियाँ बनाने का शौक़ था। यहाँ भी

वे हमेशा मूर्तियाँ बनाया करते। इस दरमियान मिस मिलवर्ड और मिस वॉन फिलपॉट जैसी विदेशी कलाकार शान्तिनिकेतन में आयीं। उनसे भी रामकिंकर ने कुछ शिल्पकला के गुर सीख लिये।

शान्तिनिकेतन के माहौल में रामकिंकर एकाकार हो गये। प्रकृति, ग्रामीण जीवन, संथाल आदिवासी, रवीन्द्रनाथ जैसे प्रतिभाशाली कलाकार का सान्निध्य, बिनोद बिहारी जैसे सहयोगी और दुनिया भर के विचारकों और कलाकारों का जमावड़ा। रामकिंकर पहले से ही जिज्ञासु थे। इस कारण वे अनेकों से ज्ञान, विचार ग्रहण करते हुए अपनी कला में उनका प्रयोग करते रहते।

बंगाल के अन्य कलाकारों की तरह शुरू-शुरू में वे भी देवी-देवताओं या प्राचीन धार्मिक कथाओं के चित्र बनाते थे। परन्तु, जब उनका वास्तविक कला से परिचय हुआ, तब उन्होंने यह सब छोड़कर मुक्त रूप से प्रकृति चित्रण करना आरम्भ किया। परन्तु, प्रकृति चित्रण में उन्होंने प्रकृति को कभी अकेले या एकाकी रूप में चित्रित नहीं किया। उनकी दृष्टि से प्रकृति में मनुष्य की सहभागिता अहम थी। इस कारण वे प्रकृति के साथ मनुष्य, पशु, पक्षी आदि के सहजीवन को चित्रित करते रहे। रामकिंकर के चित्रों में प्रकृति का चित्रण इतनी उत्कटता से आता है कि पेड़, व्यक्ति, पशु अलग-अलग न लगकर एक-दूसरे में समाहित ही नज़र आते हैं। इसमें यथार्थ को कोई अवसर नहीं होता। ये सारे तत्त्व उस चित्र में स्थूल प्रतिमा के रूप में ही आते रहते। उनका दृश्यरूप कभी नहीं बनता। जलरंगों का खुलकर इस्तेमाल, जिसमें एक आभासी पेड़, व्यक्ति का अस्तित्व, और अन्य रंग। कुल मिलाकर, उनके लिए चित्र महत्त्वपूर्ण होता, विषय या दृश्य नहीं। उनके ये चित्र काल्पनिक भी नहीं होते, बल्कि आसपास के परिवेश के, रोज़मर्रा की ज़िन्दगी से भरे होते। रामकिंकर किसी दर्शन या विचार से नहीं, बल्कि जीवन से प्यार करनेवाले कलाकार थे। अतः उनके चित्रों में जीवन भी इसी तरह आता रहा। कोई भी दर्शन अथवा वैचारिक प्रस्तुतीकरण उनके चित्रों में दिखायी नहीं देता।

रामकिंकर के चित्रों का अधिकाधिक अवकाश आसपास का जीवन, संथाल आदिवासी, किसान, ग़रीब मज़दूर आदि को समर्पित था। मेहनत करते ग़रीब मज़दूर, खेत में खटते किसान, उनके देह की हरकतें, लय, गति—यही टीपने का उनका लगातार प्रयास होता। इस कारण वे अत्यन्त तेज़तर्रार

से चित्र बनाने का प्रयास करते, और इस प्रयास में छोटा-मोटा ब्यौरा देना टाल जाते। इस कारण उनका कोई भी रेखांकन अथवा चित्र गतिशील ही महसूस होता। शिल्पकला के लिए इसी गति को उन्होंने महत्त्वपूर्ण माना है।

रामकिंकर की कला का सम्बन्ध यूरोप के प्रभाववादी चित्रकार विन्सेंट वान गॉग, पॉल सेज़ां, पॉल गोगाँ आदि की विचार-संवेदनाओं के साथ जोड़ा जा सकता है। विन्सेंट के चित्रों में भी यही किसान और मेहनतकश जीवन है। पॉल गोगाँ तो आदिवासी जीवन से ही एकाकार हो गया था। पॉल सेज़ां अपने प्रकृति चित्र में घनवादी तत्त्व की खोज करनेवाले चित्रकार हैं। इसके बावजूद विन्सेंट और सेज़ां को अमूर्तता के प्रति आकर्षण था। यह ध्यान में आते ही कि उनके मित्र जार्जेस सरा को अमूर्त का अहसास है, वे जार्जेस के चित्र कुतूहल से निहारते थे।

बाहरी शैली, माध्यम और तकनीक की बात छोड़ दें, तो रामकिंकर बैज को भी ऐसे अमूर्त के प्रति आकर्षण है। अमूर्त चित्रों से पूर्व के उनके कुछ चित्र ग़ौर करने योग्य हैं। पॉल सेज़ां की तरह किंकर ने भी प्रकृति को घनवादी रूप में चित्रित किया है। ऐसे घनवादी चित्रों को वे संरचनात्मक संयोजन कहते हैं। यानी सामने उपस्थित प्रकृति की संरचना, समूचा ढाँचा घनवादी रूप में चितारना। इसी से वे अमूर्तवाद की तरफ़ झुक गये। इस दौर में रवीन्द्रनाथ भी चित्र बना रहे थे। उनके चित्र भी अमूर्त ही थे। परन्तु, रामकिंकर और रवीन्द्रनाथ का अमूर्त तत्त्व पूरी तरह से अलग है। रवीन्द्रनाथ ने इस यूरोपीय कला को कभी गले नहीं लगाया, जबकि रामकिंकर के लिए यह एक यूरोपीय आदर्श था।

प्रभाववाद का एकत्रित सार पिकासो के चित्रों में मिलता है। बाद में पिकासो ने विरूपीकरण को प्रधान सूत्र मानकर उसे घनवाद में रूपान्तरित किया। रामकिंकर घनवादी चित्र बनाते थे, परन्तु उनके चित्रों में विरूपीकरण बिलकुल भी नज़र नहीं आता। घनवाद में एक वैज्ञानिक दृष्टिकोण है। एक कलाकार के रूप में रामकिंकर ने कभी वैज्ञानिक दृष्टिकोण को नहीं अपनाया। चित्र वे अपनी अन्त:प्रेरणा से बनाते थे। उनकी प्रेरणाएँ यानी उनका परिवेश, किसान, मज़दूर, प्रकृति और जीवन आदि का अखण्ड रूप। रामकिंकर के चित्र में प्रकाश, गहरायी अथवा आकार की भी प्रमुखता नहीं है। उन सभी का अखण्ड रूप यानी संरचनात्मक रूप से महत्त्वपूर्ण है, जो अमूर्त का अंग है।

अमूर्तन घनवादी चित्रकारों से लेकर प्रभाववादी चित्रकारों तक केन्द्रीय तत्त्व रहा है, जो पिकासो के बाद ही यूरोप में पूरी तरह से छा गया। रामकिंकर के काम में घनवाद और अमूर्तवाद समानान्तर ही दिखायी पड़ते हैं। पिकासो और रामकिंकर समकालीन थे। रामकिंकर में पिकासो के प्रति आकर्षण था। अतः पिकासो का उन पर सीधा प्रभाव है, जो उनके तैलचित्र में दिखायी देता है। रामकिंकर के तैलचित्र और जलरंगचित्र पूरी तरह से अलग हैं। तैलरंगों में जलरंगों की भाँति उत्स्फूर्तता नहीं है अथवा जलरंग में जो पीले और नीले रंगों का संयोजन प्रमुखता से पाया जाता है, वह तैलरंग में नज़र नहीं आता। तैलरंग के चित्र भूरे रंग के और रचना प्रधान हैं।

रामकिंकर प्रकृति से बुद्धिवादी नहीं, बल्कि तीव्र संवेदनशील हैं। उनका यह व्यक्तित्व चित्रों की अपेक्षा उनके शिल्पों में अधिक मुखर हो उठता है। दो-एक अपवाद छोड़ दें तो उनके शिल्प न तो घनवादी हैं और न ही उस पर किसी समकालीन शिल्पकला का स्पष्ट प्रभाव है। उनकी शिल्पकला बाँकुरा कला से प्रभावित ठेठ देसी कला है।

यद्यपि रामकिंकर बुद्धिवादी नहीं हैं, परन्तु उनका व्यक्तित्व किसी आदिवासी कलाकार की भाँति तीव्र निष्ठावान है। इसी कारण उनके शिल्प आदिम शिल्पकला से रिश्ता जोड़ते हैं और मातृदेवता अथवा सिन्धु संस्कृति के प्राणियों के आकारवाले खिलौनों से समानता दर्शाते हैं। उनके शिल्प ऐसे उत्कट हैं, मानो एलोरा, खजुराहो, कोणार्क की शिल्प-संस्कृति के वंशज हों। रामकिंकर अपने शिल्प के बारे में स्पष्टीकरण देते हैं, 'मैं उसका चित्र बनाता हूँ जो मैं दिन में जीवन की वाटिका में देखता हूँ और जो अन्धकार में महसूस करता हूँ उसका शिल्प बनाता हूँ।' (सेल्फ़ पोर्ट्रेट, पृ. ९१)

चित्रों की अपेक्षा रामकिंकर के शिल्प अधिक स्वाभाविक हैं। इसी कारण वे इस आभिजात्य परम्परा से जुड़ जाते हैं। रामकिंकर और पिकासो एक ही दौर के कलाकार हैं। उनकी सामाजिक-राजनीतिक परिस्थिति भी एक जैसी थी। दूसरे विश्वयुद्ध के दौरान यूरोप में हिंसा फैली थी। भारत में भी अँग्रेज़ों के विरुद्ध असहयोग आन्दोलन की घोषणा की गयी थी। यद्यपि यह आन्दोलन शान्तिपूर्ण था, पर संघर्ष तो था ही। पिकासो के घनवाद के पीछे प्रभाववाद की बड़ी परम्परा थी। नवजागरणवादी आन्दोलन का इतिहास रामकिंकर ने अस्वीकार किया, फिर भी उनकी चित्रकला पर रवीन्द्रनाथ

की सम्पूर्ण प्रतिभा का प्रभाव था। पिकासो का झुकाव घनवाद से अमूर्त की तरफ़ था। रवीन्द्रनाथ द्वारा किया गया अमूर्तन का स्वीकार रामकिंकर के लिए पूरक बन गया और उनके लिए भी अमूर्तन के ज़रिये अभिव्यक्ति का माहौल अनुकूल हो गया।

घनाकार की लय रामकिंकर को मिल गयी थी। हाथ के मिट्टी के लोंदे को यथासम्भव आकार देते-देते रामकिंकर छोटे-छोटे शिल्प बनाते। उनकी अमूर्तवादी शिल्पकला की शुरुआत 'An organic form' ही से आयी। बाद में इन्हीं आकारों से उन्हें अलग-अलग आकारों का आभास होता गया और वे अभिव्यक्त होते गये। Female Figure, Mother and Child, Couple, Mithun आदि शिल्प-शृंखलाओं से उनका अमूर्तवाद प्रारम्भ होकर आख़िर में उन्होंने 'दीपस्तम्भ' शिल्प बनाया। 'दीपस्तम्भ' (The Lamp Stand, १९४०) भारत का पहला अमूर्त शिल्प है। घनवाद के बाद उत्तर घनवाद के दौर में यूरोप में अमूर्त कला का प्रारम्भ हुआ। घनवाद के दौर में ही रवीन्द्रनाथ और रामकिंकर बैज ने अपने अमूर्तवादी चित्र-शिल्पों की रचना की।

रामकिंकर बैज अथवा रवीन्द्रनाथ ठाकुर ने अपनी कला में विषय, शैली, माध्यम, यथार्थवाद अथवा अमूर्तवाद आदि दृष्टियों से भेद नहीं किया। वे अपनी संवेदना के आधार पर शुद्ध कलात्मक रचना करते रहे।

भारत में वास्तुशिल्प की महान् परम्परा है। इस परम्परा के अनुसार ही रामकिंकर ने अपने भव्य शिल्प का प्रारम्भ किया। उनका दीवार पर बनाया गया 'सरस्वती' शिल्प अथवा रवीन्द्रनाथ के निवासस्थान की दीवार पर बनाया गया 'शामली' शिल्प उनकी इस शिल्पकला का आगाज़ था। इन शिल्पों पर ग़ौर करते ही यह ध्यान में आता है कि यहीं से रामकिंकर के शिल्पों के व्यक्ति का आधार 'संथाल' स्त्री-पुरुषों की काठी बन गये थे।

सामान्यतः शिल्पी पत्थर, चट्टान और लकड़ी आदि माध्यमों में खोदकर शिल्प बनाते हैं। परन्तु रामकिंकर ने खोदकर नहीं बल्कि मॉडलिंग अर्थात् रचकर बनाये हैं। निर्माण कार्य की सामग्री ही मिट्टी, सीमेण्ट, रेती वग़ैरह होती है। इस कारण रामकिंकर शिल्प के लिए इसी माध्यम का इस्तेमाल करते थे। परिणामतः उनकी शिल्परचना किसी निर्माण कार्य जैसी होती थी। रामकिंकर ने लकड़ी अथवा चट्टान में बहुत कम शिल्प बनाये हैं। ऐसे

शिल्प स्वभावतः भव्य ही होते हैं, परन्तु खुली जगह में ही ऐसा कार्य सम्भव होता था।

रामकिंकर ने शान्तिनिकेतन परिसर में ही भव्य शिल्पों का प्रारम्भ किया था। संथाल परिवार, दीपस्तम्भ, मिल कॉल, सुजाता, रवीन्द्रनाथ ठाकुर, महात्मा गाँधी जैसे उनके शिल्पों की एक शृंखला ही बन गयी थी। संथाल परिवार अथवा मिल कॉल का 'शिल्पखण्ड' अखण्ड चट्टान में खोदने जैसा लगता है। स्त्री-पुरुष, बच्चे, कुत्ते आदि के साथ बेसब्री से चक्की अथवा हाट की तरफ़ बढ़ रहा संथाल परिवार बेघर विस्थापितों जैसा लगता है। चाल की गति की तुलना में ज़्यादा आगे बढ़ रही देह, विपरीत दिशा में मुड़ा चेहरा, नज़र आदि से रफ़्तार के साथ-साथ फ़ासले का भी अहसास होता है। देहाकृति मज़बूत और खुरदरी, परन्तु चेहरे पर मुस्कान और तृप्ति का भाव। रामकिंकर के शिल्प की स्त्रियाँ लावण्यमयी या शृंगारिक नहीं, बल्कि सशक्त और सख़्त लगती हैं। छोटी-बड़ी आकृतियों में हो रही हरकतों के कारण सम्पूर्ण शिल्प गतिशील और सजीव लगता है। शिल्प के व्यक्तियों के आकार सामान्यतः एक-दूसरे से समान्तर हैं। इससे वे एक-दूसरे के बिम्ब-प्रतिबिम्ब ही प्रतीत होते हैं। सबसे अहम बात, शिल्प में हवा का अहसास! शिल्प की गति, हरकत और उसका आगे झुकना आदि से हवा का दबाव महसूस होता है।

रामकिंकर बैज चित्रकार एवं शिल्पी हैं, परन्तु संसार ने उनके शिल्पों को न केवल अपनाया, बल्कि उन्हें भारतीय शिल्प-परम्परा का आभिजात्य अंग भी माना। रामकिंकर की तरह पिकासो भी चित्रकार एवं शिल्पी था। पिकासो के चित्रों के प्रभाव को रामकिंकर स्वीकार करते हैं, परन्तु पिकासो शिल्प के बारे में उनके विचार अच्छे नहीं थे। रामकिंकर कहते हैं, 'मैं यह स्वीकार करता हूँ कि पिकासो मुझे प्रिय हैं। उनसे बहुत कुछ सीखा जा सकता है। पर उनके शिल्प थोथे हैं।' (सेल्फ़ पोर्ट्रेट, पृ. २७)

पिकासो अपनी चित्रकला के प्रति जितना सजग था, उतना शिल्पकला के प्रति नहीं। शिल्पकला में वह मनमौज़ी था। अपनी ज़िन्दगी में भी वह काफ़ी बेफ़िक्र प्रकृति का दिखायी देता है और यह प्रवृत्ति उसकी शिल्पकला में भी उतरी है। इसी कारण रामकिंकर बैज को उनकी शिल्पकला विशेष नहीं लगती। दरअसल, रामकिंकर की यह टिप्पणी अत्यन्त महत्वपूर्ण है। पिकासो पर की गयी उनकी इस टिप्पणी को तत्कालीन शिल्पकला की

उनकी प्रतिनिधि आलोचना ही कहना होगा। रामकिंकर के समकालीनों में उनके मुक़ाबले का एक भी भारतीय शिल्पकार नज़र नहीं आता। इस कारण विश्व स्तर पर रोदां, हेनरी मूर के बाद रामकिंकर बैज के अलावा और कोई ग़ौर करने लायक शिल्पकार का नाम सामने नहीं आता।

के. सी. एस. पणिक्कर

द्वितीय विश्वयुद्ध के उपरान्त की औद्योगिक क्रान्ति के कारण विश्व के सभी राष्ट्रों में संचार साधनों में वृद्धि हुई और वे परस्पर क़रीब आये। परिणा़मत: भौतिक बातों के साथ-साथ सांस्कृतिक और सामाजिक समन्वय में भी वृद्धि हुई। इसी दौर में भारत भी स्वतन्त्र हुआ। स्वतन्त्र भारत के कलाकार अपनी परम्पराओं की अपेक्षा नयी दुनिया की संवेदनाओं को गले लगाकर ख़ुद को विश्व की परिधि में स्थापित करने का प्रयास करने लगे। इस प्रयास में अनजाने में उसके द्वारा नयी कला का अनुकरण हुआ। फिर विश्व को अपने 'भारतीयत्व' का परिचय देने के लिए कला में आ:धुनिक और परम्परागत, दोनों विवरण बनाये रखने के प्रयास में इन कलाकारों में एक पसोपेश की स्थिति उत्पन्न हुई।

नवजागरण युग से लेकर आधुनिक युग तक जिस प्रकार यूरोपियन चित्रकला में विचारों की एक शृंखला पायी जाती है, वैसी प्रत्येक दौर में उन्नत होती जाती कला सम्बन्धी विचारों की शृंखला एशिया में नहीं थी। प्रत्येक कलाकार व्यक्तिगत अनुभूति के आधार पर अपनी निर्मिति कर रहा था। भारत में भी ऐसी समग्र चित्र-विचारों की परम्परा नहीं थी। संक्षेप में, यूरोप में जिस प्रकार 'इझम' विकसित हुए, वैसे एशिया और भारत में नहीं हो पाये। इसी कारण भारतीय कला विचार निर्णायक रूप में दुनिया के सामने नहीं आ पाया।

यूरोप के सभी कला-विचार विज्ञाननिष्ठ और औद्योगीकरण के कारण तकनीकी दृष्टि से निपुण भी थे। परन्तु भारत में ऐसी स्थिति नहीं थी। भारत

अध्यात्म के ही प्रभाव में था। उसकी तकनीकी कुशलता भारतीय कारीगरी परम्परा से आयी थी। भारत में 'इझम' विकसित नहीं हुए, लेकिन भारतीय परम्परा के अनुसार अध्यात्म की नयी-नयी राहें खोलनेवाले अनेक सम्प्रदाय अवश्य विकसित हुए। इन सम्प्रदायों के कारण भारत की बुनियादी जीवन शैली में परिवर्तन हुआ, जिसकी परम्परा और संस्कृति कला में अपने आप पहुँच रही थी। विभिन्न सम्प्रदायों के कारण जीवन में परिवर्तन हुआ, जिससे कला भी सम्पन्न हो रही थी। भारतीय कला कारीगरी के रूप में थी। भारतीय कारीगरी संसार में सबसे निपुण और उन्नत थी। इसका अर्थ यह हुआ कि शेष विश्व का भारतीय कला से परिचय था।

औपनिवेशिक दौर में भारतीय समाज विभिन्न जातियों में विघटित हुआ। इसी प्रकार सम्बद्ध जातियों की अपनी-अपनी कारीगरी भी अपनी-अपनी जाति विशेष की पहचान बन गयी। औपनिवेशवादियों की कला और कला शिक्षा से भारतीय कला में कला और कारीगरी के रूप में भेद उत्पन्न हुआ। बुनियादी भारतीय कला कारीगरी बन गयी और ब्रिटिशों द्वारा लायी गयी कला कला बनी। कारीगरी करनेवाले कारीगर यानी 'आर्टीझन' और ब्रिटिश प्रभावित कला यानी आर्ट। इस तरह औपनिवेशवादी दृष्टिकोण से आर्ट और आर्टीझम की परिभाषा आयी। औद्योगीकरण ने भी यहाँ के कारीगरों को अपनाया और भारतीय कला इस परम्परा से पूरी तरह टूट गयी।

भारतीय पुराण, लघुचित्र परम्परा, एलोरा, अजन्ता का आधार लेकर दुबारा भारतीय परम्परा से जुड़ने का प्रयास हुआ। लेकिन इसमें भी केवल बाह्य शैली का ही अनुकरण हुआ। स्वतन्त्रता के बाद की नयी पीढ़ी के कलाकारों ने यहाँ की कला-परम्परा की अपेक्षा सैद्धान्तिक और सम्प्रदायगत दर्शन का आधार अधिक लिया। ख़ालिस भारतीय परम्परागत सम्प्रदाय के रूप में 'तान्त्रिक' परम्परा का नाम आता है। कुछ कलाकारों ने यह निर्णय लिया कि इन तान्त्रिकों के प्रतीक, चिह्न, विधि, विचार कला में प्रस्तुत किये जायें। सामान्यत: सत्तर के दशक में के. सी. एस. पणिक्कर और शंकर पलशीकर ने यह तान्त्रिक कलानिर्मिति की।

भारतीय अध्यात्म परम्परा का तान्त्रिक अंग सर्वव्याप्त है। पूजा, पाठ, भक्ति आराधना का मूर्त रूप ही विधि रूप में तान्त्रिक कल्पना है। यज्ञविधि में मन्त्र और समिधाएँ महत्त्वपूर्ण होती हैं। यानी मन्त्र और वस्तुएँ महत्त्वपूर्ण हैं। इसी कारण भारतीय अध्यात्म में मन्त्र-तन्त्र आये। यह शब्दवेधी और

रूपवेधी परम्परा है। इस कारण तान्त्रिक परम्परा के मन्त्र-तन्त्रों से प्रतीक और चिह्न की परम्परा बनी होगी। तान्त्रिक विधि का एकत्रित रूप यानी शब्दवेधी से लेखन के कुछ चिह्न और रूपवेधी से आकारों के कुछ प्रतीक। तान्त्रिक विधि से यह विद्या बनी शब्द और रूप की, चिह्न और प्रतीकों की। इस अध्यात्मिक परम्परा के कारण भारतीय साहित्य, कला, शिल्प और वास्तु में प्रतीक ही प्रतीक दिखायी देते हैं। भारतीय अध्यात्म परम्परा से ये प्रतीक साहित्य और कला में भी आ गये। भारत ने संसार को साहित्य और कला से प्राप्त यही प्रतीकवाद दिया है, जो विशुद्ध भारतीय है।

के.सी.एस. पणिक्कर इसी प्रतीकवाद को आधुनिक भारतीय कला में ले आये। इसका बाह्यरूप कोई कथा या कहानी सुनानेवाले मानवीय आकार का न होने से इसे अमूर्त कला ही माना गया। परन्तु यह कला अमूर्त न होकर यथार्थ के अनेक आयामों में से एक आयाम है। प्राचीन काल से कुछ संकेत, चिह्न, प्रतीक, प्रतिमा भौतिक वस्तुओं जैसे ही स्थापित हो चुके हैं। इससे कुछ भी नया अनुभव नहीं आता। उन चिह्नों और प्रतीकों के पार्श्व के संकेत स्थायी बन जाने के कारण उसका रूप वास्तव जैसा होता है। उसे वस्तु की तरह स्पर्श करना सम्भव नहीं होने के बावजूद उसकी वास्तविकता सभी की कल्पना में समान ही होती है। इसीलिए उस वास्तव का स्वरूप है। चिह्न और प्रतीकों में परिवर्तन करने की स्वतन्त्रता नहीं होती। इसी कारण वे स्थायी रूप बन गए।

जीव की उत्पत्ति के पीछे की ऊर्जा और चेतना को महत्त्वपूर्ण मानकर तान्त्रिक उसी की पूजा और आराधना करते हैं। इसी से तान्त्रिकों की प्रकृति पुरुषपूजा, लिंगपूजा, योनिपूजा की परम्परा बन गयी है। तान्त्रिक भक्ति न होकर एक विद्या है। विधि के माध्यम से अनेक रहस्यों की खोज उन्हें अपेक्षित होती है। रहस्यों की खोज में ही कुछ भौतिक वस्तुओं का प्रयोग होता है। तान्त्रिक की विद्या विधियों का माध्यम होने के कारण उसमें विज्ञान और अध्यात्म का समन्वय दिखायी देता है।

तान्त्रिकों की विधि योनिपूजा और लिंगपूजा केन्द्रित होती है। प्रकृति पुरुषों को भौतिक और आधिभौतिक प्रतीक बनाने से ही भौमितिक आकृतियाँ तैयार हुई हैं। तान्त्रिक रचना में त्रिकोण, चौकोर और बिन्दु आदि आकृतियाँ अत्यन्त महत्त्वपूर्ण हैं। ये आकार भूमिति के न होकर तान्त्रिकों ने इन्हें ग्रह, तारे, नक्षत्रों की गतिविधियों से प्रतीकात्मक रूप में अपनाया है। तान्त्रिकों

की अनेक छोटी-छोटी शाखाएँ हैं।

के.सी.एस. पणिक्कर और शंकर पलशीकर के बाद जी. आर. सन्तोष, बिरेन डे, प्रफुल्ल मोहन्ती आदि ने तान्त्रिक परम्परा से जुड़ने का प्रयास किया। प्रफुल्ल मोहन्ती ने रंगों की ऊर्जा, जी. आर. सन्तोष ने त्रिकोण-चौकोर आकार और के. सी. एस. पणिक्कर ने चिह्न और प्रतीक आदि तान्त्रिक विचारों के अलग-अलग पहलुओं को अपनी निर्मिति में स्थान दिया।

शब्दवेधी और रूपवेधी का समन्वय अर्थात् मन्त्र-तन्त्र के प्रतीक और चिह्न के. सी. एस. पणिक्कर के चित्र में होते हैं। इस कारण रंग ऊर्जा, भौमितिक रचना नहीं, बल्कि पूर्ण पृष्ठ की मुक्त रचना होती है। इसमें रंग धूसर और पृष्ठ का विभाजन करनेवाले होते हैं। वरना सारे चित्र में केवल दुर्बोध शब्द और उसके प्रतीक ही होते हैं। रंगीनियत बिना किसी छटा के सपाट होने के कारण ये चित्र रँगाये गये लगने की बजाय छापे गये लगते हैं। कुल मिलाकर यह चित्र रचना पुराने शिलालेख पर अंकित चित्रलिपि जैसी होती है।

भारतीय मिथक कथा से ही प्रस्तुत किये जाते हैं। पणिक्कर की चित्र रचना में दुर्बोध शब्द और आकृतियाँ होती हैं, जिससे वे किसी मिथक की तरह लगती हैं। उनके चित्रों में यह अहसास होता है कि शब्द के बजाय रूप के माध्यम से कुछ मिथक अभिव्यक्त हो रहे हैं।

अवकाश की एक रचना होती है, जिसमें ग्रह, तारे तथा नक्षत्रों के समूहों से आकृतियों का अहसास होता है, तारों की गतिविधियाँ होती हैं, दो तारों के बीच अमूर्त रेखा होती है आदि। ऐसी ही आकृतियाँ अथवा कुछ प्रतीक पणिक्कर के चित्र में होते हैं। जिस तरह भारतीय खगोलशास्त्र, ग्रहशास्त्र से ज्योतिष की निर्मिति हुई। जिस तरह पिण्ड और ब्रह्माण्ड के परस्पर सम्बन्धों का अनुमान हुआ। जिस प्रकार ब्रह्माण्ड की स्थिति देखकर पिण्ड और शरीर की स्थिति का भी अनुमान लगाया गया। पणिक्कर की चित्र रचना इसी से आनेवाले रेखाशास्त्र की तरह यानी पंचांग की रेखारचना की तरह होती है।

अवकाश के पेड़ के पत्ते-पत्ते की और हर देह के हाथ-हाथ की अपनी-अपनी भाग्यरेखाएँ इसी शास्त्र या विद्या से पढ़ी जा सकती हैं। पणिक्कर के

चित्र में ऐसी ही पढ़ी जानेवाली रेखाओं और पढ़े न जानेवाले अक्षरों के केवल प्रतीक या चिह्न होते हैं।

तान्त्रिक विद्या अध्यात्म से आयी है। विद्या से कुछ सिद्ध किया जा सकता है। ठीक वैसे जैसे विज्ञान से कुछ सिद्धान्त बनते हैं। पणिक्कर के चित्रों में न तो सौन्दर्यशास्त्रीय तत्त्व होते हैं और न ही अनुभव की अभिव्यक्ति होती है। प्रतिमा अथवा आकार, रूप अथवा रूपभेद, रंग अहसास अथवा संवेदना भी नहीं होतीं। उनके चित्र किसी जटिल पहेली सुलझाते समय आनेवाले निशान, रेखाएँ अथवा किसी प्रमेय की रूप-रचना जैसे होते हैं। किसी अपरिचित सिक्के की छाप की तरह होते हैं। अपरिचित सिक्के की आकृतियाँ, अक्षरों का बोध न होने के कारण उसका मूल्य पता नहीं चलता। ठीक उसी प्रकार पणिक्कर के चित्र के चिह्न-प्रतीक आदि का अर्थबोध न होने के कारण उन चिह्न-प्रतीकों में जटिल रहस्यमयता उत्पन्न होती है। पणिक्कर की चित्र-रचना में किसी विधि रचना जैसी रहस्यमयता होती है।

चित्राकार की विसंगत रचना से आशय में नयी-नयी सम्भावनाएँ उत्पन्न होती हैं। पणिक्कर के चित्र में शब्द और आकृतियों में सुसंगति न होने के कारण वे विसंगत होकर उसमें आशय के नये-नये सम्भ्रम तैयार होते हैं।

विधि परम्परा में परिवर्तन के लिए अवकाश नहीं होता। परिवर्तन की स्वतन्त्रता भी नहीं होती। वास्तव में परिचित वस्तु ऐसी विधि रचना में अलग ही आशय बन जाती है। इस विधि रचना से वस्तु वस्तु के बीच वास्तव सम्बन्ध समाप्त होकर उसमें विसंगति और विसंगति के कारण एक रहस्यमयता उत्पन्न होती है। प्रभाकर बरवे के चित्र में ऐसी ही परिचित वस्तुओं की पुनर्रचना होती है। ये वस्तुएँ चित्रावकाश में अपनी-अपनी जगह पर अनुशासनबद्ध होती हैं। वह वस्तुरचना वास्तुरचना की तरह नहीं होती। इस कारण उसमें रहस्यमयता आती है। अत्यन्त सामान्य वस्तुएँ चित्र में अत्यन्त रहस्यमयता उत्पन्न कर जाती हैं। बरवे के चित्र की यह रहस्यमयता, यह पहेली तान्त्रिक अहसास ही है। यह अहसास ठेठ के.सी.एस. पणिक्कर का चित्र अहसास ही है।

चित्र में तान्त्रिक चिह्न और प्रतीकों की परम्परागत रचना रखे बिना बाहर से पूर्णत: अमूर्त चित्र और भीतर से तान्त्रिकता का अहसास कराते जे. स्वामीनाथन के चित्र समान अहसास के हैं। जे. स्वामीनाथन, प्रभाकर बरवे

और के. सी.एस. पणिक्कर की तान्त्रिक संवेदनाएँ एक समान हैं। पणिक्कर के चित्र के चिह्न और प्रतीक परम्परागत होते हैं। बरवे के चित्र की वस्तुएँ प्रतीक या चिह्न जैसी होती हैं। जे. स्वामीनाथन के चित्र पूर्णतः अमूर्त प्रतीत होने पर भी उसमें बिन्दु, त्रिकोण, चौकोन अथवा कुछ अमूर्त चिह्न होते हैं, जिससे इस तान्त्रिक शक्ति का अहसास होता है। बरवे और स्वामीनाथन के चित्र इस प्रकार उत्तर-तान्त्रिक विचार परम्परा के हैं।

भारतीय आदिवासियों की विधियाँ भी ऐसी तान्त्रिकता से युक्त होती हैं। मध्य प्रदेश के आदिवासी समाज अपने मृत आत्मीय जनों की आत्मा से वार्तालाप के लिए जिन चिह्न रूप में लेखन करते हैं, उनमें ऐसी ही तान्त्रिकता का अहसास होता है।

मानव समूह के अपने-अपने चिह्न और प्रतीक बदलते रहते हैं। परन्तु इन समुदायों के बदलते चिह्न-प्रतीकों से मात्र एक ही तान्त्रिक संवेदना अनुभूत होती है। आदिम और आधुनिक काल में चिह्न और प्रतीक अलग हो जाते हैं, परन्तु तान्त्रिक संवेदना का स्रोत एक ही बना रहता है। आधुनिक भारतीय काल में के. सी. एस. पणिक्कर ने इन चिह्नों और प्रतीकों का अहसास स्थापित किया।

अमृता शेरगिल

प्रभाववाद और घनवाद का दौर विश्व-कला की दृष्टि से अत्यन्त महत्त्वपूर्ण दौर है। आँखों को होनेवाली अनुभूति, उसका सन्दर्भ और अर्थ खोजने का वह प्रयास था। विन्सेंट वान गॉग, पॉल गोगाँ, पॉल सेज़ां, जार्ज सूरे इनमें मुख्य चित्रकार थे। अलग-अलग आयामों से प्रकृति का, वस्तु का सामने का हिस्सा, उसके पीछे की गतिविधियाँ आदि की कारण-मीमांसा करना उनका मुख्य उद्देश्य था। खड़ी वस्तु को चीरता जाता छाया-प्रकाश, इससे उत्पन्न होनेवाली ज्यामितियाँ, सभी आकारों के मूल में काम करनेवाले मूलाकार, ध्वनि प्रकाश तरंगों से बनती है या कण-कण से इस तरह के अलग-अलग अनुमानों को सिद्ध करते हुए ये चित्रकार अपने चित्र बनाते थे।

इसी दौर में छाया-चित्रण (क़ैमरा) की सुविधा प्राप्त हुई और प्रभाव को तकनीकी रूप से एक विशेष दिशा मिल गयी। त्रिमिति का आभास करानेवाला यह द्विमितिक रूप, गति और हरकतों से बननेवाली प्रतिमाएँ, विलम्बित प्रतिमाएँ, उनके एकत्रित रूपान्तर का दृश्यरूप एक विरूपीकरण में परावर्तित हुआ। इस तरह अनेक ज्यामितियों को अपनी परिधि में समेटकर ही बहुमिति की अनुभूति करानेवाला 'घनवाद' बन गया। पाब्लो पिकासो घनवाद का सफल चित्रकार है।

पानी के भीतर रखी छड़ टेढ़ी क्यों नज़र आती है? इसकी अनुभूति 'विरूप' में क्यों होती है? इन सवालों के जवाब भौतिक विज्ञान देता है, धर्म नहीं। विरूप अथवा अरूप भौतिक रूप के ही अंग हैं। इसी से अमूर्तन प्राप्त होता

है। प्रभाववादी चित्रकारों को अमूर्तन के प्रति ही आसक्ति थी। परन्तु, घनवाद के भौतिक, वैज्ञानिक विश्लेषण से ही अमूर्तन की अनुभूति होती है। अमूर्त यानी मूर्त का विरोध नहीं, बल्कि भौतिक की ही रूपानुभूति है।

प्रभाववाद और घनवाद तक के उथल-पुथल के दौर में अमृता शेरगिल यूरोप में थी। उसका जन्म सन् १९१३ में बुडापेस्ट हंगरी में हुआ। उसकी शिक्षा भी यूरोप में ही सम्पन्न हुई। बाद में सन् १९३४ में वह भारत आयी। माँ हंगेरियन और पिता भारतीय, इस तरह यूरोपीय और भारतीयता की विरासत अमृता शेरगिल को जन्म के साथ ही प्राप्त हुई।

भारतीय जीवन और संस्कृति के प्रति अमृता को विशेष आकर्षण था। भारत आते ही उसने देश भर में भ्रमण शुरू किया। उसने एलोरा-अजन्ता, दक्षिण के भित्तिचित्र, पहाड़ी लघुचित्र, राजपूत, मुग़ल लघुचित्र, मोहनजोदड़ो, हड़प्पा, कुशाण शिल्प, गुप्तकालीन कला और भारतीय समकालीन कला का बाक़ायदा अध्ययन किया। पिकासो, ब्राक़, मातिस की समकालीन अमृता ने वान गॉग, गोगाँ के कलाविषयक विचार आत्मसात् किये थे। इस कारण उसमें कला के प्रति सूक्ष्म एवं गहरी समझ आयी थी। इस दृष्टिकोण से भारतीय कला का मूल्यांकन करते समय उसने तीख़ी और स्पष्ट प्रतिक्रियाएँ दी हैं।

अजन्ता और भारतीय लघुचित्र परम्परा पर आधारित पुनरुत्थानवादी आन्दोलन और उससे निर्मित 'बंगाल स्कूल' और 'बॉम्बे स्कूल' आदि शैलियाँ भारत में स्थापित हो गयीं। परन्तु, अजन्ता और लघुचित्र की अमृता की समझ अलग थी।

राजा रविवर्मा से लेकर भारत के कुछ प्रमुख चित्रकारों के चित्रों की प्रदर्शनी दक्षिण के त्रावणकोर में आयोजित की गयी थी। इस 'मॉडर्न इण्डियन आर्ट' प्रदर्शनी के बारे में अमृता शेरगिल कार्ल खण्डालवाला को लिखती है, 'Without exaggeration or rather underestimation, there was only one picture in the whole collection that could be called good—a small portrait by Jamini Roy, even Nandlal Bose were hopeless. I really never thought that Nandlal Bose was so erratic. Consins seems to have a special faculty for picking out the worst.' (कार्ल को पत्र, १९३७)

इसी दरमियान 'बॉम्बे स्कूल' की एक प्रदर्शनी के बारे में वह लिखती है, 'I got our review of the exhibition to commenmorate the service of Gladstone Soloman. To say that you have been 'Most Temperate' and quite generous is to put it very mildly. I persued the catalogue carefully looking at the picture at great length with the object of imprinting indelibly on my mind 'how not to paint!' I have seldom seen such a profile collection of inmitigated rubbish. Compared to the best specimens of it, the worst examples of Bangal School are work of genius.' (कार्ल को पत्र, १९३७)

कला की बुनियाद पर खड़ी यह भारतीय कला निराधार होकर अलंकरण में फँस गयी थी। भारत आते ही अमृता में भारतीय जीवन के प्रति आकर्षण उत्पन्न हुआ। यहाँ की ग्रामीण जीवन पद्धति, ग़रीब मेहनतकश लोग, उनका काला-साँवला वर्ण, उनका लिबास आदि देखकर उसे अहसास हुआ कि ऊपर से चाहे यह जीवन गन्दगीभरा लगता है, परन्तु, इसके भीतर एक सौन्दर्य की आभा विद्यमान है। यहीं से उसकी यूरोपीय पद्धति की चित्रकला पूरी तरह से बदल गयी और इस भारतीय जीवन तथा अजन्ता जैसी यहाँ की परम्पराओं को पचाकर वह अपनी निर्मिति करने लगी। अमृता शेरगिल उद्विग्न होकर भारतीय कला पर केवल टिप्पणी नहीं कर रही थी, बल्कि भारत भर में अपने चित्रों की प्रदर्शनी भी लगा रही थी। भारतीय चित्रकारों ने भी बिना किसी प्रतिवाद के उसके चित्रों को स्वीकार किया और उसके मार्ग का अनुसरण करने लगे। अमृता शेरगिल के बहाने भारतीय कला में उथल-पुथल मच गयी। परन्तु इसी से भारतीय चित्रकारों को अपने 'भारतीयत्व' का अहसास हुआ। अमृता से भी वरिष्ठ चित्रकार के.के. हेब्बार और एन. एस. बेन्द्रे अमृता से प्रभावित हुए। उस दौर के युवा चित्रकार एम. एफ़. हुसेन सिनेमा के बैनर बनाते थे। उन्होंने अमृता शेरगिल के चित्रों की नक़ल उतारते-उतारते चित्रकला सीख ली और अमृता के कारण कला क्षेत्र में आया तूफ़ान हुसेन के माध्यम से भारतीय चित्रकला में बढ़ता ही गया।

धार्मिक-पौराणिक कथाएँ, रोमांटिक कल्पनाएँ, अलंकरण की प्रवृत्ति के स्थान पर ठेठ वास्तविक जीवन के चित्र भारतीय कला में आने लगे। अमृता शेरगिल और रामकिंकर बैज दोनों समकालीन हैं। ख़ास बात यह कि ग्रामीण जीवन, मेहनतकश किसान—यही दोनों की निर्मिति के केन्द्र

थे। उनकी रचनाओं में शुद्ध देसी संवेदनाएँ इस प्रकार प्रकट होती हैं, मानो एलोरा-अजन्ता की सांस्कृतिक विरासत पर दावा करती हो। अमृता के चित्र और रामकिंकर के शिल्पों का यह दौर स्वतन्त्रतापूर्व का दौर है। यही वह समय है, जब भारतीय कला को सही मायने में यथार्थ जीवन का आधार प्राप्त हुआ था।

पॉल गोगाँ तथा भारतीय चित्रकारों में प्रकृति चित्रण अनिवार्य रूप से पाया जाता है। अमृता शेरगिल के चित्र दोनों परम्पराओं से अलग हैं। उसके चित्रों में प्रकृति अथवा प्रकृति चित्रण के स्थान पर सीधे-सीधे व्यक्ति आते हैं। विषय अथवा विषय के साथ आनेवाले परिसर का ब्यौरा भी चित्रों में अत्यन्त कम है। इसी कारण विषय भी अन्य ब्यौरे के साथ न आकर व्यक्ति की भावमुद्रा में ही प्रकट होता है।

चित्रों में रंग भरने की अमृता की पद्धति यूरोपीय थी। अपनी पद्धति में वह काल्पनिक ढंग से आकार नहीं बनाती थी, बल्कि सामने के चित्र के अनुरूप व्यक्ति अथवा व्यक्ति समूह को 'मॉडल' के रूप में प्रस्तुत करते हुए उसका चित्ररूप कैनवस पर अंकित करती थी। फिर भी कैनवस के चित्र यथार्थ यानी, छाया-प्रकाश के अनुरूप न होकर यथार्थ की प्रतिमा के रूप में आते। चित्र पूरा होने के बाद उसे उलटा कर यानी ऊपर का हिस्सा नीचे कर उसके रंग-संयोजन का परिष्कार किया जाता, और तब वह चित्र सही मायने में दृश्यानुभव कर पाता। चित्र में अंकित व्यक्ति परस्पर संवाद करते हुए नहीं दिखते, बल्कि ऐसा आभास होता है कि वे 'आत्मनिवेदन' कर रहे हों।

चित्र में असमान क़द वाले पर एक-दूसरे के समान्तर खड़े व्यक्ति, अपने पहनावे के कारण, एक जैसी बनी शारीरिक गठन, अंगों में हरकत न होने से लय का अभाव, पहनावे की अनिवार्य तहें आदि के ज़रिये सम्पूर्ण व्यक्ति समूह एक 'मानवीय आकार का परिवार' अथवा स्थिर चित्रण जैसा स्तब्ध प्रतीत होता है। मथुरा शैली के कनिष्क के पुतले अथवा स्तब्ध खड़े बुद्ध के शिल्प का प्रभाव अमृता के चित्रण पर हुआ है।

चित्र में यद्यपि प्रकृति का अभाव है, फिर भी व्यक्ति के पहनावे से वह सम्बन्धित परिवेश से जुड़ा प्रतीत होता है। अतः चित्र का व्यक्ति मात्र व्यक्ति नहीं रह जाता, बल्कि सम्बन्धित भू-भाग का नागरिक बन जाता है।

अपने परिवेश, प्रकृति, समाज, रीति-रिवाज़, परम्पराएँ आदि को पचाकर ही नागरिकों की जीवनशैली बनती है। अमृता के चित्र ऐसे ही अलग-अलग भू-भाग यानी शिमला, दक्षिण भारत, गोरखपुर, पंजाब, लाहौर, हंगरी आदि परिवेशों के हैं। यह परिवेश वहाँ की प्रकृति के कारण नहीं, बल्कि सम्बन्धित व्यक्ति का रंग-रूप और पहनावे से ही मालूम पड़ता है। शिमला और दक्षिण भारत की प्रकृति बड़ी सुन्दर है, तथापि अमृता को प्रकृति से ज़्यादा इनसानों में दिलचस्पी है।

नागरिक अपनी भूमि से इतना एकाकार होते हैं कि अन्य परिवेश के लोग अलग और बाहरी प्रतीत होते हैं। अमृता के चित्र में व्यक्ति इसी तरह भौगोलिक संस्कृति के साथ आते हैं। इस कारण, चाहे प्रकृति अलग न हो, फिर भी वह नागरिकों के द्वारा अभिव्यक्त होती रहती है। समाजशास्त्र, इतिहास आदि का चित्रकला से सम्बन्ध हम जानते हैं, परन्तु नागरिकशास्त्र और चित्रकला का सम्बन्ध भारतीय कला में पहली बार अमृता के चित्रों में ही दिखायी देता है।

अमृता के चित्रों के विषय यथार्थ जीवन से उठाये गये हैं,परन्तु उनमें अंकित व्यक्ति पारम्परिक होते हैं और रंग काल्पनिक। रंगों की तीव्रता और अनेक रंगों की संयोजना के चलते विषय की अपेक्षा रंगों के कारण ही चित्र अधिक प्रभावशाली बनते हैं। पूरे चित्र में रंग ही मुख्य होता है। इसी कारण अमृता के चित्र दो स्तरों पर बनते हैं। चित्र का विषय ग़रीबी, दुख आदि होता है, परन्तु इसके रंग विषय-आशय के साथ नहीं आते, बल्कि उनका अपना अस्तित्व स्वतन्त्र होता है।

अपने चित्रों के बारे में अमृता कहती है, 'I am personally trying to be, through the medium of line, colour, and design, an interpreter of life of the poor and sad, But I approach the problem on the more abstract plane of the purely Pictorial.' (Amrita Sher-Gil, Geeta Kapoor, pg. 42)

रामकिंकर बैज के चित्र और शिल्पों का विषय भी ग़रीब, दुखी, मेहनतकश किसान ही था, परन्तु उनके शिल्प-चित्र जीने की मस्ती, जीवन के अहसास से भरे और ग़रीबी में भी सन्तोषपूर्ण जीवन जीने की गति और लय आदि को वहन करने में समर्थ थे। इसी से रामकिंकर की इस धारणा का पता चलता है कि दरिद्रता में भी सौन्दर्य होता है या ऊपर से गन्दा दिखनेवाला

जीवन भीतर से सुन्दर हो सकता है। इसी कारण वे अपने चित्रों के बारे में कहते हैं, 'मेरे चित्र जीवन की वाटिका हैं'। अमृता को दरिद्रता के असली सौन्दर्य का अहसास नहीं था। क्योंकि उसके चित्र में लोगों के चेहरे हमेशा निराश, दुखी होते हैं और रंग इसके विपरीत होते हैं—उत्तेजक और तेजस्वी।

अमृता के चित्रों के व्यक्ति स्तब्ध और स्थिर होने के कारण वे 'फ़ोटो फार्म' जैसे लगते हैं। चित्र के ये इनसान किसी आलंकारिक आकारों या किसी विशिष्ट शैली के नहीं बल्कि यथार्थ के सुलभीकरण जैसे लगते हैं। आकार का सुलभीकरण और रंगों की वरीयता के कारण चित्र अमूर्तन की ओर झुके हुए हैं।

अमृता शेरगिल का भारत आना भारतीय कला में परिवर्तन का कारण बना। अमृता के कारण भारतीय कला में दो दौर स्पष्ट दिखायी देते हैं—अमृता से पहले की भारतीय कला और अमृता के बाद की भारतीय कला। कला के लिए मानवीय आकार—इस भारतीय परम्परा को बदलकर अमृता शेरगिल ने—मानवीय जीवन के लिए कला—यह नया सूत्र दिया। यह परिवर्तन पारम्परिकता की पुनर्रचना है। यानी आधुनिकता का प्रारम्भ है। इसीलिए अमृता शेरगिल आधुनिक भारतीय कला की मुख्य चित्रकार बन जाती है।

८

के. एच. आरा

(१९१४-१९८५)

के. एच. आरा

Painting is to Ara what singing is to the lark. In his whole being is gathered and diffused at the same time...Ara's art has always been intutive, imaginative, spontaneous and improsed not deliberate and intellectual, intent on finding expression studied and calculated means. This has produced in him a certain eclectism...has led him from style in a kind of rambling journey more of a discovery than a search...in recent years Ara has produced hundreds of 'Still-life' of flowers, pots and fruits, most of them have been outstanding because of that extraordinary fine colour. There is no other artist in India today who has the sensibility, poetry and wit of colour which are always thought to be monopolies of the ecole de paris. The impact...of Ara's still-lifes lies not in his colour alone. It lies in has uncanny imaginative creation of a complete situation...one feels that he should penetrate new horizons...the diffused humanity of his painting in crying out for visible crystallisation

—Rud Von Leyden

In some paintings (of nudes) his ambition is defeated by an inherent weakness of drawing in other he succeeds in translating the observed from into a fully understood visualisation of vibrant flesh; even where his nudes apper to be provocative, they are peculiarly innocent of voluptuousness and sex; they seem almost detached and devoid of moods. They are just bodies in being, sufficient unto themselves and content to exist.

—Rud Von Leyden

भारत में ईस्ट इण्डिया कम्पनी की सरकार स्थापित हुई और देश भर में औपनिवेशिक विचारों का असर हुआ। कला, साहित्य पर भी उसका असर पड़ा। सन् १८५७ के विद्रोह के बाद यह विचार और फैल गया। क्योंकि इसी दौर में कम्पनी सरकार ने देश के मुख्य शहरों में कला-संस्थाएँ स्थापित कीं और उनके माध्यम से ब्रिटिश स्कूल की कला-शिक्षा देना शुरू किया। देश के चार कोनों के प्रमुख शहरों—कलकत्ता, मद्रास, लाहौर और मुम्बई में ये कला-संस्थाएँ शुरू हुईं।

ये संस्थाएँ यहाँ की परम्परा के अनुकूल शिक्षा देनेवाली कला-संस्थाएँ नहीं थीं। क्योंकि यहाँ की कला-परम्परा और इन संस्थाओं में दी जा रही शिक्षा परस्पर-विरोधी थी। इसी कारण इस कला-संस्था के छात्रों तथा अध्यापकों का स्वदेशी आन्दोलन में सीधा सहभाग नहीं था। भारतीय परम्परा और कला-शिक्षा के लिए सांस्कृतिक माहौल बनानेवाली शान्तिनिकेतन जैसी कला-संस्थाएँ बाद में स्थापित हुईं।

ब्रिटिशों द्वारा स्थापित इन कला-संस्थाओं में कुछ भारतीय अध्यापक भी कार्यरत थे, जिनका यहाँ की कला परम्पराओं की तरफ़ कोई ध्यान ही नहीं था। परन्तु कुछ ब्रिटिश अध्यापकों को यहाँ की कला-परम्परा की कला-शिक्षा देने की आवश्यकता महसूस हुई और राजनीतिक दृष्टिकोण के बजाय सांस्कृतिक दृष्टिकोण और कला संवेदनाओं के तहत इन कला-संस्थाओं में परम्परागत कला-शिक्षा का आग्रह किया गया। कलकत्ता की कला-संस्था में हॅवेल और मुम्बई की कला संस्था में ग्रिफ़िथ ने यह परिवर्तन कर दिखाया और अजन्ता की भित्तिचित्र परम्परा और भारत की लघुचित्र परम्परा दोनों शैलियों को पुनः कला-शिक्षा के केन्द्र में स्थान मिला।

मुम्बई और कलकत्ता के कलाक्षेत्र में आये बदलाव में ब्रिटिश कलाकारों की मुख्य भूमिका थी। स्वतन्त्रता के बाद मुम्बई में 'प्रोग्रेसिव ग्रुप' के रूप में पहला कला आन्दोलन सम्पन्न हुआ। इस ग्रुप के मुख्य कलाकार थे एफ़. एन. सूज़ा, एम. एफ़. हुसेन, एस. एच. रज़ा और के. एच. आरा।

परन्तु इन विचारों और आन्दोलन के प्रेरणास्रोत और समर्थक थे Rud Von Leyden, Emmanuel Schlesinger, Walter Langhammer आदि ब्रिटिश चिन्तक।

मुम्बई और कम से कम महाराष्ट्र में जे. जे. स्कूल ऑफ़ आर्ट के ज़रिये ईस्ट इण्डिया कम्पनी स्कूल का प्रभाव तीव्र था। परन्तु शान्तिनिकेतन की तर्ज की कोई संस्था महाराष्ट्र में नहीं बन पायी। इसके विपरीत महाराष्ट्रीय कला राजा रवि वर्मा के प्रभाव में आयी और उसी को मानक मान लिया गया। परिणामतः दक्खन की, अर्थात् आन्ध्र, कर्नाटक और कुछ महाराष्ट्र की कारीगरी उपेक्षित ही रह गयी।

प्रोग्रेसिव ग्रुप आन्दोलन ने जे. जे. स्कूल की यथार्थवादी शैली और साम्राज्यवादी सोच का पुरजोर विरोध किया। परन्तु इस आन्दोलन ने भी यहाँ की कला-परम्परा की अनदेखी कर विश्व-कला के साथ जाने का प्रयास किया। इसके लिए सभी महत्त्वपूर्ण कलाकार यूरोप चले गये। इसमें केवल एम. एफ़. हुसेन और के. एच. आरा ही अपवाद थे। उन्होंने भारत देश छोड़कर न जाने का दृढ़-निश्चय किया था। एम. एफ़. हुसेन और के. एच. आरा दोनों दक्खन परम्परा कलाकार होने के कारण उस दौर में इनका उल्लेख दक्खनी कलाकार के रूप में होता था।

कृष्णाजी ओवलजी आरा तेलंगाना का तेलंगी समुदाय का लड़का बचपन में जीविका के लिए मुम्बई आया। बाल-मजदूर के रूप में मोटर-गाड़ियों की सफ़ाई से लेकर जो मिला वह काम किया। चित्र में उसकी रुचि और उन्नति को देखकर अनेकों ने उसे प्रोत्साहन दिया। उसे प्रोत्साहित करनेवाले में Rud Von Leyden सबसे प्रमुख थे।

के. एच. आरा की कला की कोई औपचारिक शिक्षा-दीक्षा नहीं हुई थी। उनके चित्र उनकी अपनी ही आन्तरिक ऊर्जा से बनते थे। आरा बुद्धिजीवी अथवा चिन्तक नहीं थे। अतः कला के लिए कुछ काल्पनिक, दार्शनिक, वैचारिक चिन्तन या कोई विशिष्ट कौशल आदि का उनमें पूरी तरह से अभाव था। एम.एफ़. हुसेन की तरह न तो उनके पास कारीगरी की पुश्तैनी परम्परा थी, न सूज़ा की तरह तीव्र सामाजिक संवेदना; और तो और रज़ा की तरह कौशल भी नहीं था। इन सारी बातों का अभाव होने के बावजूद आरा इन कलाकारों के समकक्ष कला-निर्मिति करते थे। उनके चित्र अत्यन्त

सहज और आसान होते थे। उनमें वस्तु-चित्रण अथवा व्यक्ति-चित्रण जैसा सीधापन होता था। परन्तु इसका तात्पर्य यह नहीं कि उन्होंने जो चित्रित किया वह बहुत आसान था। उसमें कुछ न कुछ अद्‌भुत होता था। आरा ने अपने चित्रों में कुछ प्रयोग किये हैं, सो बात भी नहीं है। माध्यम का अलग से आग्रह भी उनमें नहीं दिखता है। केवल जलरंग और तैलरंग। उनके चित्र अन्यों की तुलना में अत्यन्त सरल हैं। इसी कारण अन्य कलाकारों की तुलना में आरा को समझना बहुत कठिन है।

के. एच. आरा की निर्मिति-परिधि वस्तुचित्र, स्थिरचित्र, नग्नचित्र और प्रसंगचित्र तक ही सीमित थी। स्वतन्त्रता के परवर्ती कलाकारों में जगा विश्व-कला का बोध, विभिन्न माध्यमों की प्रयोगशीलता, आधुनिक विश्व का बोध, दर्शन, मिथक, पुराण के ज़रिये जगाया गया देशीयता का बोध, सांस्कृतिक अनुभव आदि का माहौल आरा के इर्द-गिर्द था। परन्तु आरा अपने आप में मशगूल होकर अपने भीतर की कला-संवेदनाओं को आसान तरीक़ों से प्रस्तुत करते थे। आरा बॉम्बे स्कूल के कलाकार थे, परन्तु इस स्कूल के किसी भी कलाकार से उनकी समानता नहीं थी। बिनोद बिहारी मुकर्जी और रामकिंकर बैज के प्रकृति चित्र की शैली से आरा की संवेदनाएँ मेल ज़रूर खाती हैं। रामकिंकर बैज और के. एच. आरा के बीच विषय की सरलता, उसमें रंग भरने की उत्स्फूर्तता और देशीयता का तीव्र अहसास आदि समान तत्त्व हैं। परन्तु रामकिंकर बैज प्रकृति-चित्रण करते थे और आरा प्रकृति नहीं, बल्कि प्रकृति के किसी प्रसंग में रंग भरते थे। परन्तु उसी शान से।

फूलदानी, फूल, फल आदि की रचना ही वस्तु-चित्रण है। वस्तु-चित्रण कोई अद्‌भुत वस्तु की कौशलपूर्ण रचना नहीं। आरा ने फूल, फल, फूलदानियाँ आदि को भी सजावट या प्रसन्न वातावरण के लिए नहीं बनाया। इस चित्रण के दौर में देश में आरा जैसा वस्तु-चित्रण करनेवाला दूसरा चित्रकार दिखायी नहीं देता। विश्व चित्रकला के स्तर पर आरा से पूर्व पॉल सेज़ां ने इस तरह वस्तु-चित्रण में कुछ सिद्धान्त ढूँढ़ने का प्रयास किया था। पॉल सेज़ां वस्तु-चित्रण में कुछ नया खोज रहा था। परन्तु आरा अपने वस्तु-चित्रण में कुछ खोजता प्रतीत नहीं होता। अपनी संवेदनाओं को दृश्य रूप देने के लिए वस्तु-चित्रण उसके लिए बस एक निमित्त था। उनके कुछ न्यूड चित्र देखने पर लगता है कि स्थिर चित्रण और न्यूड (नग्न चित्रण) के

अहसास एकसमान ही हैं। यानी न्यूड में स्वभावत: आनेवाली कामुकता और फूल का प्रसन्नता का भाव इन चित्रों में नहीं है। आरा इनमें स्वयं को ही अभिव्यक्त करता जान पड़ता है। आरा इन सजीव-निर्जीव तत्त्वों में सम्भवत: अपने भीतर अभिसरण होनेवाली ऊर्जा का अहसास ही रँगाते रहे थे। इसीलिए फूल, फल, वस्तु अथवा नग्न स्त्री-देह, प्रसंग चित्रण आदि रंग-रंग या वस्तु-वस्तु से एक कालिमा प्रवाहित रहती है।

ऊर्जा का स्रोत सूर्य, उपजाऊ ज़मीन, अस्तित्व का केन्द्र बिन्दु, निर्माण शक्ति के रूप में माँ की चित्र-मालिका को रज़ा अन्य रंगों के साथ-साथ मुख्यत: काले रंग में ही रँगाता है। पूरा रंग केन्द्रित करनेवाली यह ऊर्जा, इस ऊर्जा के प्रतीक के रूप में ही काला रंग। रज़ा की तरह ऐसे दार्शनिक रूप में आरा अपनी चित्र-रचना नहीं करते। उनके सभी चित्रों में यह श्यामलता प्रखरता से आती है। फिर भी नग्न चित्र के रूप में आरा कहते हैं, "So much blood has been shed. How then, can I use colour?"

वस्तु-चित्रण में पॉल सेज़ां (१८३९-१९०६) कुछ सैद्धान्तिक सूत्रों की खोज करता है। वस्तु पर परावर्तित होता प्रकाश, छाया प्रकाश से बननेवाले रंगों की अनेक संवेदनाएँ आदि के आकर्षण से पॉल सेज़ां वस्तु, फल और फूलों का स्थिर चित्रण करता था। इसी सूत्र को लेकर बाद में पिकासो अपना घनवाद का सिद्धान्त प्रस्तुत कर पाया।

आरा अपने वस्तु-चित्रण या स्थिर चित्रण के ज़रिये कोई सैद्धान्तिक प्रस्तुति नहीं करते। उनके चित्र अधिकाधिक अन्तर्मुखी हैं, जिनसे मानवता का अहसास होता है। शरीर में संचार करते रक्त के कारण देह में सजीवता का अहसास होता है। वस्तु रक्तहीन होती है, परन्तु उसके कम्पन से सजीवता महसूस होती है। आरा के वस्तु-चित्रण अथवा देह-चित्रण में कम्पन अथवा धड़कनों का संचार होने के कारण उसमें सजीव-निर्जीव का भेद नहीं रह जाता। इसीलिए उनके वस्तु-चित्रण में मानवीयता का अहसास होता है। इसी कारण आरा के वस्तु-चित्रण के बर्तनों का गोल-आकार शरीर की तरह पुष्ट प्रतीत होता है।

आरा के वस्तु-चित्रणात्मक चित्र पॉल सेज़ां की याद दिलाते हैं, परन्तु सैद्धान्तिक दृष्टि से उनमें कोई समानता अथवा प्रभाव नहीं है। साथ ही आरा के चित्र इटालियन आर्टिस्ट मोदिग्लियानो (१८८४-१९२०) के न्यूड

चित्रण जैसे हैं। चित्र-रचना और स्त्री-शरीर इसके अलावा चित्र का प्रयोजन और चित्र-संवेदनाएँ अलग-अलग हैं।

शरीर यानी अलग-अलग अवयवों की रचना, उनकी स्वतन्त्र गतिविधियाँ, स्वतन्त्र कार्य और स्वतन्त्र आकार। परन्तु ये सब एकत्रित जुड़े होते हैं। आरा के चित्र में शरीर की बनावट या रचना इस अर्थ में नहीं होती। अवयवों की यानी हाथ, पैर, चेहरा आदि की अलग गतिविधियाँ, रचना, कार्य, आकार आरा के चित्रण में नहीं होते। शरीर के अनिवार्य अंग के रूप में वे अवश्य आते हैं, परन्तु चित्रण में हाथ-पैरों की तुलना में शरीर का सपाट अंग—पेट-पीठ, उसकी पुष्टता; यही चित्रण का मुख्य उद्देश्य होता है। इसीलिए यह देह चित्रण की अपेक्षा समग्र देह-कायारूप चित्रण होता है।

सम्पूर्ण चित्र में एक ही नग्न स्त्री देह या काया चित्रित की जाती है। कोई हरकत या हावभाव से विहीन निश्चेष्ट और स्थिर होकर भी यह नग्नरूप कामुक या वासनात्मक नहीं लगता। मातृदेवता शिल्प की तरह सौ फीसदी नंग-धड़ंग होने के बावजूद यह नग्नता वासनात्मक नहीं होती। क्योंकि प्रकृतिजन्य प्रत्येक नग्नता मासूम ही होती है। यह नग्नता भी ऐसी ही प्राकृतिक महसूस होती है। वस्त्र से अनभिज्ञ शरीर और वस्त्र उतारकर विवस्त्र हुआ शरीर, दोनों में नग्नता होने के बावजूद उनमें अन्तर होता ही है।

आरा के चित्र में पूर्ण नग्न स्त्री-देह की रचना होती है, परन्तु कामुक भाव नहीं होता। सम्पूर्ण चित्र में एक ही रचना होती है। इसके बावजूद वे कलाकृति में विकृतीकरण या किसी कल्पित आकार की योजना से शरीर की प्रतिमा चित्रित नहीं करते, बल्कि उनका चित्रण हू-ब-हू यथार्थ जैसा होता है। लेकिन वह यथार्थ और व्यक्तिनिष्ठ भी नहीं होता।

नग्न-चित्रण में आरा शरीर का विकृतीकरण, तोड़-मरोड़ नहीं करते। चित्र यथार्थ रूप में होता है, परन्तु उसका रंग यथार्थ नहीं होता। किसी हल्के-से रंग को काली छटा से गोलाकार दिया जाता है। इस रंग-तकनीक से शरीर में माँसलता की प्रतीति होती है। शरीर की सहजता, उसका काला-मटमैलापन, प्राकृतिक नग्नता आदि के कारण ये चित्र आदिम समय का अहसास कराते हैं। इसीलिए ये मातृदेवता जैसे लगते हैं। परन्तु मातृदेवता के चित्र-शिल्प में उसे शक्ति-देवी दर्शाने के लिए जिस अतिशयोक्ति का प्रयोग किया जाता है, आरा के चित्र में उसका प्रयोग अपवाद के रूप में भी नहीं होता।

गीली मिट्टी की मूर्ति में गीलेपन के कारण जिस तरह खिंचाव आता है, उसी प्रकार आरा के चित्र के इस धूसर रंग में काला रंग मिलने से बनी 'कजरारी काया' मोहक लगती है।

के. एच. आरा के चित्र का विषय वस्तु-चित्रण या नग्न-स्त्री देह होता है। साथ ही प्रसंग चित्र भी आरा की चित्रकला का एक पक्ष है। इस चित्र में प्रकृति नहीं होती, विषय नहीं होता। एक सहज-साधारण-सा प्रसंग होता है। बाक़ी सारा चित्रण, रंग-योजना नग्न चित्रण या वस्तु-चित्रण जैसी ही होती है। इसीलिए आरा के चित्र में व्यक्ति, वस्तु, वास्तु, देह, काया, शरीर में एक ही समान अस्तित्व महसूस होता है। समग्रता अनुभव होती है।

९ जैनुअल अब्दीन

(१९१४ किशोरगंज–१९९६ बाङ्‌लादेश)

जैनुअल अब्दीन

अमृता शेरगिल जब भारत लौटीं, तब भारतीय कला में 'बंगाल स्कूल' और 'बॉम्बे स्कूल' की धूम मची हुई थी। स्वदेशी आन्दोलन से उपजा राष्ट्रप्रेम, ब्रिटिश विरोध के नाम पर भारतीय परम्पराओं का अनुनय और अनुकरण—यही कला का मानदण्ड बन चुका था। भारत की विभिन्न परम्पराएँ, प्रत्यक्ष जीवन, आसपास का परिवेश आदि का विचार किये बिना हर कलाकार सर्वमान्य बन चुकी अजन्ता, लघुचित्र, एलोरा की परम्पराओं से जुड़ने का प्रयास कर रहा था। कलकत्ता, मुम्बई, चेन्नई और लाहौर तक के कलाकारों को भौतिक परिस्थिति का अहसास नहीं था।

प्रभाववाद से लेकर घनवाद तक पूरी यूरोपीय कला बदल चुकी थी। प्रभाववादी कलाकारों के उत्कर्ष के इस दौर में भारतीय मूल की चित्रकार अमृता शेरगिल यूरोप में थी। प्रभाववाद से घनवाद की तरफ़ संक्रमित होता दौर उसने अनुभव किया था। अमृता शेरगिल स्वयं भी उससे प्रभावित थी।

प्रत्यक्ष यथार्थ से टकराता प्रभाववाद तथा उत्तर प्रभाववाद; तीव्र भौतिक अनुभूति को क़ैद करनेवाले क़ैमरे की खोज, अफ्रीकी आदिवासी कला के तत्त्व, द्वितीय विश्वयुद्ध के लिए विस्फोटक बन रहा परिवेश—और ऐसी स्थिति में उपजा घनवाद और पिकासो जैसा प्रतिभाशाली कलाकार।

भारतीय कला और यूरोपियन कला में परस्पर विरोध, कला और परम्परा को लेकर भारतीय कला का ग़लत अनुमान, भारतीय कला की अति आलंकारिकता। अमृता शेरगिल इससे उद्विग्न हुई और उसने भारतीय कला की कड़ी आलोचना की, जिससे भारतीय कला निःशब्द हो गयी। लेकिन

रवीन्द्रनाथ टैगोर, जामिनी रॉय, रामकिंकर बैज जैसे चित्रकार उसके विश्वसनीय बन गये, जो किसी परम्परा का अनुनय किये बिना आसपास के परिवेश से एकाकार हुए थे।

अद्‌भुत प्राकृतिक सौन्दर्य से लैस कश्मीर और शिमला के प्रति भारतीय कलाकारों में आकर्षण था। प्रभाववादी विचारों से प्रभावित अमृता शेरगिल इस परिवेश की होकर भी उसने इस प्राकृतिक सौन्दर्य की अपेक्षा सम्पूर्ण भारतीय समाज जीवन और कला परम्पराओं की ओर खुली आँखों से देखा। भारतीय समाज की दरिद्रता, दुख, करुणा की अनुभूति उसकी कला में उतरी और भारतीय कला में सही मायने में भारतीय यथार्थ प्रकट होता गया। दुख, यातनाएँ और खिन्न चेहरों के चित्रण से यहाँ के समाज को पहली बार कला में अपना प्रतिबिम्ब नज़र आया।

आगे चलकर अमृता शेरगिल की चित्र-संवेदनाएँ रामकिंकर बैज, जामिनी रॉय आदि के चित्रों में आने लगीं। सन् १९४० के बाद भारतीय कला को सही मायने में सामाजिक प्रतिबद्धता का अहसास हुआ। भारत में यह दौर राजनीतिक और समाजिक दृष्टि से संघर्ष का दौर था। स्वदेशी आन्दोलन तीव्र होकर ब्रिटिश सत्ता के विरुद्ध संग्राम छिड़ गया था। स्वतन्त्रता प्राप्ति का मार्ग यद्यपि अहिंसात्मक था, फिर भी आन्दोलन असफलता से उपजी निराशा के कारण हिंसा हो रही थी। सन् १९४२ का महात्मा गाँधी का 'भारत छोड़ो' आन्दोलन और सन् १९४३ में बंगाल के भीषण अकाल के कारण राजनीतिक और सामाजिक भीषणता के साथ-साथ प्राकृतिक प्रकोप ने मनुष्य का जीवन कुरूप बना दिया। सौन्दर्यपूजक भारतीय कला इसे खुली आँखों से देख रही थी। खुली आँखों को नज़र आ रही यह अनुभूति सौन्दर्यमयी कल्पना और आदर्श से अधिक प्रभावशाली थी। कलाकारों की संवेदनाएँ अपने आप बदल गयीं। देश के विभाजन के साथ प्राप्त हुई स्वतन्त्रता तो और अधिक यातनामयी थी। कला के क्षेत्र में राष्ट्रवाद, परम्परा की आदर्शवादी अवधारणा भंग होकर भारतीय कला में जीवन की अनुभूति आने लगी।

वामपन्थी विचारों की प्रभावशाली लहर देश भर में फैल गयी। यह कम्युनिस्ट विचार बुद्धिजीवी और शहरी समाज से बिल्कुल देहाती लोगों तक जा पहुँचा। समाज रचना का ढका हुआ यथार्थ अनावृत्त होता गया। कलाकारों ने भी अनेक विचारकों के साथ मिलकर समविचारी दल बनाया और इस

'समाजवादी यथार्थ' को कला में ले आये। आँखों को दिखायी देता यह यथार्थ चित्रकला में आकर्षकता के साथ आ रहा था। परन्तु यह यथार्थ करुण और प्रखर था। कलकत्ता में जामिनी रॉय, माणिक बंद्योपाध्याय, बुद्धदेव बोस और विष्णु डे आदि लेखक-चित्रकारों ने Anti Facist Writers and Artists Association (A.F.W.A.) नाम से एक दल स्थापित किया और सन् १९४२-४३ के दरमियान Indian People Theatre Association (I.P.T.A) नाम से मुम्बई में भी दल शुरू हुआ। इसी से असली समाजवादी चित्रण आरम्भ हुआ।

विभूतिभूषण बंद्योपाध्याय की 'पाथेर पांचाली', अरण्यक साहित्य से लेकर माणिक बंद्योपाध्याय, सत्यजित रे, ऋत्विक घटक, बिमल रॉय, रामकिंकर बैज, सोमनाथ होर के कला साहित्य में यहाँ का यथार्थ चित्रण था। कम्युनिस्ट विचारधारा में क्रियाशील सोमनाथ होर, चित्ताप्रसाद, गोपाल घोष, गोवर्धन अश, जैनुअल अब्दीन आदि ने इस समाजवाद को अतितीव्र बना दिया।

राजनीति और समाजवाद यहाँ के समुदाय को परिवर्तित करनेवाली दो शक्तियाँ हैं। चित्ताप्रसाद भट्टाचार्य और जैनुअल अब्दीन ने इस तथ्य को पहचाना और इन्हीं दो शक्तियों पर अपनी कला को केन्द्रित किया। सन् १९४३ के बंगाल के अकाल पर ध्यान केन्द्रित कर रामकिंकर बैज, सोमनाथ होर, गोपाल घोष, चित्ताप्रसाद और जैनुअल अब्दीन ने Faminine Bangal नाम से एक आन्दोलन ही खड़ा किया, जिसमें चित्ताप्रसाद भट्टाचार्य और जैनुअल अब्दीन ने इस विचार की निरन्तरता बनाये रखी। चित्ताप्रसाद और जैनुअल अब्दीन की निर्मिति, शैली, आशय एक ही होने के कारण यह जुड़वाँ विचार एक-दूसरे को बल देता रहा।

देश को विभाजन रूप में आज़ादी मिली। राजनैतिक दृष्टि से आज़ादी प्राप्त हुई, परन्तु सामाजिक दृष्टि से यह आज़ादी भीषण यातनादायी थी। इस विभाजन में चित्ताप्रसाद भारत में ही रह गये, परन्तु जैनुअल अब्दीन पाकिस्तान चले गये। इस तरह एक शक्ति विभाजित हुई और भारतीय समाजवाद का तीव्र चित्रण करनेवाला एक चित्रकार भारत के लिए अजनबी बन गया।

परन्तु जैनुअल अब्दीन पाकिस्तानी भी नहीं रहा। उसे अपनी नागरिकता की पहचान इस तरह देनी पड़ती है : ब्रिटिश इण्डियन, फिर पाकिस्तानी और आख़िरकार बाङ्ला देशी। अपनी कला की जड़ें भारत में ही रखकर उसने

बाङ्ला देश के कला-विस्तार के लिए कला संस्था स्थापित की और बाङ्ला देश की चित्रकला का विस्तार किया।

लोककला के प्रति आकर्षित जैनुअल पर शुरुआती दौर में जामिनी रॉय का प्रभाव था। लोककला की तुलना में प्रत्यक्ष ग्रामीण जीवन में ही एकाकार होने के कारण पहले लोक-परम्परा और जामिनी रॉय का प्रभाव समाप्त हुआ और बाद में प्रत्यक्ष ग्रामीण जीवन के अनुभव ही उनके चित्र के विषय बने। ग्रामीण जीवन की दरिद्रता, यातना आदि समान अनुभवों से वह रामकिंकर बैज, सोमनाथ और चित्ताप्रसाद का समविचारी चित्रकार बना। एक-दूसरे के सहारे वे चित्र-निर्मिति करते थे। उसमें भी चित्ताप्रसाद और जैनुअल एक ही उम्र के और एक ही विचारधारा के चित्रकार थे। चित्र की शैली भी एकसमान थी।

एक तो देहाती इलाक़ा, जिसे वहाँ के भीषण अकाल ने ध्वस्त कर दिया, जैनुअल अब्दीन ने इस परिसर की संवेदनाएँ मानवीय आकारों में अंकित कीं। उसका लक्ष्य केवल मनुष्य नहीं था। ध्वस्त इलाक़े का चेहरा मनुष्य-प्राणी के ज़रिये वह अंकित कर रहा था।

परिसर में रहकर परिसर का विरोध करना सम्भव नहीं होता। परिसर हममें भी व्याप्त होता है। घन और द्रव रूप में हवा, पानी हमारे भीतर और भौतिक रूप से बाहर परिसर में भी व्याप्त रहता है। इससे हमारा अस्तित्व क्षीण होता है। जैनुअल अपने चित्र के आकार ऐसी ही क्षीण रेखाओं द्वारा प्रस्तुत करते हुए यह दिखाता है कि रेखा के बाहर-भीतर एक ही अवकाश होता है।

छाया-प्रकाश से वस्तु को घनरूप प्राप्त होता है। घनरूप वस्तु परिसर में अपना स्वतन्त्र अस्तित्व दर्शाती है। जैनुअल के चित्र में छाया-प्रकाश न होने के कारण कोई भी आकार घनरूप नहीं होता, बल्कि परिसर में एकाकार हो जाता है। जैनुअल अब्दीन के चित्र के आकार अपनी मौजूदगी परिसर से अलग नहीं दर्शाते। ये आकृतियाँ परिसर पर ही अंकित हैं। इसलिए रेखा अनिवार्य होती है, मगर परिसर अखण्ड रहता है।

मानवीय मन की उत्कट भावनाएँ चेहरे पर अंकित हो जाती हैं। मानवीय आकार में बाहर-भीतर व्याप्त परिसर ही जैनुअल अब्दीन की निर्मिति का उद्देश्य है। इसलिए वह मनुष्य के उत्कट भाव दर्शाते चेहरे की तुलना में

मानवीय आकृति में परिसर का मूर्त रूप ही दर्शाता है।

सामान्यत: चित्र में रंग, रेखा, आकार आदि तत्त्व होते हैं। चित्र में जितने तत्त्व होंगे, उतनी मितियों से आशय प्रकट होता है। न्यूनतम तत्त्वों से आशय भी एकांगी बनता है। न्यूनतम विवरण का आशय ठेठ पहुँचता है। जैनुअल को परिसर का विवरण दर्ज करना होता है, इसलिए रेखा महत्त्वपूर्ण होती है। हम लेखन, आलेखन, अथवा रेखांकन से कुछ दर्ज करते हैं। जैनुअल के चित्र कला नहीं, बल्कि ध्वंसात्मक समय के पगचिह्न हैं।

प्रत्येक रंग के भीतर उसका अपना अँधेरा होता है। इसी कारण विशुद्ध रंग परस्पर मिश्रित होने पर घने हो जाते हैं। रंगों के मिश्रण से यह घनापन बढ़ता जाता है और उसका अँधेरा भी बढ़ता जाता है। आख़िरकार यह अँधेरा काले रंग में प्रकट होता है। परिसर की उदासीनता मात्र काली रेखा से तौली जा सकती है, यह बात जैनुअल के हर चित्र में दिखायी देती है।

प्रत्येक रंग में अपना एक परिपूर्ण अंगभूत सौन्दर्य होता है। आशय की दृष्टि से इसे कलाकृति में समाहित करने के बावजूद और कलाकृति को अपना आशय देकर भी वह अपनी आभासमयता कायम रखता है। रंग हमेशा आभास-प्रतीति देता रहता है। जैनुअल ऐसी कलाकृति चाहता है, जो उसकी संवेदनाओं को पूर्णता के साथ अभिव्यक्त करे। आभास-प्रतीति उसकी कलाकृति का स्वभाव नहीं है।

प्रत्येक शरीर की अपनी त्वचा होती है। त्वचा का अपना-अपना रंग होता है। शरीर में कुछ ऐसे रस होते हैं, जो त्वचा को सजीव और सतेज बनाये रखते हैं। शरीर नीरस और विरक्त होने से त्वचा निर्जीव और रंगहीन हो जाती है। परिसर का भी अपना एक सौन्दर्य होता है। यह सौन्दर्य वहाँ के अनेक तत्त्वों के अभिसरण से बनता है। इसी सौन्दर्य से परिसर हमारा परिचित होता है। अनेक तत्त्वों से बना यह सौन्दर्य उस परिसर का बाह्यांग है, उसकी त्वचा है। परिसर की यह त्वचा, उसका बाह्य सौन्दर्य बरकरार रखनेवाले तत्त्व निर्जीव और शुष्क हो जाने पर परिसर भी रंगहीन हो जाता है। त्वचा खोकर कुरूप दिखने लगता है। जैनुअल अब्दीन का परिसर भी इसी प्रकार त्वचाहीन और कुरूप है। इस कारण वह वैसे ही मानवीय आकारों में उसे प्रस्तुत करता है। उसकी कलाकृति में रंग नहीं होते। आख़िरकार रंग कलाकृति की कान्ति ही तो होते हैं।

दुर्बल और निर्जीव होती जाती वस्तु भूमि की तरफ़ खींची जाती है। जैनुअल अब्दीन के चित्रों के आकार ऐसे ही झुके हुए और भूमि से समान्तर होते हैं। चित्र में भूमि पर उड़ेलते गये मानवीय आकारों के पास कुत्ते और कौवे की प्रतीकात्मक रचना भी होती है। कुत्ते, कौवे की प्रतीकात्मक रचना से विदारक दृश्य तैयार होता है। जैनुअल अब्दीन अपनी चित्र रचना कलाकृति की तरह अवकाश, आकार, तौल, ताल आदि अहसासों से नहीं करते। वे सहज देखी, महसूस हुई, अनुभव की बातें होती हैं।

जैनुअल अब्दीन के चित्र में प्राणी प्रतीकात्मक होते हैं। मानवीय आकार के साथ कौओं, कुत्तों की रचना मानवीय वेदना की तीव्रता को बढ़ा देती है। ऐसे ही बैल की प्रतिमा जैनुअल के चित्र में बार-बार आती है। इस प्रतिमा में कुछ अदृश्य दबाव और खिंचाव अनुभव होते हैं।

प्रकृति से जुड़ा किसान जीवन प्रकृति का प्रतिकार नहीं कर सकता। पेड़-पौधों की तरह प्रकृति की रफ़्तार में ही वह ख़त्म हो जाता है। जंगली प्रकृति की तुलना में कृषि के माध्यम से मनुष्य और प्रकृति एकाकार हो जाते हैं। प्रकृति जब हिंसक बनती है, तब इनसान का जीवन भी विद्रूप हो जाता है। जैनुअल अब्दीन के चित्रों में प्रकृति की रफ़्तार ऐसी ही थमी हुई है। जैनुअल अब्दीन के चित्र में समय को दर्शानेवाले कुछ चिह्नों के तौर पर मानवीय आकार, पशु और पक्षी आते हैं। इसलिए ये चित्र प्रकृति के नहीं हैं, इनसान के भी नहीं हैं। वे तो प्रकृति और इनसान के जीवन को विद्रूप बनानेवाले समय के चित्र हैं।

१०

मक़बूल फ़िदा हुसेन

(१९१५-२०११)

मक़बूल फ़िदा हुसेन

अमृता शेरगिल के कारण भारतीय कला पूरी तरह से बदल ग यी। ब्रिटिश यथार्थवाद का विरोध करते हुए स्वदेशी की प्रेरणा से भारतीय परम्परा का पुनरुत्थान करनेवाला आन्दोलन भी अमृता के कारण फ़ीका पड़ गया। इस दौर में अजन्ता, लघुचित्र, वैदिक दर्शन, पुराण, संस्कृत, सौन्दर्यशास्त्र आदि बिन्दुओं को जोड़नेवाला भारतीय कला का एक मानचित्र ही तैयार हो गया था। भारतीय कलाकारों पर बस यही धुन सवार थी कि भारतीय परम्परा का कोई एक लक्षण अपनी कला में आ जाये। ऐसे बाह्य लक्षणों के कारण कला में कृत्रिमता, तार्किकता और रोमांटिकता आती है, जिसे उतार फेंककर अमृता की कला ने भारतीय जीवन, ग्रामीण यथार्थ को केन्द्र बिन्दु बनाया था। अमृता शेरगिल की कला की इस तीव्र संवेदना की आँच को आनेवाली पीढ़ियों के चित्रकार वहन नहीं कर पाये। इसी कारण अमृता के बाद नये कलाकारों की पीढ़ी तैयार हुई ही नहीं।

अमृता शेरगिल से प्रभावित के. के. हेब्बार, एन. एस. बेन्द्रे आदि चित्रकार अत्यन्त मासूमियत से ग्रामीण जीवन, लोकजीवन जैसे विषयों पर काम कर रहे थे। परन्तु, उनकी कला में अमृता की कला जैसी जान नहीं थी। अमृता से ही प्रभावित युवा चित्रकार मक़बूल फ़िदा हुसेन ने अमृता के चित्रों की नक़ल उतारते-उतारते उनका अध्ययन किया और अपनी चित्रकारिता शुरू की। मक़बूल फ़िदा हुसेन उस दौर में सिनेमा के बैनर बनाते थे। अमृता के प्रभाव की अपेक्षा अमृता के चित्रों से प्रेरणा लेकर उन्होंने अपनी निर्मिति शुरू की।

आजीविका के लिए इन्दौर से मुम्बई आये हुसेन खिलौने बनाना, सिनेमा के बैनर और पोस्टर बनाना जैसे काम करते थे। एक तरह से यह चित्रकला का दिहाड़ी मज़दूर बनना ही था। उनके पिता का पत्तर के दीये, ढिबरी, लालटेन बनाना, छातों की मरम्मत आदि काम करना व्यवसाय था। बचपन में जिस कारीगरी को हुसेन ने बड़ी जिज्ञासा से देखा था, वही कारीगरी मुम्बई में खिलौने बनाने में उनके काम आयी।

अमृता शेरगिल के चित्र देखकर हुसेन ने पेंटिंग शुरू की। उसी दौर में चित्रकार फ्रांसिस न्यूटन सूज़ा से उनका परिचय हुआ। सूज़ा के कारण हुसेन का कला और कलाक्षेत्र से परिचय हुआ और वे पूरी तरह से कला में ही रम गये।

भारतीय स्वतन्त्रता के बाद स्वदेशी का विचार पीछे छूटता गया और देशभर में वामपन्थी विचारों की लहर फैल गयी। कला और साहित्य में भी इस प्रगतिशील विचार से अनेक परिवर्तन हुए। नाटक क्षेत्र के लोगों ने 'इप्टा' नाम से संगठन स्थापित किया। साहित्य के क्षेत्र में भी 'प्रगतिशील लेखक संघ' स्थापित हुआ। 'प्रोग्रेसिव' नाम से कुछ चित्रकारों ने एक ग्रुप बनाया। फ्रांसिस न्यूटन सूज़ा कम्युनिस्ट आन्दोलन के समर्पित कार्यकर्त्ता थे। उन्होंने ही कुछ चित्रकार और शिल्पकारों को जोड़कर यह ग्रुप बनाया था।

मक़बूल फ़िदा हुसेन भी इस समूह के सदस्य थे। सूज़ा, के. एच. आरा, बाकरे, गाडे, रज़ा और हुसेन। सतह से ऊपर उठं कलाकार में हमारे सामने ऐसा आदमी खड़ा होता है, जो ग़रीबी से अथवा ग्रामीण, आदिवासी समुदाय से आया हो। परन्तु, हुसेन एक ऐसा चित्रकार है जो कला की बुनियादी कारीगरी से ऊपर आया है। इसी कारण उसमें कला और तकनीक का अलग अहसास है। खिलौने बनाने से लेकर सिनेमा बनाने की तकनीक और सिनेमा का बैनर बनाने से लेकर पेंटिंग कला का हुनर हुसेन में एक जैसा था। इन सभी कलाओं की अहमियत हुसेन के लिए एक जैसी थी।

प्रोग्रेसिव ग्रुप औपचारिक ही था। उसके चित्रकारों का एक-दूसरे की कला से, विचारों से कोई मेल नहीं था। उनमें हुसेन और आरा का अपवाद छोड़ दें, तो बाक़ी सभी कलाकार यूरोप चले गये और वहीं बस गये। उस दौर के अत्यन्त महत्त्वपूर्ण कला समीक्षक मुल्कराज आनन्द और निस्सिम एज़िकल हुसेन और आरा को 'दक्खिनी कलाकार' के रूप में सम्बोधित करते थे

क्योंकि ये दोनों दक्षिण भारत से मुम्बई में आये थे। दक्खिनी गुण और व्यक्तित्व हुसेन में विशेष रूप से था। दक्खिनी होने के कारण ही हुसेन में हिन्दू-मुसलमानों की साझा संस्कृति और धर्म के अहसास का समाहार था। हुसेन की प्रकृति, जीवन शैली किसी सूफ़ी औलिया जैसी ही थी।

कुछ ही अवधि में प्रोग्रेसिव ग्रुप समाप्त हो गया। उसके लगभग सभी कलाकार यूरोप जाकर बस गये। परन्तु, हुसेन ने भारत को नहीं छोड़ा। उन्होंने भारत भर में भ्रमण करते हुए भारतीय शिल्प, वास्तु संस्कृति का अवलोकन शुरू किया। अमृता शेरगिल में जो जिज्ञासा थी, वही हुसेन में दिखायी देती है। हुसेन पर गुप्तकालीन शिल्प का प्रभाव इसी दौर में पड़ा। भारतीय सिनेमा, कला, पुराण, परम्परा, मिथक के प्रति हुसेन आकर्षित थे। राममनोहर लोहिया के विचारों से भी वे प्रभावित थे। इसी प्रभाव से उन्होंने रामायण के दृश्यों पर सैकड़ों चित्र बनाये। बाद में भी उनकी महाभारत आदि पर अनेक चित्र-शृंखलाएँ जारी रहीं।

रामायण, महाभारत, एलोरा, अजन्ता, कालिदास, ग़ालिब, उर्दू काव्य, मिथक वग़ैरह सभी का समाहार हुसेन की कलाशैली में है। शैली यानी निर्मिति सूत्र। सबका साझा सूत्र यानी प्रतीकवाद। हुसेन के बिलकुल आरम्भिक चित्रों से लेकर अन्तिम चित्रों तक यह प्रतीकवाद दिखायी देता है। चित्र में बार-बार आनेवाले घोड़े, हाथी, बाघ, कमल, मानवीय देह की मुद्राएँ—सारी चिह्न-व्यवस्था हुसेन के चित्रों के विशेष अंग हैं। मानवीय देह की गठन हमेशा गुप्तकालीन शिल्प, खजुराहो तथा कोणार्क की याद दिलाती है।

हुसेन के कई चित्र आत्मचरित्रात्मक हैं। क्योंकि बचपन से उन पर असर करनेवाली आसपास की वस्तुएँ चित्र में प्रतीक-चिह्न की तरह आती हैं। ढिबरी, साइकिल, दिया जैसी सामान्य लगनेवाली बातें चित्र में गहरी भाव संवेदना भर देती हैं। Between the spider and the lamp, १९५८ चित्र इस सन्दर्भ में विशेष उल्लेखनीय है।

हुसेन जब इन्दौर में रहते थे, तब होलकर रियासत के घोड़े, मुहर्रम में जुलूस के 'डुल डुल' घोड़े अथवा प्रतिमाएँ उनके मन पर हमेशा के लिए अंकित हो गयी थीं। इसी से प्रेरित होकर हुसेन ने घोड़े के चित्रों की शृंखला बनायी। घोड़ों के अलग-अलग आवेगों से लैस इस चित्र-शृंखला के

कारण हुसेन के चित्र पिकासो के चित्रों-से लगते। क्योंकि पिकासो के 'गुअरनिका' चित्र में भी आवेगपूर्ण घोड़े का चित्रण है। इसी कारण सभी ने यह मान लिया कि हुसेन पर पिकासो का प्रभाव है। दरअसल, हुसेन ने घनवादी पद्धति के चित्र कभी नहीं बनाये, परन्तु आकृति साधर्म्य के कारण सभी ने उन पर यह प्रभाव मढ़ दिया था।

चित्र में लोक प्रतीक और लोक प्रतिमाओं का इस्तेमाल होने के कारण हुसेन जनमानस में लोकप्रिय थे। इसमें उनकी रहन-सहन की शैली का भी योगदान था। हर विषय, माध्यम में हुसेन ख़ुद को आसानी से अभिव्यक्त कर पाते थे और इसी कारण वे किसी लोक कलाकार की भाँति सहज थे। उनके चित्रों की रेखाएँ और रंग लोककला की ही देन हैं, जिसके कारण वे लोकाभिरुचि को स्पर्श करते थे। सिनेमा के बैनर आम तौर पर सिनेमा थियेटर, बाज़ार, मेला आदि जगहों पर लगते थे जहाँ लोकसमूह होता, हुसेन का काफ़ी समय वहीं बैनर बनाने में बीत जाता। भड़कीले रंग, साफ़ और स्पष्ट रेखा, गतिशील रंग-संयोजन आदि बैनर की आवश्यकताएँ होती हैं। इसी से ठोंक-पीटकर हुसेन में रेखा, रंग और संयोजन की समझ आयी थी। एक अर्थ में यह लोककला का हिस्सा था, जो कि हुसेन के चित्रों की ख़ासियत है। लोककला के इसी प्रभाव के कारण अनेक समीक्षकों को हुसेन और जामिनी रॉय के बीच आन्तरिक साम्य नज़र आता है। परन्तु, पिकासो और जामिनी रॉय का हुसेन पर कोई प्रभाव नहीं है। कुछ साम्य स्वभावत: है। यदि हुसेन पर किसी का प्रभाव है तो वह है भारतीय प्रतीकवाद का। इसी प्रभाव के कारण हुसेन अन्य किसी भी कलाकार की तुलना में अधिक भारतीय प्रतीत होते हैं।

महाराष्ट्र के पण्ढरपुर में जन्म और बचपन बीता, इन्दौर में होलकर मराठा रियासत में। बाद में मुम्बई आने पर सिनेमा और सिनेमा बैनर के बहाने प्रभात सिनेमा के ठेठ मराठीपन के प्रभाव में रहे। इसी कारण हुसेन को भारतीय नहीं, बल्कि 'महाराष्ट्रीय' या 'दक्खिनी' कलाकार कहना ज़्यादा सही होगा। उनकी 'गजगामिनी' फ़िल्म में भी यही बात प्रतीकात्मक ढंग से नज़र आती है। 'पण्ढरपुर से निकली लड़की'—मुम्बइया बोली का यह वर्णन यानी उनकी 'गजगामिनी' की नायिका का पण्ढरपुर से निकलना और बनारस पहुँचना है। उनकी 'गजगामिनी' का रूप यानी नौ गजी साड़ी, सिर पर गठरी और पैरों में पैंजनी। अपनी काले रंग की साड़ी से तो वह

अबीर रंग की यानी प्रतीकात्मक रुक्मिणी ही लगती है। इस तरह हुसेन अन्तर्बाह्य एक दक्खिनी कलाकार हैं।

मक़बूल फ़िदा हुसेन लोकमानस में एकाकार हो चुके थे और अपनी समकालीन घटनाओं की चित्रात्मक प्रतिक्रियाएँ तुरन्त देते थे। लातूर-सास्तूर का भूकम्प हो, बाबरी मस्जिद गिरा देने की घटना हो अथवा इन्दिरा गाँधी की हत्या हो, हुसेन उन पर चित्र-शृंखला बनाकर अपनी तीख़ी प्रतिक्रिया देते थे। इसमें प्रतीकों का इस्तेमाल होने के कारण वे चित्र केवल प्रसंग अथवा वर्तमान प्रतीत नहीं होते, बल्कि उनमें नाटकीयता आ जाती। प्रतीकों के प्रयोग से उनके चित्र भावाभाव की रहस्यपूर्ण रचना लगते हैं, जो उनकी 'मदर टेरेसा' चित्र-शृंखला में नज़र आता है। चित्र में मदर टेरेसा कहीं भी शारीरिक रूप में विद्यमान नहीं हैं, परन्तु केवल उचित प्रतीकों के कारण ही हम यह जान पाते हैं कि चित्र मदर टेरेसा का है।

हुसेन के चित्र में आयीं स्त्री प्रतिमाएँ उथली और आकर्षक कभी नहीं रहीं, वे सदैव आदर-युक्त देवी के रूप में ही आयीं। मदर टेरेसा और गजगामिनी में यह प्रतिमा ख़ास तौर से नज़र आती है। हुसेन बचपन में ही अनाथ हो गये थे। ऐसा लगता है कि अपनी माँ को कभी देख न पाये इसलिए हुसेन सभी स्त्रियों में अपनी माँ को ही ढूँढ़ते हैं। उन्होंने अपने भीतर के इस कारुण्य को अन्त तक बनाये रखा है। यही कारुण्य उनका और उनकी चित्रनिर्मिति का प्रेरणास्रोत था। उनके नंगे पैरों के कारण यह और भी ज़्यादा तीव्रता से महसूस होता है।

हुसेन की सम्पूर्ण चित्रकला पर भारतीय काव्य-परम्परा का गहरा प्रभाव है। चाहे घोड़ों की शृंखला हो या गजगामिनी, सभी में यह काव्यात्मकता नज़र आती है। उसमें भी ग़ालिब या कालिदास, कालिदास की काव्य प्रतिमा, प्रतीक तो हुसेन की प्रतीक शैली के लिए प्रेरक ही हैं।

हुसेन को अन्य कलाओं में भी दिलचस्पी थी। संगीत, नाटक, काव्य, मिथक आदि को तो उन्होंने अपने चित्रों का विषय बनाया ही था, परन्तु मराठी के 'घासीराम कोतवाल' नाटक पर भी उन्होंने एक चित्र-शृंखला प्रदर्शित की थी। समाज का कोई भी विषय हो, रेखा और रंग विशिष्ट हुसेन शैली के होने के कारण उनका साधारण विषय भी कलात्मक बन जाता है। इससे स्पष्ट होता है कि कला का अपना कोई दर्शन नहीं होता।

वह स्वतन्त्र होती है। हुसेन ने अनेक माध्यमों, तकनीकों में काम किया है, परन्तु अमूर्त होने का प्रयास उन्होंने कभी नहीं किया। अमृता शेरगिल, रामकिंकर बैज, रवीन्द्रनाथ ठाकुर आदि का प्रयोजन अमूर्तिकरण होता था। हुसेन के बाद के कलाकारों की धारणा है कि अमूर्त ही 'विशुद्ध' कला है। असल चीज़ है, रंग, रेखा और आकार के ज़रिये अभिव्यक्त होना। हुसेन के रंग और रेखा में इतना सामर्थ्य था कि एक मामूली-सी रेखा से भी पता चल जाता था कि वह हुसेन की है। इस कारण अमूर्त के लिए कुछ और करने की उन्हें ज़रूरत ही नहीं थी। हुसेन ने किसी शैली, वाद या किसी भी प्रकृति से ख़ुद को नहीं जोड़ा। उनका लक्ष्य सामाजिक और सांस्कृतिक होता था। इसमें कलाएँ, परम्पराएँ, इतिहास आदि को अलग-अलग रूप में देखने की आवश्यकता ही नहीं होती। इसी कारण, भारत की लोक-संवेदनाएँ जहाँ केन्द्रित हैं, वहीं हुसेन की दिलचस्पी होती थी। फिर चाहे बनारस हो या हैदराबाद हो; हिन्दी, मराठी, उर्दू हो या रामायण, महाभारत या मदर टेरेसा हो। हुसेन सम्भवत: भारत के एकमात्र चित्रकार हैं, जिनमें लोक संवेदनाओं के प्रति सम्मान का भाव है। हुसेन की सही आलोचना करना या उनके बारे में तर्क करना आलोचकों और रसिकों के लिए भी कभी सम्भव नहीं हुआ। इसी कारण हुसेन के बारे में विवाद होते रहे, परन्तु, हुसेन ने कभी उनका प्रतिवाद नहीं किया।

श्वेताम्बरी 'इन्स्टालेशन' हो या 'गजगामिनी' का विवाद हो। 'गजगामिनी' के विवाद की परिणति यह हुई कि उनकी 'मीनाक्षी' फ़िल्म प्रदर्शित नहीं होने दी गयी। 'श्वेताम्बरी' प्रदर्शित करने पर जहाँगीर आर्ट गैलरी ने उन पर पाबन्दी ही लगा दी। लगता है, हुसेन की प्रतीकात्मक शैली कभी-कभी दुर्बोध बन जाती है और इसी कारण उसे ग़लत अर्थ में लिया जाता है।

दरअसल, 'श्वेताम्बरी' एक सुन्दर कलाकृति थी। जैन मत के दिगम्बर और श्वेताम्बर के सन्दर्भ में श्वेताम्बरी का अर्थ लगाने से पूरे प्रदर्शन का आशय स्पष्ट हो जाता है। अत्यन्त सादगी भरा प्रदर्शन—पूरी गैलरी में लय की दृष्टि से मात्र सफ़ेद कपड़ा और ज़मीन पर अख़बार के काग़ज़ के टुकड़े। परन्तु उसका भाव, अनुभूति श्वेताम्बर साध्वियों तक जा पहुँचती है। नंगे पैर चलने का अहसास हो, इसलिए काग़ज़ का इस्तेमाल। संवेदना का मामला दर्शकों की अनुभूति पर सौंपा हुआ। परन्तु, हमेशा से ज़रा हटकर अनुभव प्राप्त करना यहाँ के रसिकों के लिए असम्भव था। ऊपर से

हमेशा की तरह प्रतीकात्मक रचना और हुसेन का नज़ाकत भरा आत्मचित्रण।

प्रतीकात्मकता इस देश की विशेषता है। रामायण, महाभारत, एलोरा, अजन्ता आदि आभिजात्य कलाएँ, साहित्य और अनेक देसी परम्पराएँ प्रतीक रूप में ही तो अभिव्यक्त होती हैं! हुसेन ने ऐसी ही लोक-संवेदनाएँ, व्यक्तिगत अहसास, गंगा, यमुना, सरस्वती, बनारस, पण्ढरपुर जैसी अमूर्त संवेदनाएँ और छाता, घोड़े जैसी मूर्त संवेदनाओं को प्रतीकात्मक रूप में अभिव्यक्त किया। लोक परम्परा से लेकर आभिजात्य परम्परा तक का विशाल फलक हुसेन का विषय था। भौतिक परम्परा की तुलना में काव्यशास्त्र, कला-परम्परा को हुसेन ने ज़्यादा तरज़ीह दी। इसी कारण भारतीय अथवा स्वदेशी की बजाय वे देश के ठेठ 'देसी' चित्रकार अधिक लगते हैं।

उनकी प्रतीकात्मकता का लोगों ने ग़लत अर्थ लगाया। इस कारण उनका व्यक्तिगत जीवन हमेशा विवादों से भरा रहा। आख़िरकार, अपना ही देश त्यागने के लिए उन्हें विवश होना पड़ा और अन्त में करुण स्थिति में विदेश में ही उनका निधन हो गया।

११

चित्ताप्रसाद

(१९१५-१९७८)

चित्ताप्रसाद

Chittaprasad, Zainul Abedin, Somnath Hore, These three names always occur together, as though they were triplets. And in a very significant way, they were. Beginning their art around the same time, in same region, motivated by the same thematic and stylistic concerns, they are so a like that it is difficult to tell them apart in their early work in the 1940's. For it is the 40's that shaped their sensibility, their creative identity.

In fact the tumultuous decade of the 40's proved critical in predicting the future of the subcontinent. Four clear trends had emerged early on. To begin with, the Quit India movement launched in 42, showed that the people were ready to tale on British might even without the guidance of big leaders who were in Jail. Independece now seemed inevitable crucial in this contaxt was the second trend : the peoples stir in the princely states. It wouldn't be easy to unite the latter with the rest of the country. But the will of the people certainly helped.

But the third trend exposed the fissures in India's social fabric, communal and cast divides and though the Poona Pact in 1932 brought about a compromise solution to the demand from Dr. B.R.Ambedkar, of a separate electorates for the casts called 'untouchables', the Lahor session of the Muslim League in 1940 had made it clear that nothing short of separate nation for Muslims would satisfy it. Possibly, the only development that could have countered caste and communal conflict was committed left movement. And that indeed, was there the fourth trend, peasants and workers were being organized by idealists of the communist party which, under P.C.Joshi. Sought to rope in middle class intellectuals as well and the IPTA emerged in 1942. But neither the nationalists, nor the communists had fully realized the reach of communal politics and that allowed the league to grow. Making partition and bloodbath around it. India's own shameful holocaust.

–Social Concern and Protest, Rita Datta

प्रभाववाद से घनवाद तक यूरोपीय कला बदल चुकी थी। प्रत्यक्ष यथार्थ को अंकित करता प्रभाववाद और उत्तर प्रभाववाद; उससे उपजा तीव्र भौतिक अहसास, यान्त्रिक पद्धति से प्रतिमा को क़ैद करनेवाले क़ैमरे की खोज, अफ़्रीकी आदिवासी कला का तत्त्व, द्वितीय विश्वयुद्ध की दृष्टि से विनाशकारी बन रहा परिसर, और ऐसी स्थिति में उभरा घनवाद। घनवाद से विरूपीकरण की चित्रभाषा उभरी और उसने पिकासो जैसे प्रतिभाशाली कलाकार को जन्म दिया। पिकासो की 'ग्वेर्निका' कलाकृति तो विनाशकारी बन रहे परिसर और सम्पूर्ण मानवीय संवेदनाओं के विलाप का जीवन्त दस्तावेज़ ही है।

प्रभाववाद से घनवाद की ओर संक्रमण के दौर में भारतीय मूल की चित्रकार अमृता शेरगिल यूरोप में थी। प्रभाववाद से प्रभावित होकर वह भारत आयीं और उसके ज़रिये भारतीय कला को प्रभाववाद की झलक देखने को मिली। भारतीय कलाकार राष्ट्रवादी विचारों से प्रभावित थे। अब प्रभाववादी संवेदनाओं के कारण आसपास का परिसर भी उनके चित्र में आने लगा। विरूपीकरण की भाषा की तरफ़ आकर्षित रामकिंकर बैज ने प्रभाववादी संवेदनाओं को स्वीकार किया और भारतीय कला में भूमि से जुड़े जीवन की प्रतिमाएँ आने लगीं।

भारतीय कला धर्म और अध्यात्म से प्रभावित होने के कारण पुराणकथा, मिथक की गिरफ़्त में क़ैद थी। वास्तव परिसर और भौतिक जीवन का प्रतिबिम्ब उसमें था ही नहीं। भारतीय सौन्दर्यशास्त्र भी मोक्ष और मुक्ति की ही राह दिखाता था। लोक-जीवन उसकी परिधि से बाहर था। 'लावण्य'

यानी कला, यही भारतीय कलाकारों की धारणा थी। कलाकर्म यानी कुछ परम्परागत करते रहना, बस यही वे मान रहे थे। रोज़मर्रा की ज़िन्दगी या दुख-दरिद्रता का कोई मूल्य होता है, इसका उन्हें अहसास भी नहीं था।

कलाकृति हमारे आसपास के यथार्थ की अनुभूति होती है। कलाकृति यथार्थ का पुनर्जन्म नहीं होती, इसलिए वह यथार्थ जैसी हू-ब-हू नहीं होती। प्रकृति हमें जैसी दिखती है, भीतर से वैसी ही नहीं होती। भीतर से वह शास्त्रीय और भौमितिक आकारोंवाली होती है। अचानक दीख पड़नेवाले इन्द्रधनु के रूप में प्रकृति स्वयं अपनी अनुभूति प्रदान करती है। प्रभाववादी चित्रकारों ने प्रकृति के ज़रिये उसके भीतर के वैज्ञानिक ब्योरे की अनुभूति लेकर उसकी प्रस्तुति की और प्रकृति के असली चेहरे में रंग भरा। लेकिन भारतीय चित्रकार प्रकृति को पहचान ही नहीं पाये। वे तो बस भूमि पर बिखरे हर कूड़े-करकट में ही रंग भरते रहे। प्रकृति, समाज, परिसर की अनुभूति प्राप्त हुए बिना कलाकृति नहीं बनती।

रामकिंकर बैज, सोमनाथ होर, जैनुअल अब्दीन और चित्ताप्रसाद ने प्रकृति को प्राकृतिक रूप में नहीं, बल्कि परिसर के रूप में पेश किया है। परिसर में मानवीय जीवन अन्तर्भूत होता है, प्रकृति में उसका अन्तर्भूत होना अनिवार्य नहीं है। इस कारण परिसर की अनुभूति उनकी कलाकृति में उतर गयी। स्वदेशी चित्रकारों की तुलना में कम्युनिस्ट चित्रकारों की राष्ट्रवादी संवेदनाएँ अधिक तीव्र थीं। स्वदेशी चित्रकारों ने ख़ुद को परम्परा से जोड़ लिया, परन्तु कम्युनिस्ट चित्रकारों ने आसपास के यथार्थ को परम्परा से अधिक महत्त्व दिया। अत: उन्होंने कोई परम्परागत विचार नहीं रखा। उनकी कला में विचार, शैली, तकनीक आदि परम्परागत कला-तत्त्वों की बजाय परिवर्तित यथार्थ के चिह्न दिखायी देते हैं। इसलिए इनके चित्रों में रंगों का अभाव-सा है। जैनुअल अब्दीन की तरह चित्ताप्रसाद के चित्रों में भी रंग नहीं हैं। जैनुअल की तरह चित्ताप्रसाद के चित्र भी दस्तावेज़ी प्रकृति के हैं। लेकिन चित्ताप्रसाद के चित्र मुद्रित होने और कुछ ख़ास तकनीकी के कारण उनकी रेखाओं और आकारों में अलग संवेदनात्मक अनुभूति होती है।

रेखा सामान्यत: एक 'टूल मार्क' होती है। अर्थात् पेन्सिल, पेन अथवा ब्रश आदि टूल की वह मार्क होती है। परन्तु चित्ताप्रसाद की रेखा मुद्रा-चित्रण से आती है। अत: वह अधिक तराशी हुई और सुडौल होती है। शिल्परेखा जिस तरह तराशी और उत्कीर्ण होती है, मुद्रा-चित्र की रेखा भी वैसी ही

उत्कीर्ण होती है। चित्ताप्रसाद की रेखा मुद्रा-चित्र की रेखा होने के कारण शिल्परेखा जैसी लगती है। शिल्परेखा चित्ररेखा की तुलना में मुखर और स्पर्शजन्य होने से अधिक प्रभावशाली होती है। चित्ताप्रसाद के चित्र रेखा के कारण सीधे नज़र में समा जाते हैं।

रेखा और आकार परस्पर समाये होते हैं। परन्तु चित्र के आशय के अनुसार कभी आकार महत्त्वपूर्ण बन जाता है तो कभी रेखा। परन्तु चित्ताप्रसाद के चित्र में रेखा और आकार दोनों समान महत्त्वपूर्ण होते हैं। सफ़ेद रेखा में काले आकार या काले आकार की सफ़ेद रेखा, दोनों आयामों से एक ही आशय प्रकट होता है। प्रकाश वस्तु से टकराकर परावर्तित होता है, उसी प्रकार ध्वनि भी प्रतिध्वनि के रूप में लौट आती है। प्रकाश और परावर्तित प्रकाश, ध्वनि और प्रतिध्वनि एक-दूसरे में ही समाये होते हैं। चित्ताप्रसाद के आकार और रेखाएँ इसी प्रकार एक-दूसरे के परावर्तित रूप हैं। एक-दूसरे की ध्वनि हैं। पानी पर पानी की लहरें दीख पड़ने की तरह चित्ताप्रसाद के चित्र में आकारों पर रेखा के आकार का एकाकार दृश्य उपस्थित होता है। ठीक वैसे, जैसे दो तत्त्वों से एक ही आकार बन जाये।

चित्ताप्रसाद के चित्र की रेखाएँ ठोस, मजबूत और कठोर होती हैं। आकार भी ठोस, मजबूत और कठोर प्रतीत होते हैं। आकार और रेखा की एकत्रित रचना से कम्पन बनते हैं। अवकाश में भी उसी की लहरियाँ अनुभव होती हैं, इसलिए अवकाश ख़ाली-ख़ाली नहीं लगता। एडवर्ड मुन्क के चित्र में एक व्यक्ति की 'चीख़' निकलती है, परन्तु उसकी लहरियाँ अवकाश में कम्पित होती हैं। चित्ताप्रसाद के चित्र में ऐसे ही कम्पन अनुभव होते हैं।

प्रकृति और मानव जीवन को विद्रूप बनानेवाले समय के इस दौर को जैनुअल अब्दीन के साथ-साथ चित्ताप्रसाद भी चित्रित कर रहा था। परन्तु चित्ताप्रसाद इससे आगे बढ़कर भूमि का जीवन भी चित्रित करता गया। भूमि से संलग्न किसान अप्रत्याशित रूप से उसके चित्र का विषय बन गया। रामकिंकर बैज, सोमनाथ होर अथवा जैनुअल अब्दीन के चित्रों के किसान करुण और हताश होते हैं। परन्तु चित्ताप्रसाद के चित्र का किसान मज़बूत, ठोस और आवेशयुक्त होता है। प्रकृति के साथ-साथ सारी व्यवस्था से लोहा लेता प्रतीत होता है। इन चित्रों में राजनीति, समाजवाद, राष्ट्रवाद, जातिव्यवस्था, धर्म, प्रकृति आदि समस्याएँ एक ही दौर में विद्रोह कर उठती हैं। चित्ताप्रसाद के इस दौर के दूसरे पक्ष के चित्र करुण नहीं,

उद्वेगपूर्ण अधिक प्रतीत होते हैं।

चित्ताप्रसाद अपनी निर्मिति कलावादी दृष्टिकोण से नहीं करते। भारत में अनेक कम्युनिस्ट और यथार्थ जीवन को चित्रित करनेवाले चित्रकार थे। परन्तु उनकी निर्मिति भी कला निर्मिति के अहसास से हुई थी, जिसके कारण उनमें रोमांटिकता नहीं आ पायी। चित्ताप्रसाद इसके एकमात्र अपवाद हो सकते हैं। उनकी कला में शैली अथवा विशुद्ध वास्तव नहीं, बल्कि वास्तव अनुभूतियाँ अथवा उसके चिह्न दर्ज हैं।

चित्ताप्रसाद की निर्मिति मात्र वास्तववादी नहीं है, वह वस्तुनिष्ठ या घटनाप्रधान यथार्थ है। उनके चित्र में किसानों का संघर्ष, विद्रोह, अकाल, राजनीतिक घटना, सामाजिक स्थिति, जाति, धर्म आदि सभी समस्याओं का मिश्रण होता है। चित्ताप्रसाद भूमि से जुड़े चित्रकार हैं। अत: भूमि के अनेक प्रदेशों का चित्रण उनकी कला में आता है। बंगाल का अकाल, महाराष्ट्र-बंगाल के आदिवासी, नगर-टिटवाला के किसान आन्दोलन आदि सभी वस्तुनिष्ठ प्रसंग उसके चित्र के विषय बनते हैं।

संघर्ष, विद्रोह, आन्दोलन का चित्रण होने के कारण चित्र में अनगिनत लोगों का समुदाय होता है। अनेक लोग एकत्रित आने पर मनुष्य व्यक्तिगत रूप से गुम हो जाता है और उसका आकार सामूहिक बन जाता है। चित्ताप्रसाद के चित्र में ऐसे सामूहिक आकार अपने आप इस तरह आ जाते हैं कि उनकी रचना करने की आवश्यकता ही नहीं रह जाती। प्रत्येक आकार काले रंग का होने के कारण आकार से आकार जुड़ता जाता है और पूरे चित्र में काला रंग व्याप्त हो जाता है। उस पर अनेक सफ़ेद छोटी-मोटी रेखाएँ शरीर की शैली में सम्बद्ध आकार को रूप प्रदान करती हैं। पेड़ की लहलहाती पत्तियों में से एक पत्ती अलग दिखने के स्थान पर आकाश का टुकड़ा दिखायी देता है, ठीक उसी प्रकार चित्ताप्रसाद के चित्र में आकार की रचना से छूटी हुई जगह एक आगन्तुक आकार की अनुभूति कराती है।

व्हिन्सेट वैन गॉग को किसी सामान्य बात में कुछ अप्रत्याशित महसूस होता था। उससे उसे कुछ ख़ास अनुभूति होती और सामान्य वस्तु या व्यक्ति उसके चित्र का हिस्सा बन जाते। चित्ताप्रसाद को भी अप्रत्याशित रूप से मिले लोगों में कुछ ख़ास महसूस होता और वही उसके चित्र का विषय बन जाते। चित्ताप्रसाद ने ऐसे कई चेहरे चित्रित किये हैं। लम्बे समय तक

सर्दी-धूप में जी-तोड़ मेहनत से झुलसे चेहरे, उन चेहरों में पूरे परिसर, पूरे समाज की स्थिति की अनुभूति। उनके ये चित्र प्रातिनिधिक ही होते हैं।

चित्ताप्रसाद, जैनुअल अब्दीन अथवा सोमनाथ होर की निर्मिति किसी प्रचलित शैली या विषय के अनुरूप नहीं है। न वह किसी परम्परा से जुड़नेवाली है और न ही आधुनिकता का कोई नया रूप है। यह तो वह समय है, जो मनुष्य, समाज और प्रकृति की अनुभूति से चितारा गया है।

१२

अम्बादास

(१९२२-२०१२)

अम्बादास

"To paint well is not difficult. To paint meaningfully is also not difficult. To paint in order to be appreciated is not also difficult, but to face the painful task of being in front of empty canvas again is a soul-shattering experience."

Octavio Paz

(Quoted by J. Swaminathan, 'Lisping Revolation', 1987)

भारतीय कला का दो दृष्टियों से विचार किया जा सकता है : स्वतन्त्रतापूर्व कला और स्वातन्त्र्योत्तर कला। स्वतन्त्रतापूर्व स्वदेशी विचार से प्रभावित भारतीय कला स्वतन्त्रता के बाद वामपन्थी विचारधारा के प्रभाव में आयी। यूरोप के कला क्षेत्र से ही आन्दोलन उत्पन्न होते थे या अपने कलामूल्यों को सुरक्षित रखकर ही अन्य विचारधारा या आन्दोलनों में सम्मिलित होते थे। परन्तु भारतीय आन्दोलन में विचार और कलामूल्य का कोई मेल दिखायी नहीं देता। इसका परिणाम यह हुआ कि यहाँ के आन्दोलनों की भूमिका से निर्णायक प्रतिबद्धता न रखते हुए कलाकार अपनी भूमिका से दूर हटते गये।

स्वदेशी आन्दोलन और बाद के स्वातन्त्र्योत्तर आन्दोलन—प्रोग्रेसिव ग्रुप, कलकत्ता ग्रुप की प्रतिबद्धता, भूमिका और कला-निर्मिति में अन्तर दिखायी देता है। यह बात प्रोग्रेसिव ग्रुप के बाद के कलाकारों के ध्यान में आयी। बाद के कलाकारों ने कला की स्वायत्तता को अधिकाधिक महत्त्व देकर ही नये आन्दोलन खड़े किये।

कला आन्दोलन और सारे कला-व्यवहार देश के कुछ प्रमुख शहरों में ही होते रहे हैं। इस कारण कला का कोई भी विचार केवल शहरी जीवन तक ही सीमित होता था। इस कारण स्वतन्त्रता पूर्व ही भारतीय कला का एक तरह से पूरा नागरीकरण हो चुका था। दिल्ली, मुम्बई, कलकत्ता, चेन्नई आदि महानगर हमेशा भारतीय कला के केन्द्र थे। संक्षेप में, कैपिटालिस्टिक कला ने यहाँ की ग्रामीण, देशी, आदिवासी कला परम्पराओं की तरफ़ पर्याप्त ध्यान ही नहीं दिया। इसलिए स्वातन्त्र्योत्तर दौर के सभी कलाकारों को 'भारतीयत्व' के रूप में अपनी पहचान देना ज़रूरी लगा।

'ग्रुप १८९०' ग्रुप प्रोग्रेसिव ग्रुप के बाद स्थापित महत्त्वपूर्ण ग्रुप था। गुजरात के छोटे-से शहर भावनगर में यह ग्रुप स्थापित हुआ। 'ग्रुप १८९०' यह नाम कुछ और नहीं, बल्कि समविचारी कलाकारों ने जिस वास्तु में यह ग्रुप स्थापित किया था, उसी घर का नम्बर था—'घर नम्बर १८९०'। इस नामकरण के पीछे उद्देश्य यह था कि किसी विशिष्ट शब्द से ग्रुप का उल्लेख न हो। इसमें किसी एक नहीं, बल्कि सभी विचारों को समाहित करने का भी उद्देश्य था।

जे. स्वामीनाथन, जेराम पटेल, गुलाम मोहम्मद शेख, हिम्मत शाह, राकेश मेहरा, अम्बादास खोब्रागड़े आदि इस आन्दोलन के प्रमुख चित्रकार थे। बाद में देश के अलग-अलग विचारधारा के कलाकारों का भी इसमें समावेश होता गया। भारतीय कला आन्दोलनों को हमेशा किसी न किसी विदेशी चिन्तक का सहारा मिला है। 'ग्रुप १८९०' आन्दोलन को भी नोबेल पुरस्कार विजेता मेक्सिकन कवि और भारत के तत्कालीन राजदूत ऑक्टोवियो पाज़ का मजबूत आश्रय प्राप्त था।

अम्बादास खोब्रागड़े इस ग्रुप के महत्त्वपूर्ण चित्रकार थे। वासुदेव गायतोण्डे और रज़ा के हमउम्र होने के बावजूद अम्बादास की वैचारिक भूमिका नये कलाकारों से मेल खाती थी। बाद में अम्बादास नार्वे चले गये, परन्तु अपनी मूल विचारधारा के प्रति अपनी प्रतिबद्धता उन्होंने अन्त तक बरकरार रखी।

हमारी आँखों को ऐसे-ऐसे अनुभव आते हैं, जो कल्पना और विचार के साथ-साथ यथार्थ की दृष्टि से भी अद्भुत प्रतीत होते हैं। परन्तु इन रहस्यों के उत्तर खोजने की ज़हमत हम नहीं उठाते। यूरोप के प्रभाववादी कलाकारों

का मूल उद्देश्य भी यही था। हम जिसके आदी होते हैं, उसी को देखने में कुछ नयी अनुभूति होती है। प्रकृति के भीतर भी प्रकृति का एक अलग अस्तित्व होता है। आँखों देखे कुतूहल की खोज भी उनका एक उद्देश्य होता है।

पानी में तिली टेढ़ी क्यों नज़र आती है—इस प्रश्न के विश्लेषण में पिकासो के विरूपीकरण से लेकर भारतीय पुराण के अनेक मिथकों तक पहुँचा जा सकता है। पानी और तेल के संयोग से प्रकाश-पृथक्करण के सिद्धान्त तक, न्यूटन के रंगशास्त्र तक, वैन गॉग के सूर्य के तेज के प्रति आकर्षण और अनीष कपूर के स्वयंभू रंग के मिथक तक पहुँचा जा सकता है।

प्रभाववादी चित्रकारों ने अपनी संवेदनाओं की खोज परिवेश, वस्तु अथवा प्रकृति में की। संक्षिप्त रूप में उनकी आँखों को दिखनेवाली वस्तुएँ, रूप उसके केन्द्र थे।

अम्बादास खोब्रागड़े के चित्र अमूर्त प्रतीत होते थे, परन्तु उनके चित्रों का प्रेरणास्त्रोत आँखों को दिखनेवाला यथार्थ ही था। अम्बादास ने पानी और तेल के मिश्रण का अनुभव लिया और आँखों को दीख पड़ा वह रूप उन्हें अद्‌भुत लगा। उनकी कलाकृति यानी आँखों को प्राप्त हुई अनुभूति की पुनरानुभूति है, जिसे ज़िन्दगी भर उन्होंने इस घटना के विश्लेषण में साकार किया। इसीलिए अम्बादास कहते हैं, ''मैं ज़िन्दगी भर एक ही चित्र बना रहा था।''

अम्बादास का यह विचार प्रभाववादी है। अम्बादास का आग्रह था कि ऐसे सौन्दर्य में मानवीय बुद्धि का हस्तक्षेप न हो, बल्कि मानवीय मन ऐसे सौन्दर्य का केवल साक्षी हो। संक्षेप में, मानवीय बुद्धि के बिना उत्पन्न सौन्दर्य को मानवीय बुद्धि समग्रता से स्वीकार करे। भारतीय दर्शन परम्परा में यह 'स्वयंभू' विचार भी एक मार्ग है। इन्हीं विचारों के प्रतिनिधि चित्रकार के रूप में अम्बादास की तरफ़ देखा जा सकता है।

'स्वयंभू' की अवधारणा को अनीष कपूर आज तीव्रता से प्रस्तुत कर रहे हैं। परन्तु चित्रकला में इस संवेदना को अनीष कपूर से पूर्व अम्बादास ने स्थापित किया है। अम्बादास और अनीष कपूर स्वयंभू तत्त्व के भारतीय चित्रकार हैं, फिर भी इस स्वयंभूपन की अनुभूति महत्त्वपूर्ण है। अम्बादास और अनीष कपूर यूरोप के प्रभाववाद से मेल खानेवाले विशुद्ध भारतीय

चित्रकार हैं।

अनीष कपूर के अनुसार, कलाकार कला-निर्मिति नहीं करता। वह मिथक की रचना करता है। अनीष कपूर 'स्वयंभू' रूप में कुछ मिथक ढूँढ़ता है। अम्बादास स्वयंभूपन की पुनरानुभूति देते हैं। इन दो चित्रकारों में यही महत्त्वपूर्ण अन्तर है।

नदी के धाराप्रवाह की निरन्तर गति से पत्थर को एक आकार प्राप्त होता है। इसी क्रम में नर्मदा नदी के पत्थरों के आकार देखकर अनीष कपूर को उनके स्वयंभू सौन्दर्य की अनुभूति हुई। इसी अनुभूति की पुनरानुभूति के लिए और इसमें से कुछ मिथक प्रकट करने के लिए वह तकनीक और यन्त्रों की सहायता से अपनी कला की निर्मिति करता है। अम्बादास को स्वयंभू अनुभूति को पुनरानुभूति प्रदान करनी होती है। इसलिए उसे यह स्वीकार नहीं कि इससे मिथक उत्पन्न हो अथवा अलग अन्वय उत्पन्न हो। इस अनुभूति के क़रीब जाने हेतु रंग-लेपन के लिए वे तनिक रासायनिक सहायता अवश्य लेते हैं।

अनीष कपूर अनेक टुकड़ों का एक आईना बनाकर उसमें अंकित प्रतिबिम्ब को एक नयी दृश्य संवेदना प्रदान करते हैं। यानी आईने में प्रतिबिम्ब होकर भी वह प्रतिमा!, प्रतिबिम्ब या मूल बिम्ब मूल रूप से पूर्णतः अलग हो जाता है। ठहरे हुए पानी में अंकित प्रतिमा पानी में हलचल होते ही पूरी तरह से बिखरकर अजनबी बन जाती है और हलचल हुए पानी में अनेक मितियाँ उभरती हैं। ऐसी अनेक मितियों के कारण आईने में अंकित अपना ही प्रतिबिम्ब अजनबी हो उठता है। तेल पानी से हल्का होता है। इसी कारण वह पानी में पड़ा होकर भी उसमें घुलमिल नहीं जाता। इस कारण उस द्रव में अनेक मितियाँ बनती हैं। उस पर सूर्य की किरणें पड़ते ही उसका पृथक्करण हो अलग-अलग रंगानुभूति होती है। अम्बादास और अनीष कपूर इस पुनरानुभूति की ही निर्मिति करते हैं। उनकी कला का उद्देश्य सौन्दर्यानुभूति नहीं है। सौन्दर्य स्वयंभू है। इसकी केवल अनुभूति दिलानी होती है।

अम्बादास के चित्र में रंग, रूप, आकार, रेखा आदि तत्त्व होते हैं। फिर भी आकार, रंग, रेखा अलग-अलग नहीं होते। रंग के लिए आकार, आकार के लिए रेखा—ऐसा भी नहीं। रंग रंगों के लिए, आकार आकार के लिए, रेखा

रेखा के लिए होते हैं; फिर भी ये तीनों तत्त्व एक-दूसरे का अंग-प्रत्यंग होते हैं। उनकी एकत्र बुनावट होती है।

गुरुत्व के दो बिन्दु, वस्तु के दो पक्ष, दिशा के दो छोर एक-दूसरे से सम्बद्ध होकर भी परस्पर विरोधी होते हैं। जिस प्रकार तेल और पानी द्रवरूप होकर भी उनके गुणधर्म अलग हैं। अवकाश में ऐसे तनाव से रंग, रूप, नाद उत्पन्न होते हैं। पूरे अवकाश में चुम्बकीय लहरियों की तरह लयबद्ध रूप बनते हैं।

प्रकृति का अन्तरंग और बाह्यांग अलग-अलग होता है। संवेदनशील चित्रकार प्रकृति के अन्तरंग तक पहुँचता है। पेड़ के तने को आड़ा काटने पर उसके भीतर ठहरे हुए पानी में कंकड़ डालने से उत्पन्न लहरियों जैसी मण्डलाकार प्रतिमा दिखायी देती है। इसी से पेड़ और पानी के भीतरी जीवन-सम्बन्धों की अनुभूति होती है। अम्बादास के चित्र इसी तरह पेड़ के भीतर अंकित पानी की मण्डलाकार प्रतिमा जैसे हैं।

कीचड़ में अनेक छोटे-छोटे जीव-जन्तु परस्पर स्पर्श से जीवित होते हैं। वे परस्पर ही अपने-अपने जीवित अस्तित्व के कारण होते हैं। इससे उत्पन्न ऊर्जा ही इनकी ज़िन्दगी होती है। अम्बादास के चित्र में अकेले-दुकेले आकार कभी नहीं होते, बल्कि छोटे-छोटे जीव-जन्तुओं जैसे अनेकों आकार होते हैं। ये सभी आकार एक-दूसरे के सन्दर्भ में खड़े होने के कारण सम्पूर्ण चित्र की एक लय बन जाती है और चित्र जीवित होने की अनुभूति देते हैं।

किसी काग़ज़ के नीचे चुम्बक लगाकर उसके ऊपर लौहकण रखने से तनिक धक्के से ध्रुवीकरण होकर लौहकणों की लयबद्ध आकृतियाँ बनती हैं। संक्षेप में, लौहकण काग़ज़ पर केवल फैले नहीं होते। चुम्बकीय शक्ति के नियन्त्रण में आया वह शास्त्रीय आकार होता है। अम्बादास के चित्र ऐसे ही मुक्त और स्वच्छन्द लगते हैं, परन्तु फिर भी वे अपने भीतर एक सबल संवेदना सुरक्षित रखे होते हैं।

स्वयंभू और स्वतन्त्रता की पहचान बाह्यांग से नहीं होती। इसीलिए मनुष्य की स्वतन्त्र और स्वयंभू पहचान, उसका निजी चिह्न, अँगूठे का निशान होता है। अँगूठे के निशान की प्रतिमा जैसी अम्बादास के चित्र की प्रतिमा है। वे निजी हैं, स्वयंभू हैं।

मात्रा, इकार, उकार आदि इकाइयाँ शब्दों के अवयव हैं। अम्बादास के आकारों की सुडौलता ऐसे ही अवयवों जैसी है। सुन्दर लिखावट के लिए आवश्यक लय इन आकारों में होने के कारण 'कैलिग्राफ़िक' का अहसास करानेवाले ये सुडौल आकार अम्बादास की एक विशेषता है। इस कारण उसके चित्र प्रतिमा खण्डित हुए पुराण शिलालेख जैसी प्रतीत होती है।

असंख्य आकारों में भी हमें पुन: निराकार का ही अहसास होता है। अम्बादास के चित्रों में असंख्य आकार अत्यन्त स्वाभाविक होने के कारण सम्पूर्ण चित्र को एक बुनावट प्राप्त होती है। इसमें केवल धड़कनों का अहसास होता है। इस अहसास से ही वासुदेव गायतोण्डे और अम्बादास एक ही अनुभूति प्रदान करनेवाले चित्रकार बनते हैं। गायतोण्डे के निराकार चित्र और अनेक आकारों से निराकार महसूस होनेवाले अम्बादास के चित्र संवेदना के स्तर पर समान ही हैं।

अम्बादास का रेखांकन इसी तरह अनेक खण्डित रेखाओं से, रेखाओं के टुकड़ों से बनता है। रेखा को स्वयंभू रखकर बनाया जा रहा चित्र कोई एक आनुषंगिक रूप धारण करता है और आनुषंगिक रूप से वह कोई पक्षी-प्राणी महसूस होता है। ऐसी आनुषंगिक प्रवृत्ति के कारण ही रवीन्द्रनाथ ठाकुर के रेखांकन से अम्बादास के रेखांकन का रिश्ता जुड़ जाता है। ठाकुर के चित्र में अक्षरों के टूटने से बने पक्षी-प्राणियों के आकार इसी तरह होते हैं। यह चित्र पक्षी या प्राणी का नहीं होता, चित्र में पक्षी या प्राणी तो मात्र आनुषंगिक रूप में दिखायी देते हैं।

स्वयंभू सौन्दर्य अंकित करने के लिए मासूमियत भी आवश्यक होती है। अम्बादास के चित्र भी मासूम होते हैं। इस मासूमियत के कारण ही वे आदिवासी चित्र से जुड़ जाते हैं। आदिवासियों के कुछ चित्र ऐसे ही मासूमियत से भरे होते हैं।

वस्तु में प्रत्येक कण, अणु-रेणु आज़ाद होता है। जीव में भी प्रत्येक कोशिका, सूक्ष्म जन्तु स्वतन्त्र जीवित होता है। फिर भी उनका वस्तु या शरीर समूह जीवन होता है। अम्बादास के चित्र इसी तरह सूक्ष्म जीव, अणु-रेणु का एक रूप है। संक्षेप में, अम्बादास के चित्र मानो अणु-रेणु का दृष्टान्त है।

१३ वासुदेव गायतोण्डे
(१९२४–२००१)

वासुदेव गायतोण्डे

आज़ादी पूर्व स्वदेशी आन्दोलन भारतीय परम्परा के अनुसरण के साथ-साथ औद्योगिकीकरण का विरोध भी करता था। मशीनी उत्पादन की बजाय मानव निर्मित उत्पादन के प्रति उसका आग्रह अधिक हुआ करता था। संक्षेप में, स्वदेशी आन्दोलन को भारतीय कारीगरी परम्परा से जोड़ने का यह प्रयास था क्योंकि भारत की अनेक कारीगरी परम्पराओं से यहाँ की आभिजात्य कलाओं का जन्म हुआ है।

भारतीय आभिजात्य साहित्य का जन्म भी मौखिक साहित्य परम्परा से हुआ है। इसी प्रकार कारीगरी परम्परा यहाँ के आभिजात्य वास्तुशिल्प का मूलाधार था। इस कारीगरी को ही राजाश्रय प्राप्त हुआ, जिसके परिणामस्वरूप उन्नत कारीगरी के अनेक नमूने यहाँ दिखायी देते हैं। भारतीय परम्परा में कला और कारीगरी में अन्तर नहीं था।

कारीगरी में एक लघु-विज्ञान, उसकी एक अंगभूत तकनीक होती है। साहुल लटकाकर भूमि से ९० डिग्री का कोण बनाते या परत पर परत चढ़ाते समय कारीगर को भूमिति के साथ-साथ गुरुत्वाकर्षण का भी ज्ञान होता है। मिट्टी के लोंदे को आकार देने के लिए गति शास्त्रीय ज्ञान की आवश्यकता होती है। धागों की बुनाई में विशिष्ट तनाव से बुनाई मज़बूत बनती है। अतः इस भूमिति और गति का अहसास. तनाव, गुरुत्वाकर्षण आदि भीतरी विज्ञान का बोध कारीगर को होता है।

इस निर्मिति निरन्तरता के कारण ही कारीगर निर्मिति में एकाकार हो जाता है। दरअसल, कारीगर के मन में निर्मिति का एक 'मॉडल' पहले से बसा

होता है। इसी मॉडल के द्वारा उसकी कल्पित संवेदनाएँ आकार धारण करती हैं। कल्पना और संवेदना से निर्मित यह वस्तु या वस्तुकला ही कारीगरी अथवा कलाकृति होती है। लौकिक वस्तु में कुछ अलौकिक गुणों का नज़र आना 'दर्शन' की अनुभूति है। इसीलिए कारीगरी और भक्ति दोनों समान्तर परम्पराएँ हैं।

संक्षेप में, भारतीय परम्परा के लिए अमूर्तन की अवधारणा नयी नहीं है। इसका अहसास इस कारीगरी की तकनीक, विज्ञान और अध्यात्म से हो जाता है। विज्ञान-अध्यात्म का अहसास अमूर्त ही होता है। ऐसे मूर्त-अमूर्त, सगुण-निर्गुण, द्वैत-अद्वैत की परम्परा मौखिक साहित्य और कारीगरी में एक समान है।

द्वितीय विश्वयुद्ध के बाद औद्योगिकीकरण को अत्यधिक महत्त्व प्राप्त हुआ। भौतिक आवश्यकताओं की आपूर्ति के लिए सभी क्षेत्रों में औद्योगिकीकरण में वृद्धि हुई, जिससे उत्पादन क्षमता बढ़ गयी। औद्योगिकीकरण में निर्मिति चाहे मशीनी हो, परन्तु वहाँ भी कारीगरी की तकनीक का उपयोग किया गया। इसीलिए कारीगरी और औद्योगिकीकरण में कुछ बुनियादी बातें एक समान हैं। अतः औद्योगिकीकरण से कला भी प्रभावित हुई है।

द्वितीय विश्वयुद्ध के बाद जर्मनी में स्थापित 'बाऊहाउस' कला और औद्योगिकीकरण में मेल करानेवाली कला-संस्था थी। कुल मिलाकर विश्वयुद्ध के दौर का घनवाद और उसके बाद 'बाऊहाउस' की औद्योगिक कला के कारण विश्वभर की कला में भौमितिक आकार का प्राबल्य बढ़ गया। पिकासो के चित्र में घनवादी शैली के साथ-साथ अफ्रीकी आदिवासी शिल्प का भी प्रभाव है। ये शिल्प प्राकृतिक होकर भी स्वभावतः भौमितिक आकार में थे। इस तरह आदिम और आधुनिकता के मेल के कारण ही पिकासो एक आभिजात्य चित्रकार बनता है।

भौमितिक आकार एक अमूर्तन की ही स्थिति है। इसलिए भौमितिक आकार की कला क्रमशः अमूर्तन में ही उपलब्ध होती है। वैश्विक कला के साथ-साथ भारत में भी भौमितिक आकार का अनुसरण किया गया। भारत के कलाकार उसका एक शैली के रूप में प्रयोग करते थे। यहाँ के परम्परागत विषय और भौमितिक शैली के कारण यहाँ की आलंकारिक शैली को

भौमितिक शैली के रूप में तुरन्त एक विकल्प मिल गया और आलंकारिक शैली का पूरी तरह से ह्रास हुआ।

भारतीय कला के इस परिवर्तन में चित्रकार वासुदेव गायतोण्डे ने अत्यन्त महत्त्वपूर्ण भूमिका अदा की है। उन्होंने अलंकार शैली से हटकर भौमितिक शैली में काम शुरू किया। बाद में वे पूर्णत: अमूर्तवादी बन गये। वासुदेव गायतोण्डे ने जर्मन चित्रकार पॉल क्ली के चित्रों का अध्ययन करने के उपरान्त भौमितिक शैली अपनायी थी। पॉल क्ली 'थियोसोफ़िक' विचारधारा के थे। वैज्ञानिक दृष्टिकोण का आध्यात्मिक विचार—यही उसका स्वरूप है। यह विचारधारा भारतीय कारीगर परम्परा के समान होने के कारण गायतोण्डे को भी यह अपनी लगी होगी। व्यक्तिगत रूप से भी गायतोण्डे आध्यात्मिक प्रकृति के थे।

गायतोण्डे चिन्तक भी थे, जो अपने स्टूडियो के बाहर समुद्र के किनारे घण्टों विचारों में डूबे रहते। नज़रों के सामने बस समुद्र और ऊपर आकाश—तरल प्रकृति के अलावा सामने झाड़-झंखाड़ों की जड़वादी प्रकृति भी नहीं। ऐसी तरल प्राकृतिक निरन्तरता से भौमितिक आकार के चित्र शिथिल होकर पूरी तरह से बदल गये और प्रकृति सामने के रूप में अनिवार्यत: रूपान्तरित होकर चित्र की शैली बदल गयी। 'फार्मलेस' यानी चित्र ने निराकार रूप धारण कर लिया। भूरे रंग का आकाश, भूरे रंग का समुद्र, बीच में धुँधला-सा क्षितिज, उसे काटनेवाली कुछ रेखाएँ। आकाश और समुद्र के एकत्रित अवकाश का यह 'पिक्टोरियल' भी निर्गुण-निराकार।

वासुदेव गायतोण्डे के ये चित्र देखकर ब्रिटिश चित्रकार जॉन टर्नर (१७७५-१८५१) की याद आती है। टर्नर ने अपनी अधिकांश ज़िन्दगी समुद्र के किनारे बैठकर चित्र बनाने में ही व्यतीत की। समुद्र और आकाश—यही टर्नर के चिन्तन का विषय था। बाद में गति के प्रति भी उसे आकर्षण हुआ। समुद्र में आकाश का प्रतिबिम्ब, आकाश की रंगछटाएँ और उसी की पुनरावृत्ति क्षितिज पर! टर्नर को आकाश और समुद्र के बीच की रंगछटाओं के प्रति आकर्षण था। न्यूटन ने प्रकाश का पृथक्करण कर रंगों का अस्तित्व प्रमाणित किया था। प्रिज़्म से प्रकाश का पृथक्करण करने पर जो सात रंग आये, वे इन्द्रधनुष जैसे ही थे। यही है अवकाश का रंगशास्त्र। टर्नर के चित्रों का ऐसा ही विश्लेषण जॉन रस्किन (१८९१-१९००) ने किया है। रस्किन को इस प्रकृति चित्र में भी रंगशास्त्र मिल गया। न्यूटन के विश्लेषण

की तुलना में इस रंगशास्त्र का पृथक्करण अलग था। इस रंगक्रम में पहला रंग पीला था। न्यूटन के रंगक्रम में लाल रंग पहले आता है। अवकाश का रंग और सतह का रंग क्रम बदल देता है। सतह द्विमिति की होती है। रंगों की इस मिति का बोध टर्नर के चित्रों का एक सिद्धान्त भी था।

गायतोण्डे केवल 'रूप' चाहते थे। सम्भवतः भौतिक रूपाकार के उस पार अवकाश में आकार ढूँढ़ने का उनका प्रयास था। आकाश-समुद्र टर्नर का 'मॉडल' था और गायतोण्डे का भी। खोज का अहसास अलग। यानी दर्पण ही दर्पण में देख रहा है। वासुदेव गायतोण्डे के विश्लेषण का प्रयास करें तो सन्त ज्ञानेश्वर के 'अमृतानुभव' ग्रन्थ की याद हो आती है। टर्नर, गायतोण्डे, न्यूटन, गैलिलियो, ज्ञानेश्वर आदि के आयामों से सिद्धान्त का और अनुमानों से अमूर्तन का अहसास होता है।

वासुदेव गायतोण्डे चित्र में ज़रा-सी भी हरकत नहीं चाहते थे। उन्हें रंगों का भी आकर्षण नहीं था। आकाश और रंग को पृथक् कर निरभ्र निर्गुण आकाश और उसके प्रतिबिम्ब के साथ समुद्र। मानो दर्पण ही दर्पण में अपना रूप देखे। इसी कारण उनके चित्र भूरे रंग के हैं। टर्नर और वासुदेव गायतोण्डे के इन निराकार चित्र को देखकर और उनका विश्लेषण करने पर हम न्यूटन, गैलिलियो और ज्ञानेश्वर के विज्ञान और आध्यात्मिक विचारों तक पहुँच जाते हैं। इसका अर्थ यह हुआ कि विज्ञान और अध्यात्म के स्वभाव में अमूर्तता है।

गैलिलियो और न्यूटन ने जिस प्रकार भौतिक वस्तुओं के ज़रिये ये आविष्कार किये हैं, उसी प्रकार भौतिक कारीगरी में भी ऐसी अमूर्त संवेदनाएँ हैं।

वासुदेव गायतोण्डे जब रंगों का विचार करते हैं, उनके रंग-संयोजन में ऐसा ही तरल अहसास होता है। किसी विषयवस्तु से वे रंग नहीं लेते, बल्कि रंग 'मात्र रंग' के रूप में उनका आविष्कार होता है। गायतोण्डे का चित्र में रंग भरना एक क्रिया नहीं, बल्कि वह एक प्रक्रिया है ठीक वैसी, जिस प्रकार प्रकृति में रंग अथवा रंग परिवर्तन की प्रक्रिया है। नारंगी, हरा अथवा पीला बनकर ही पत्ता पेड़ से झरता है। अथवा हरे रंग पर लाल फूल विरोधी रंग का होकर भी सुन्दर दिखता है। इस तरह यह एक भीतरी रंग-प्रक्रिया है। इसी कारण गायतोण्डे अपने चित्र में रंग और रंग लेपन की प्रक्रिया करते हैं। इसके लिए उन्होंने स्वतन्त्र तकनीक को नये

सिरे से ढूँढ़ा है।

गायतोण्डे जब रंगों का अध्ययन या रंगों का अनुभव करते, तब चित्र की पुस्तक को उल्टा घुमाकर देखते। विशेषतः लघुचित्र की पुस्तक को। चित्र को उल्टा घुमाने से विषयवस्तु के अनुसरण से आये रंग अपने आप ही स्वतन्त्र हो जाते हैं। गायतोण्डे को यह रंगानुभव स्वतन्त्र रूप से लेना होता है। गायतोण्डे की यह तकनीक बिलकुल अमृता शेरगिल के चित्र देखने के ढंग से जा मिलती है। अमृता भी चित्र पूरा होने के बाद उसे उल्टा कर यानी ऊपर का हिस्सा नीचे कर देखा करती। फिर कुछ रंगों में बदलाव करने के बाद ही उसका चित्र पूरा हो जाता। गायतोण्डे इन रंगों की ओर विषयवस्तु अथवा रंग-संयोजन के रूप में नहीं, बल्कि 'कलर स्ट्रक्चर' की दृष्टि से देखते। इसी कारण गायतोण्डे के चित्रों के रंग, रंग नहीं लगते, बल्कि उस कलावस्तु की त्वचा लगते हैं।

रंग-संयोजन प्रक्रिया से गायतोण्डे के चित्र में आकारों की उपलब्धि होने लगती है। ये आकार यानी अलग-अलग रंगों के अंग ही हैं। वे आकारों को अलग से बनाकर रंग नहीं भरते थे, बल्कि रंग-विभाजन में जो रूप बनेगा, वही उनके चित्र का आकार बन जाता था। यानी, गायतोण्डे अपने चित्र में ही आकार की खोज करते थे। मानो आकार अवकाश से ही खोद निकाला हो। अवकाश से ही आकार ग्रहण करने के कारण उस आकार का अपना अस्थिशास्त्र बनता है। इसीलिए इस आकार में उल्टे-सीधे, ऊपरी-निचले पहलू नहीं हैं। ऐसे पहलू का अहसास भौतिक वस्तु में है। इन आकारों को दिशा का बोध है। दिशाएँ अवकाश की ही मितियाँ हैं। इन मितियों में ही आकार होने के कारण वे अमूर्त लगती हैं। ऐसे कई आकारों के समूह सजातीय, विजातीय, परस्पर आकर्षण में आने से उनमें तनाव, सन्तुलन, लय बनती है। इस संयोजित रचना से सम्पूर्ण चित्र में एक सांगीतिक लय उत्पन्न होती है।

गायतोण्डे के चित्र में बुनावट एक अत्यन्त महत्त्वपूर्ण पहलू है। यह बुनावट सच्छिद्र त्वचा जैसी सम्पूर्ण चित्र में होती है। इस कारण सम्पूर्ण चित्र में धड़कन का अहसास होता है। इस धड़कन के कारण चित्र सजीव होने का आभास देता है। त्वचा, रंग और स्पर्श को अलग नहीं कर सकते। साथ ही गायतोण्डे के चित्र यह भी अनुभूति कराते हैं कि उनके रंग, आकार, बुनावट अलग नहीं हैं।

वासुदेव गायतोण्डे की चित्र निर्मिति में खड़ा मध्य माना हुआ होता है। बाद में आकार, रंग, बुनावट की रचना से सम्पूर्ण चित्र सन्तुलित अथवा विसन्तुलित रूप में पूर्ण होता है। गायतोण्डे की यह रचना वनस्पतिशास्त्रीय लगती है। कोई भी वनस्पति जब ऊपर की ओर बढ़ती है, तब उसकी शाखा का विस्तार सन्तुलित या विसन्तुलित रचना में ही होता है।

लेखन में हुई ग़लतियों की काटापीटी के कारण बने आकारों में रवीन्द्रनाथ ठाकुर को आशय मिलता था, उसी प्रकार गायतोण्डे भी कुछ अंकन करते थे। यह अंकन यानी प्रत्यक्ष वर्ण नहीं थे, परन्तु वर्णों के अवयव के रूप में इस्तेमाल होनेवाली मात्राएँ, छोटे-बड़े इकार, उकार जैसे आकारों की क्रमबद्ध रचना होते थे। यह रचना ऐसी सुलझी हुई होती थी कि इस कारण वह 'वर्णमाला की सारणी' ही लगती। बाद में गायतोण्डे के ये लिपि जैसे आकार अलग-अलग मोड़ों, लयों से अलग रूप धारण करते और आख़िरकार वासुदेव गायतोण्डे के चित्र 'ज़ेन' मुनि के चित्रों जैसे लगने लगते। दरअसल, 'ज़ेन' जापान का एक दार्शनिक सम्प्रदाय है। ये लोग कैलिग्राफ़िक विधि से साधना करते थे। गायतोण्डे के ये चित्र उस रूप के साथ मेल खाते हैं।

कुल मिलाकर, भारतीय अमूर्तता और पश्चिमी अमूर्तता, दोनों में दृष्टिकोण का अन्तर है। यद्यपि उसकी 'पिक्टोरियल भाषा' एक है, फिर भी पश्चिमी अमूर्त कला विज्ञाननिष्ठ होने के कारण उसका एक सैद्धान्तिक दृष्टिकोण है। भारतीय अमूर्तता अध्यात्मनिष्ठ और असीम है। वासुदेव गायतोण्डे के चित्र भी इस तरह सैद्धान्तिक न होकर 'असीम' हैं।

भारतीय संस्कृति पूर्वजन्म पर विश्वास करती है। अतः इस अवधारणा से जिस तरह अनेक मिथक, कथा, पुराणों की रचना हुई है, उसी तरह चित्र, शिल्प और वास्तु की भी रचना हुई है। मिस्र की संस्कृति से लेकर सिन्धु संस्कृति तक इसके अवशेष मौजूद हैं। विश्व की आदिवासी कलाएँ भी कुछ ऐसी ही विधि अवधारणा से जन्मी हैं। भारतीय आदिवासी कलाएँ विधिचिह्नों के प्रतीकों से तैयार हुई हैं। मध्य प्रदेश की पहाड़ी-कोरबा जनजाति के लोगों की धारणा है कि उनके पूर्वज भूमि पर कुछ लिखावट के चिह्न, निशान बनाकर अपने रिश्तेदारों से मरणोत्तर संवाद करते थे। परन्तु, बिना किसी वर्ण के भी समान वर्ण, आकार की रचना होती है। यानी वर्णों की काटा-पीटी से रवीन्द्रनाथ ठाकुर में आया आकार का बोध अथवा वर्ण

सादृश्य आकारों की गायतोण्डे द्वारा की गयी खोज या आदिवासियों की पुरातन परम्परा से आयी विधि का वर्ण रूप, आदि के चित्रण की परम्परा एक ही है। इसीलिए चाहे अमूर्त हो या भौमितिक हो, या फिर इस तरह वर्णमाला लिपि रूप की संरचना हो—एक ऐसी विशाल परम्परा है जो आदिमता और आधुनिकता को जोड़ती है। आज के समकालीन रूप में वासुदेव गायतोण्डे की कला इसी परम्परा को प्रवाहित रखती है।

१४

एफ. एन. सूज़ा
(१९२४-२००२)

एफ. एन. सूज़ा

भारतीय कला को दो कालखण्डों में विभाजित किया जा सकता है : स्वतन्त्रतापूर्व और स्वातन्त्र्योत्तर। स्वतन्त्रतापूर्व दौर यानी ब्रिटिश शासनकाल में कलाकार अपनी अस्मिता की रक्षा के लिए अपनी परम्परा का सहारा लेकर अथवा स्वदेशी आन्दोलन से उपजा राष्ट्रप्रेम और राष्ट्रप्रेम से अपनी कला-परम्परा को जोड़कर कला निर्मिति कर रहे थे। परन्तु स्वतन्त्रता के बाद इन कलाकारों में कला की नवीनता, अभिव्यक्ति और विचार स्वतन्त्रता का मोह जगा, जो उनके लिए अपनी परम्परा और राष्ट्रप्रेम से ज़्यादा महत्त्वपूर्ण था। विश्व भर की कला का जायज़ा लेकर ये कलाकार अपने राष्ट्र, देश के कलाकार बन सकते थे। परन्तु ये कलाकार विश्व-कला में अपनी मौजूदगी के लिए लगातार प्रयासरत थे। विदेश में स्थायी निवास इसी का एक अंग था।

'प्रोग्रेसिव ग्रुप' स्वदेशी आन्दोलन के बाद का भारतीय कला का एक महत्त्वपूर्ण आन्दोलन था। परन्तु स्वतन्त्रता के बाद इस ग्रुप के लगभग सभी कलाकार अपनी कलात्मक भूमिका त्यागकर विदेश में जा बसे। फिर भी इन कलाकारों पर भारतीय कला और विश्व-कला का प्रभाव होना स्वाभाविक था। परन्तु ये कलाकार अपनी धारणा बना चुके थे कि यूरोपीय कला से प्रभावित कला में ही अपनी प्रगति करेंगे। स्वदेशी विचार और प्रोग्रेसिव ग्रुप स्थापना के बीच एक ही घटना थी—देश की स्वतन्त्रता। दरअसल, यह परिवर्तन भारतीय कला को सम्भ्रम में डालनेवाला था। इसलिए यूरोप में जा बसे कलाकारों को यूरोपीय कलाकार और समीक्षकों ने यूरोपियन कला के अनुकरण का अहसास कराया और तब जाकर इन्हें 'भारतीयत्व' की

आवश्यकता महसूस हुई। इसलिए ऊपरी तौर पर ही सही, परन्तु इन कलाकारों के लिए यह कहना अनिवार्य हो गया कि भारतीय अध्यात्म, हिन्दू दर्शन, कुछ परम्पराएँ आदि हमारी कला की बुनियाद हैं। परम्परा से कट जाने की भावना और भारतीयत्व साबित करने की जद्दोजहद से कलाकारों की स्थिति अजीबोग़रीब हुई। फिर भी इन कलाकारों के माध्यम से भारतीय कलाकारों को विश्व-कला का क्षितिज मिल गया।

'प्रोग्रेसिव ग्रुप' भारतीय स्वतन्त्रता के दौर में कुछ नये उत्साही युवा कलाकारों का ग्रुप था, जो पूर्वस्थापित कलाकारों से कुछ अलग दिशाएँ खोजना चाहता था। इन कलाकारों में समानताओं की अपेक्षा परस्पर विरोधाभासी विचार ही अधिक था। एम.एफ़. हुसेन, के. एच. आरा, एस. एच. रज़ा, एफ. एन. सूज़ा इस दल के महत्त्वपूर्ण चित्रकार थे। हुसेन और एफ. एन. सूज़ा गुप्तकालीन कला से प्रभावित थे, तो एस. एच. रज़ा आध्यात्मिक संवेदनाओं से प्रकृति-चित्रण करते थे। के. एच. आरा साफ़गोई से अपनी ही संवेदनाएँ चित्रित करनेवाले और पारम्परिक न होकर भी विद्रोह को चित्र में कायम रखनेवाले चित्रकार थे। इन सबके बीच एफ. एन. सूज़ा भारत का पहला ऐसा चित्रकार था जो तीव्र विचारधारा से सभी परम्पराओं की तोड़-मरोड़ करता था और कला के लिए सम्पूर्ण अभिव्यक्ति की स्वतन्त्रता लेता था। प्रभावमुक्त, तीव्र कला संवेदनाएँ, और नुकीला तथा सभी दृष्टियों से विद्रोही चित्रकार एफ. एन. सूज़ा ने भारतीय कला के लिए अभिव्यक्ति की कितनी ही राहें खोल दी हैं।

एफ. एन. सूज़ा की कला में चित्रित विद्रोह उन पर हुए अन्याय-अत्याचारों का परिणाम नहीं है, एक नये विचार के तौर पर भी वह नहीं आया है और न वह किसी विशिष्ट स्थापित कला के विरुद्ध था। यह विद्रोह सम्भवत: सौन्दर्यानुभूति के सम्बन्ध में रहा होगा। क्योंकि सौन्दर्य के मूल्य कला में स्थापित थे, उन्हें नकार कर सौन्दर्य में अन्तर्भूत बीभत्स, करुण, रौद्र आदि नकारात्मक रसों को उसने अपनी कला का आधार बनाया। एफ. एन. सूज़ा कला, कौशल या सौन्दर्य के अहसास से अपनी कला-निर्मिति नहीं करता था, बल्कि अत्यन्त मासूमियत से यथासम्भव कला-अभिव्यक्ति करता था। प्रकृति, वस्तु, व्यक्ति आदि उसके विषय होते थे। विषय सरल, आसान होने के बावजूद उसके रंग, रेखा, आकार अत्यन्त प्रबल और गतिशील होते थे। चित्र के सौन्दर्य की परवाह किये बिना उसे एकत्रित और

स्वतन्त्र आशय देते थे। रंग, रेखा तथा आकार तो चित्र के बुनियादी तत्त्व हैं। परन्तु सूज़ा का संघर्ष इन्हीं तत्त्वों से था। इसी कारण उनके प्रत्येक चित्र में विद्रोह का अनुभव होता है। प्रकृति चित्र अथवा वस्तु-चित्रण में भी प्रकृति या वस्तु निमित्त मात्र होती है, उसका असल संघर्ष रंग और रेखा में ही दिखता है। सूज़ा ने धर्मगुरु, ईसामसीह आदि कैथोलिक, धार्मिक विषयों का चित्रण किया है। लेकिन उनकी रंग और रेखाओं का आवेश धार्मिक या आध्यात्मिक संवेदनाओं का नहीं है। वे फिर से ध्वंसात्मक ही लगती हैं। यूरोप के प्रभाववादी चित्रकार खुले अवकाश में चित्र बनाते थे। उस समय प्रकाश का, रंग का, छाया भेदों का या कुल मिलाकर हवा, पानी, प्रकाश का भौतिक वस्तुओं पर होनेवाले असर को अंकित करने के लिए उनके चित्र में अनजाने में रफ़्तार आती थी। ऐसी ही रफ़्तार सूज़ा के चित्र में दिखायी देती है।

एफ. एन. सूज़ा की विद्रोही रंग-रेखा की चित्रभाषा पाब्लो पिकासो के चित्र के आसपास जाती है। चित्र के बाह्यांग की समानता के कारण ऐसा लगता है कि पाब्लो पिकासो का उस पर प्रभाव है। एफ. एन. सूज़ा के चित्र हिंसक लगते हैं, लेकिन इसका मतलब यह नहीं कि हिंसा पर चित्र बनानेवाले फ्रांसिस बैकन का उस पर प्रभाव है। समान नज़र आनेवाले इन चित्रों की जड़ें कुछ और ही हैं। एफ. एन. सूज़ा के चित्रों की जड़ें यहीं की परम्परा की हैं। किसी परम्परा को न माननेवालों की भी एक परम्परा होती है। एफ. एन. सूज़ा की जड़ें ऐसी ही परम्परा न माननेवाली भारतीय परम्परा में हैं। भारतीय अध्यात्म में साधकों की अनेक परम्पराएँ हैं। 'तान्त्रिक परम्परा' इसी में से एक है। यह परम्परा भक्ति के स्थान पर विद्या और तन्त्रमार्ग से साधना करते हैं। भारतीय अध्यात्म में इन्हीं तान्त्रिकों के एक अतिवादी सम्प्रदाय की परम्परा 'अघोरी' के रूप में है। ये अघोरी साधक अपनी साधना में पवित्र बातों का त्याग कर घृणित का स्वीकार करते हैं और पवित्र-अपवित्र, पाप-पुण्य, शुद्ध-अशुद्ध के भेद को समाप्त कर पशुवृत्ति के हो जाते हैं। यही पशुवाद एफ. एन. सूज़ा के चित्र में दिखायी देता है। इसी कारण वह स्त्री-सौन्दर्य का चित्रण भी हिंसात्मक तरीक़े से करता है। उसके चित्रों में विषय नहीं, बल्कि चित्रवृत्ति महत्त्वपूर्ण होती है। दरअसल, 'संस्कार' के रूप में मनुष्य जो स्थापित करता रहा है, धीरे-धीरे वह प्रकृति की मूल निर्मिति को भी भूलकर उससे दूर जाता रहा है। पशु से मनुष्य की

तुलना कर पशु को असंस्कृत मानता रहा है। परन्तु पशु सारी क्रियाएँ और कर्म प्रकृति के संकेत से करते हैं। 'तान्त्रिकों' की यह अघोरी परम्परा सारे संस्कारों को नकारकर पशु–वृत्ति की ओर जाती है। एफ. एन. सूज़ा भी इसी तरह सारे सौन्दर्य–संस्कार नकारकर पशुवाद की तरफ़ झुक गया है। उसकी जड़ें यहीं की अघोरी, तान्त्रिक परम्परा में हैं।

मनुष्य पशु–प्राणी से उत्क्रान्त हुआ है, पशु–प्राणी से टूटा नहीं है। उसकी उत्क्रान्त स्थिति की निरन्तरता आज भी जारी है। आज भी उसमें पशु का अंश है। यह पशु जब–जब हावी होता है, तब–तब मनुष्य अमानुष कृति करता है। सूज़ा के चित्र में यही सुप्तावस्था अंकित होती है।

वनस्पतिशास्त्र में जिस तरह एकदल और द्वि–दल रचना होती है, ठीक उसी प्रकार पशु–प्राणियों में भी सस्तन और अण्डज रचना होती है। सस्तन प्राणियों की शरीर रचना वनस्पतिशास्त्र की द्वि–दलीय रचना जैसी होती है। जिस प्रकार द्वि–दल समतोल हिस्से में विभाजित होता है, सस्तन प्राणी की रचना भी ऐसी ही समतोल होती है। अवयवों की पुनरावृत्ति होकर वे मुखर हो उठते हैं। यौन अंगों का अहसास सस्तन प्राणियों में होता है। भारतीय दर्शनशास्त्र के अध्यायों में यौन क्रिया, उसकी ऊर्जा, उसका गहरायी में अन्वय लगाकर लिंगपूजा और योनिपूजा का विवरण मिलता है। मातृदेवता की योनिपूजक प्रतिमा इसी तरह बनी है। इस प्रतिमा में स्तन और योनि का आकार सामान्य स्तन और योनि से विशाल होता है। एफ. एन. सूज़ा की नग्न स्त्री–प्रतिमाएँ ऐसी ही योनिपूजक प्रतिमा की तरह विशाल स्तन और विशाल योनि की होती हैं। ये चित्र केवल नग्नता के सामान्य भाव से न बनकर गहरी संवेद्रना से आते हैं। एफ. एन. सूज़ा की नग्न स्त्रियाँ ऐसी ही स्त्री–प्रतिमाओं के चित्र हैं। सूज़ा के चित्र में स्त्री–पुरुष ऐसी कोई प्रतिमा नहीं होती। इसलिए वे चित्र यौन काम–तृप्ति के चित्र नहीं हैं अथवा खजुराहो के यौन शिल्पों के पीछे भी इस यौन आनन्द की भावना नहीं है। उसमें कामसूत्र का एक शास्त्रीय तत्त्व है। एफ. एन. सूज़ा के चित्र में ऐसी शास्त्रीय रचना नहीं होती, केवल पशुवृत्ति होती है।

एफ. एन. सूज़ा के नग्नचित्र, प्रकृति अथवा वस्तु चित्रों में रंग, रेखा और आकार समान ही होते हैं। कोई भी वस्तु जब रफ़्तार से आगे खिसकती है, तब वह अनेक प्रतिमाएँ पीछे छोड़ती जाती हैं। इन प्रतिमाओं की निरन्तरता से वस्तु पारदर्शी अथवा अर्द्धपारदर्शी नज़र आती है। सूज़ा के चित्रों के रंग,

रेखा और आकार अत्यन्त गतिशील होने के कारण उनकी प्रतिमाएँ एक-दूसरी में मिश्रित होकर पारदर्शी अथवा अर्द्धपारदर्शी दिखती हैं।

पारदर्शी वस्तु अपने भीतर अपना परिवेश सोख लेती है या परावर्तित करती है। आसपास का रंग, प्रकाश, छाया आदि के अस्तित्व पर ही पारदर्शी वस्तु का अस्तित्व माना जा सकता है। पारदर्शी वस्तु अपने बाहर-भीतर की अनेक बाजुएँ एक ही दिशा में दर्शाती हैं। इससे वह अनेक मितियों की प्रतीत होती है। सूज़ा के चित्र ऐसे ही पारदर्शी प्रतीत होती मितियों जैसे होते हैं। यह कला पाब्लो पिकासो अथवा घनवादी दृष्टिकोण से ज़रा अलग है। वस्तु पर प्रकाश पड़ने पर जिस प्रकार छाया के रूप में मिति अपने आप मिल जाती है, उसी प्रकार अपारदर्शी घन-मिति से घनवाद बनता है। यद्यपि बाह्यांग से दोनों चित्र समान प्रतीत होते हैं, फिर उनमें बुनियादी अन्तर होता ही है।

काग़ज़ को मसलते ही उसमें अंकित सीधी रेखा अनेक मितियों में दिखने लगती है। इसी प्रकार सूज़ा के चित्र की रेखा एक-दूसरे को विभाजित करती हुई अनेक मितियों में दिखायी देती है। पिकासो के चित्र में एक-दूसरे को विभाजित करनेवाली अनेक रेखाएँ होती हैं। अनेक दिशाओं में विभाजित होने के कारण आकार में घनता महसूस होती है। परन्तु अलग-अलग रंग और छाया-प्रकाश का नियोजन पिकासो के चित्र में नहीं होता। पिकासो के चित्र में विरूपीकरण होता है। परन्तु पारदर्शिता से प्राप्त रूपभेद सूज़ा के चित्र में दिखता है।

सूज़ा के चित्र में भारतीय कला-परम्परा प्रतिबिम्बित होती है। भारतीय यक्षिणी की शिल्प परम्परा अथवा भारतीय पुराण से लोककला में आयी 'अष्टवक्र' प्रतिमा सूज़ा के चित्र में दिखायी पड़ती है। सूज़ा के चित्रों में यूरोपीय विरूपीकरण की अपेक्षा भारतीय परम्परा प्रतिबिम्बित होती है। परम्परा को चाहे जितना गले लगायें, परन्तु परम्परा को नकारने की भी एक परम्परा ही होती है। कला भी परम्परा का एक अंग होने के कारण कला की निरन्तरता से भी उसमें अपने आप परम्परा की प्रतिमा दिखती है। एफ. एन. सूज़ा अपने समकालीनों में चाहे जितना अलिप्त प्रतीत हो, लेकिन अपने समकालीनों के साथ वह स्वयं भी परम्परा का एक अंग बन ही जाता है।

१५ के.जी. सुब्रह्मण्यम्
(१९२४-२०१६)

के.जी. सुब्रह्मण्यम्

भारतीय संस्कृति की दो समान्तर परम्पराएँ हैं—कारीगरी और मौखिक साहित्य। कारीगरी, कला अथवा साहित्य को लोकाभिमुख बनने की प्रक्रिया में वे सहज ही एक-दूसरे में घुल-मिल जाते हैं। कारीगरी और कला के कारण ही पुराण, मिथक, दन्तकथाएँ आदि को मूर्त रूप प्राप्त हुआ है और कला तथा कारीगरी के निर्माण में भी इन पुराणों, मिथकों का योगदान है। इसी प्रक्रिया से यहाँ के शिल्प, चित्र, वास्तु और रामायण, महाभारत तथा भागवत जैसी रचनाएँ लोकाभिमुख और आभिजात्य बनी हैं।

भारतीय संस्कृति अथवा परम्परा में जो भी मूर्त है, वे सभी इन्हीं दो परम्पराओं के मिश्रण से बनी वास्तुएँ हैं। ये वास्तुएँ यानी भारतीय 'मन्दिर'; जो कारीगरी की, अमूर्त तत्त्व और पुराण के 'कथन' परम्परा की अर्थात् मूर्तामूर्त की अद्‌भुत अभिव्यक्ति हैं। मानो भौमितिक आकार की वास्तुओं में काव्य अथवा गणित-काव्य का आच्छादन हो। यह सब मूर्तामूर्त तत्त्वों की सांस्कृतिक विरासत है, जो भूमिति और काव्य अथवा गणित-काव्य जैसी परस्पर विरोधाभासी लगती है, परन्तु रचना के स्तर पर परस्पर पूरक भी है।

भारतीय जीवन, परम्परा और संस्कृति अध्यात्मकेन्द्रित है। अतः यहाँ मन्दिरों की निर्मिति बड़े पैमाने पर हुई है। इस मन्दिररूपी वास्तु परम्परा को राजाश्रय, धर्माश्रय और लोकाश्रय प्राप्त हुआ, जिसके कारण पूरी शक्ति और श्रद्धा से उनका निर्माण हुआ। इसी प्रकार सगुण-निर्गुण भी एक ही है। हमारा परम्परागत दर्शन भी यही कहता है कि मूर्तामूर्त में कोई भेद नहीं है। हमारा सौन्दर्यशास्त्र भी कहता है कि बीभत्स भी लावण्य जैसा सुन्दर है।

मूर्त अथवा अमूर्त, लावण्य अथवा विद्रोह को अपनी कला के ज़रिये साकार करनेवाले अनेक कलाकार हैं। परन्तु, परम्परा के दोनों पक्षों को अपनी कला में समाहित करनेवाले बिरले ही हो सकते हैं। के. जी. सुब्रह्मण्यम् ऐसे ही एक बिरले कलाकार हैं।

के. जी. सुब्रह्मण्यम् ने अनेक माध्यमों, दृश्यकला के अनेक प्रकारों में कला का प्रदर्शन किया है। उदाहरणार्थ, चित्र, शिल्प, भित्तिचित्र, भित्तिशिल्प, मुद्राशिल्प, मिट्टी की मूर्तियाँ, कपड़े पर चित्रकारी, खिलौने आदि। उनमें विचार और निर्मिति की दृष्टि से पारदर्शिता थी। निर्मिति के बाद वे कला का मूल्यांकन किसी और को नहीं सौंपते थे। उसके सम्पूर्ण उत्तरदायित्व का स्वीकार स्वयं करते हुए उस पर लिखते थे। उन्होंने एक प्रदर्शनी के कैटलॉग में ख़ुद के बारे में लिखा है, "I want my work to be ambiguous. I would like it to appear to me every morning as a new configuration. Also I want to straddle the visible and the abstract with their forms now becoming recognisable, now going into hiding. I think that this balancing of the abstract with the objective is one of the most significant characteristic of the traditional art of my country like in its temples. Which are undoubtedly impressive as abstract heaps of stone, but also bristle with mythology and representational details at second glance. This is where I get into contact with it. I want my work also to live in such a twilight zone of sensibility. Although, the ingredients I put into it are not what they used to be, but are of this time." (Exibition catalogue, Gallery Naving, New York, 1967)

के. जी. सुब्रह्मण्यम् के चित्र पहले-पहल रंग-रूप की एक गुत्थी लगते हैं। किसी अपेक्षित-अनपेक्षित रंग-आकार की रचना प्रतीत होते हैं। उनके चित्र यानी अमूर्त आकार, भौमितिक आकार, वास्तु, पक्षी, वृक्ष, पशु, कथा, दन्तकथा, आदि का साफ़-साफ़ मिश्रंण। सब परिचित होकर भी अपरिचित। पुराण कथा, कहानी समझ में आते-आते बीच में अचानक वह विलुप्त हो जाती है। सुन्दर अमूर्त आकार आते-आते कुरूप चेहरा उभर आता है। हिंसा की घटना लगते-लगते वहीं वत्सल पशु दिखने लगता है। तैलरंग और जलरंगों का एक ही पृष्ठ पर आना तो कलाशास्त्रीय परम्परा के अनुरूप नहीं है और वह भी काग़ज़ या कैनवस की जगह काँच पर! यह सब लोककला की तरह उत्स्फूर्त और साफ़-साफ़ है।

वास्तविकता का सम्बन्ध भूमि से होता ही है। भूमि के गुरुत्वाकर्षण के कारण भूमि के साथ वास्तविकता हमेशा जुड़ी रहती है। जिस प्रकार वास्तु, वृक्ष, व्यक्ति आदि का भूमि से सम्बन्ध है, उसी प्रकार उनकी छायाओं का भी भूमि से सम्बन्ध होता है। परन्तु, छायाओं का सम्बन्ध गुरुत्व से नहीं होता। गुरुत्व से मुक्त होने के कारण वे 'वास्तविकता' से सम्बद्ध होकर भी 'वास्तविकता' जैसी नहीं होतीं। वस्तुतः वे मुक्त और स्वतन्त्र होती हैं। के. जी. सुब्रह्मण्यम् का चित्रावकाश भी इसी तरह वास्तविक भी है और उससे मुक्त भी। उसमें जड़त्व नहीं, बल्कि तरलता है। जड़त्व न होने के कारण चित्र की वास्तुएँ, वस्तु, आकार, व्यक्ति, पेड़, पशु, पक्षी आदि शरीर नहीं लगते बल्कि उनकी कायाएँ प्रतीत होती हैं। गुरुत्व से छिटकी ये कायाएँ अन्तरिक्ष में मुक्त रूप से विचरण करती हैं। ऐसी अनेक कायाओं के समूह पूरे अन्तरिक्ष छिटके रूप में विचरण करते-करते एक-दूसरे में आसानी से प्रवेश कर जाते हैं। इस तरह काया से काया का प्रवेश अथवा परकाया प्रवेश के चित्र में अद्‌भुत नाटकीयता आ जाती है। यह 'वास्तविकता' न होकर भी 'वास्तविक' प्रतीत होता है, भूमि पर न होकर भी भूमि पर प्रतीत होता है। पुराण कथाओं की 'देवभूमि' की तरह इन चित्रों की भूमि भी अपनी एक 'देवभूमि' है।

वास्तविक जीवन एकाकी नहीं होता। प्रत्येक व्यक्ति, वृक्ष, प्राणी, पक्षी, वास्तु आदि अनजाने में परस्पर जुड़ जाते हैं। परस्पर निर्भर जीना—जीवन एक-दूसरे में ऐसा रच-बस गया है कि चित्र के आकार, काया परस्पर प्रवेश करते-करते उनमें एक-दूसरे के अंग, रंग-रूप, भाव आदि का सहज ही आदान-प्रदान होता है। फिर एक व्यक्ति के अनेकों हाथ, व्यक्ति भी पक्षी जैसा, पेड़ में इनसान जैसे अवयव और प्राणियों में मानवीय भावना। यानी एक-दूसरे से एक-दूसरे का जन्म होकर उत्क्रान्त होना और एक-दूसरे के पैदा होने के निशान एक-दूसरे पर अंकित हो जाना। अपना-पराया, कोई भाव नहीं, कोई द्वैत नहीं, छोटे-बड़े का भेद नहीं। इसमें यही भाव उमड़ता है कि सारी चराचर सृष्टि एक ही है।

जल में रहनेवाले अनेक जलचर जन्तु यूँ ही एक-दूसरे के सान्निध्य में आकर फिर बिछड़ जाते हैं। जल की वनस्पतियाँ, जलचर, आसपास के पानी में दिखते प्रतिबिम्ब, प्रकाश किरणें आदि अलग-अलग बिम्ब जल में पास-पास होते हैं, इस कारण हम उनका परस्पर सम्बन्ध जोड़ देते हैं। पानी

में हलचल होती है और उनके आकार बिगड़कर वे किसी और आकार के साथ जुड़ जाते हैं। किसी रंग के आकार में कोई और ही रंग मिल जाता है। इस तरह के 'रूप-भेद', 'रंग-भेद' के जादू का अनुभव पानी के अवकाश में लगातार होता है। ऐसे बिम्ब और प्रतिबिम्बों का मेल के. जी. सुब्रह्मण्यम् के चित्रों में भी दिखायी देता है। चित्र के रंग किसी जैविक द्रव्य की तरह पूरे अवकाश में फैलते जाते हैं, रिसते जाते हैं।

के. जी. सुब्रह्मण्यम् अपने चित्र के रंग, रूप और रचना पर अधिकार नहीं जताते। वे सिर्फ़ उनके होने के साक्षी होते हैं। बाद में रचना का सन्तुलन बना रहे, इसलिए चित्र में अनेक खिड़कियाँ या कुछ भौमितिक आकार बनाते हैं। इससे चित्रावकाश में दुबारा छोटे-बड़े अवकाश बनते हैं और पूरा चित्र सन्तुलित हो जाता है। ऐसे छोटे-छोटे चौकोनों का विरामचिह्नों की तरह इस्तेमाल करने से एक विशिष्ट प्रकार का चित्र विधान सम्पन्न होता है।

हवा और जल के कारण परिसर का बोध होता है। इसी प्रकार रंग के कारण भी चित्र में किसी परिवेश का बोध उत्पन्न होता है। पूरे चित्र में फैले हुए व्यक्ति, पेड़, पशु-पक्षी आदि के आकार बिखरने का आभास होकर शरीर और अवयवों की मात्रा, परस्पर नियन्त्रण आदि में सम्बन्ध नहीं रह जाता और एक ही शरीर में अनेक अवयवों का अहसास होने लगता है। अनेक हाथ, अनेक सिर अथवा चेहरे पर कई आँखें या अवयवों में अप्राकृतिक मोड़ या हरकतें। ऐसी आकृतियों से चित्र के आकार भारतीय मूर्तिशास्त्र की परम्परा जैसे लगते हैं। ऐसी रचना से चित्र में कोई पुराणकथा या किसी घटना के होने का आभास मिलता है। एक कथा के रूप में देखते समय वह कथा अखण्ड नहीं रह पाती। बीच में ही विलुप्त हो जाती है और कोई अपरिचित रंग या आकार प्रकट होता है और कोई अर्थबोध नहीं होता।

चित्र में यह अहसास होता है कि कथाबीज कहीं तो है। परन्तु रंग, आकार और रचना के एक पर एक ऐसे कई पारदर्शी परदे आते हैं और उस कथा के अनेक रूपान्तरण बन जाते हैं। कथकली नृत्य में जिस प्रकार कथाबीज ढूँढ़ना पड़ता है, इस चित्र में भी कथा की खोज करनी पड़ती है। इस कथाबीज का विस्तार कथा या काव्य से नहीं, बल्कि भाषा और गणित के एक बीजगणितीय रूप से ही अनुभव होगा।

भाषा के माध्यम से मूल्य प्रस्तुत करने का तरीक़ा बीजगणितीय है। के. जी. सुब्रह्मण्यम् के चित्र भी बीजगणित की तरह अर्थ और मूल्य को दर्शाते हैं। शब्द में कई अर्थ होते हैं, परन्तु संख्या के अनेक मूल्य नहीं होते। अर्थात् शब्द बहुवचन है और संख्या एकवचन। शब्द और संख्या की रचना से के. जी. सुब्रह्मण्यम् के चित्र एक साथ एकवचन और बहुवचन भी हैं। संक्षेप में, वे बहुरुपिये जैसे हैं।

के. जी. सुब्रह्मण्यम् के चित्रों में भाषा और रूप का सन्तुलन एक समान है। उनके चित्रों को भाषा और रूप का आधार एक साथ प्राप्त है। यानी उनके चित्र द्विदल रूप में हैं। दो स्तरों पर होने के बावजूद वे दो नहीं हैं और एकांगी भी नहीं हैं। दरअसल, यहाँ भाषा और रूप—दोनों परिधियों का केन्द्र-बिन्दु एक ही है और वह है 'वर्ण'। वर्ण के दो अर्थ हैं—रंग भी और अक्षर भी। इसीलिए भाषा के लिए वर्णमाला महत्त्वपूर्ण होती है और रूप के लिए रंगमाला। इन चित्रों में ऐसा दोहरा रूप होने के कारण एक साथ वे मूर्त भी हैं और अमूर्त भी।

के. जी. सुब्रह्मण्यम् ने शान्तिनिकेतन की परम्परा के अनुरूप प्रकृति-चित्रण नहीं किया है। परन्तु उनके चित्र में प्रकृति मूलसूत्र रूप में होती है। पॉल सेज़ां कहते थे कि जिस व्यक्ति को प्रकृति में भौमितिक आकार दिखायी नहीं देते, उसमें प्रकृति की समझ ही नहीं है। इस दृष्टिकोण से के. जी. सुब्रह्मण्यम् के चित्रों पर ग़ौर करें तो उसमें प्रकृति का मूलसूत्र दिखायी देता है। प्रकृति भीतर से भौमितिक और बाहर से मुक्त तथा अमूर्त आकारों की प्रतीत होती है। किसी भी फल को काटने पर यह दिखायी देता है कि उसकी भीतरी रचना अत्यन्त अनुशासनबद्ध और भौमितिक है। भौमितिक और मुक्त की एकत्रित रचना के. जी. सुब्रह्मण्यम् के चित्रों की अनन्य विशेषता है। इसी के आधार पर यह कहा जा सकता है कि प्रकृति से उनका रिश्ता है।

कारीगरी परम्परा से आये हुसेन की तरह के. जी. सुब्रह्मण्यम् ने भी खिलौने बनाये हैं। अत्यन्त गम्भीरता से खिलौने बनानेवाले कलाकार ये दो ही होंगे। भारतीय कारीगरी की परम्परा को जोड़ने का उनका यह प्रयोजन सोद्देश्य है। के. जी. सुब्रह्मण्यम् के खिलौनों की शैली हुसेन से अलग है। वे साफ़-साफ़ घनवादी हैं। उनके चित्र में आनेवाले प्राणियों के आकार का त्रिमिति रूप है। के. जी. सुब्रह्मण्यम् की चित्रकला पर घनवाद और उत्तर

घनवाद का प्रभाव नहीं है, परन्तु उनके भित्तिशिल्प और भित्तिचित्र में यह प्रभाव साफ़-साफ़ महसूस होता है। उनके भित्तिचित्रों पर घनवाद के साथ-साथ आदिवासी संथाल कला का भी प्रभाव है।

के. जी. के भित्तिचित्र संथाल आदिवासी जैसे हैं, परन्तु उनके शिल्पचित्र अलग हैं। देखते ही वे उत्कीर्ण शिल्प जैसे लगते हैं। परन्तु, वे एक पर एक मिट्टी की अनेक परतें डालने से बने हैं। लगता है, एक ही मिट्टी की परत से काटकर निकालने के कारण उसके आकार काग़ज़ की हस्तकला जैसे बने हैं। के.जी. सुब्रह्मण्यम् ऐसे ही म्युरल्स अथवा भित्तिशिल्प में सजावट करते हुए दिखते हैं। वास्तु के सामनेवाले हिस्से को परम्परागत ढंग से सजाने जैसी यह शैली है। यद्यपि यह सजावट है, फिर भी वह पुरातन और धातु की तरह कठोर और मज़बूत लगती है। ये भित्तिशिल्प पुरातन स्मारक जैसे ही हैं।

के. जी. सुब्रह्मण्यम् के चित्र 'बहुरूपी' हैं। एक साथ वे एकवचन भी हैं और बहुवचन भी। मूर्त भी हैं और अमूर्त भी। कुरूप भी हैं और सुन्दर भी। लावण्यमयी भी हैं और बीभत्स भी। कारुण्य, व्यथा, क्लेश, वेदनाओं के साथ-साथ वे प्रसन्न भी हैं। इस तरह वे एक साथ दोहरे आयाम दर्शाते हैं। इस कारण उन्हें देखते समय एक सम्भ्रम भी होता है और साथ ही कुछ देखने, अनुभव करने का अहसास भी। परन्तु स्थिति कुछ ऐसी बनती है कि उसे अभिव्यक्त करना मुश्किल हो जाता है। इस स्थिति को क्या कहें? कवि केशवसूत का शब्द : झपूर्झा।

के. जी. सुब्रह्मण्यम् ने परम्परा, विचार, तकनीक, शैली, प्रकृति -जीने से कुछ अलग खोदकर चित्र बनाने का काम नहीं किया। जीते समय छोटा-बड़ा साफ़-साफ़ जो भी उनके सामने आया, उसका उन्होंने चित्र में इस्तेमाल किया। अपनी ही काव्य-भाषा में उन्होंने लिखा है :

'Between the sky and earth hover life and
Death, loathing and love, groth and grey decay,
Man snipes at clouds.
Birds land in spectral flight
Between abstract beauty and twisted agony,
Hearts meet under trees below the moon.
All broken fragments of stories to be made.
And all addressed both to our eyes and our mind.'

१६

कृष्णा रेड्डी
(१९२५)

कृष्णा रेड्डी

द्वितीय विश्वयुद्ध के बाद संसार के सभी राष्ट्रों ने अपने-अपने विकास पर ध्यान केन्द्रित किया और विकास की रफ़्तार को बढ़ाने की दृष्टि से औद्योगीकरण का महत्त्व असाधारण बढ़ गया। फलतः द्वितीय विश्वयुद्ध के बाद सभी क्षेत्रों में औद्योगीकरण की प्रक्रिया तेज हो गयी, जिसका असर कला और संस्कृति पर भी पड़ा। तेज़ी से बढ़ रही प्रौद्योगिकी के कारण मानवनिर्मित वस्तुओं के लिए नये-नये विकल्प सामने आने लगे। हस्तकला से प्रौद्योगिकी की ओर; इस तरह यह निर्मिति-प्रक्रिया ही बदल गयी। हस्तकला की परम्परा परिवर्तित होकर प्रौद्योगिकी में परिणत होने लगी और प्रत्येक राष्ट्र की अपनी वह पहचान ख़त्म हो गयी, जो कारीगरी से उभरती थी। अन्ततः सभी राष्ट्रों की वस्तुएँ एक-जैसी बन गयीं। इसका नतीजा यह हुआ कि कारीगरी का सपाटीकरण हुआ और वह क्षीण बन गयी। कारीगरी कला की पहली ज़रूरत होती है। कारीगरी के साथ संसार की कलाएँ भी अपनी सांस्कृतिक पहचान खो बैठीं और प्रौद्योगिकी के प्रभाव से निर्मित वस्तुओं की तरह एक-जैसी होने लगीं। इस तरह अपनी-अपनी परम्परा से कटी कलाएँ 'आधुनिक' रूप में स्थापित होने लगीं।

औद्योगीकरण के कारण बुनियादी जीवन शैली ही बदल गयी। औद्योगीकरण की चपेट में जो भी आया, उसे 'आधुनिक' माना गया। परिणामतः परम्परागत यानी हीन और आधुनिक यानी प्रगतिशील, ऐसी धारणा निश्चित हो गयी।

प्रौद्योगिकी-विज्ञान की हर खोज का असर कला पर होता है। चित्रकला, शिल्पकला और वास्तुकला आदि कलाएँ एक ही परिवार से आती हैं और

सम्बन्धित कला कौशल उसकी कारीगरी में होता है। अतः जब कारीगरी का स्थान प्रौद्योगिकी ले लेती है, तब कला पर उसका असर पड़ना अनिवार्य हो जाता है। कारीगरी का अंगभूत लघुविज्ञान उसी कारीगरी की अभिन्न तकनीक होता है, जो अब उससे अलग होकर वस्तुत्पादन की मशीन बन गयी। उस मशीन ने कारीगरी को लगभग ख़त्म ही कर दिया। कला पर विज्ञान एवं प्रौद्योगिकी का असर होता है, फिर भी कला के लिए परम्परा महत्त्वपूर्ण होती है। क्योंकि कला परम्परा के साथ ही खड़ी होती है।

क़ैमरे की खोज ने कला पर सवालिया निशान लगाये, परन्तु कला ने क़ैमरा की नयी प्रतिमाओं को भी अपने भीतर समाहित करते हुए अपनी रफ़्तार को बनाये रखा। आँखों से दिखायी देनेवाले यथार्थ की तुलना में आँखों से न दिखनेवाले यथार्थ के कई पहलू होते हैं। ये पहलू भी पूरी रफ़्तार से कला में आते रहे। अनुभव और अनुभूति के पक्षधर कलाकारों ने दृष्टि की पकड़ में न आनेवाले प्रकृति के अनेक रहस्य और उनके बीच के कार्य-कारण भाव को अंकित किया। कोई प्रतिमा त्रिमिति का आभास कराती है, परन्तु क़ैमरा उसे द्विमिति के रूप में ही अंकित कर पाता है। घनवादी चित्रकार वस्तुओं की प्रतिमाएँ बहुमितिक ढंग से चित्रित करते हैं, जो क़ैमरा या साधारण आँखों की परिधि में नहीं आतीं। इस तरह अनुभव-अनुभूति और घनवादी चित्रकारों ने वैश्विक चित्रकला को क़ैमरा की खोज के प्रभाव से मुक्त कर दिया और वास्तव की परिधि में क़ैद कला अनेक नयी-नयी परिधियों में फैलती चली गयी।

क़ैमरे की तरह मुद्रण तकनीक की खोज भी साहित्य और कला के लिए सम्बल प्रदान करनेवाली साबित हुई। इस खोज ने क़ैमरे जैसे सवाल खड़े नहीं किये, अपितु कला और साहित्य को और गति प्रदान की। मुद्रण तकनीक अथवा छापाखाने के कारण शब्द और साहित्य के साथ-साथ चित्र साहित्य को भी अनेक समुदायों तक पहुँचने में सुविधा हुई। मुद्रण तकनीक ने जैसे-जैसे उन्नति की, वैसे-वैसे वह प्रतिमा छपाई के लिए अनुकूल बनती गयी। यह तकनीक चित्रकला की प्रतिमा के नज़दीक थी, जिससे तकनीकी दृष्टि से प्रतिमा का निर्माण होता रहा और 'मुद्रा-चित्रण' चित्र का एक महत्त्वपूर्ण आयाम बना।

यद्यपि चित्र की अनेक प्रतियाँ बनाने की मुद्रा-चित्रण या छपाई तकनीक समाप्त हो गयी, पर फिर भी मुद्रा-चित्रण अभिव्यक्ति का माध्यम बना

रहा। अब मुद्रा–चित्रण चित्र छपाई का गौण अंग नहीं रहा, बल्कि वह एक स्वतन्त्र कला प्रकार के रूप में स्थापित हुआ।

भारतीय कला में मुद्रा–चित्रण की बहुत दीर्घ परम्परा नहीं है, फिर भी भारत के दो कलाकारों ने अपनी परम्परा और इस नये तकनीकी कौशल के अद्‌भुत योग से विश्व मुद्रा–चित्रकारिता में उल्लेखनीय कार्य कर विश्व–कला जगत् का ध्यान अपनी ओर खींचा। ये दो कलाकार हैं—ज़रीना हाशमी और कृष्णा रेड्डी। कृष्णा रेड्डी शिल्पकार और मुद्रा–चित्रकार हैं। उनकी इन दोनों कलाओं की तकनीक परस्परपूरक है, जिससे उनका मुद्रा–चित्रण अन्य कलाकारों की तुलना में अत्यन्त प्रभावी और दर्शनीय बन जाता है। शिल्पकला में शिल्प बनाते समय मुख्य सामग्री का काटा अथवा तराशा हुआ हर हिस्सा अन्तिम होता है। चित्रकला में ऐसी ग़लती हो जाये तो उसे सुधारा जा सकता है। परन्तु शिल्पकला अथवा मुद्रा–चित्रण में पुनर्विचार के लिए अवसर नहीं होता। मुद्रा–चित्रण में पूरी तैयारी होती है शिल्पकला की और मुद्रा–चित्रण पूरा होता है चित्रकला के रूप में। इसका अर्थ यह हुआ कि मुद्रा–चित्रणकार की दृष्टि से शिल्पकला और चित्रकला दोनों के ज्ञान के साथ–साथ उसके तकनीकी पहलू का ज्ञान भी अत्यन्त महत्त्वपूर्ण होता है। इस तरह मुद्रा–चित्रण एक क्रमबद्ध प्रक्रिया है।

कृष्णा रेड्डी विश्वविख्यात शिल्पी हेनरी मूर के सान्निध्य में थे, परन्तु उनके शिल्पों की शैली शान्तिनिकेतन परम्परा की ही रही है। उनकी शिल्पकला में मुद्रा–चित्रण के तकनीकी कौशल का इस्तेमाल नहीं होता, इस कारण वे काफ़ी मात्रा में स्थूल हैं। रामकिंकर बैज से प्रभावित उनके शिल्प विषय और भाव की दृष्टि से स्वतन्त्र हैं। रामकिंकर बैज के शिल्प में अक्सर समूह होता है। कृष्णा रेड्डी के शिल्प ऐसे ही समूहवाले हैं। कृष्णा रेड्डी के शिल्प में यद्यपि आकारों का समूह होता है, फिर भी वे एक ही रूप की, एक ही अनुपात की और एक ही सतह की रचनाएँ होने के कारण एक ही आकार, प्रतिबिम्ब अथवा प्रतिध्वनि प्रतीत होती हैं। शिल्परचना की स्थूलता अमूर्त आकार की दृष्टि से क़रीबी है। प्रत्येक शिल्प बिना विवरण के भी अवयव अथवा चेहरा है। इस कारण वे केवल मानवीय रूप की काया प्रतीत होते हैं। शिल्प में एक ही आकार की क्रमबद्धता होती है, जो मुद्रा–चित्रण में भी होती है। एक ही सतह पर शिल्पों की रचना करते समय मुद्रा–चित्रण में वही प्रतिमा अनेक स्तरों पर चक्रीय अथवा एक ही केन्द्र

की परिधि जैसी होती है। इससे रेड्डी के शिल्प अथवा मुद्रा-चित्रण में एक गति अनुभव होती है। जिस प्रकार कोई वस्तु तेज़ी से आगे बढ़ते समय पीछे अपनी अनेक प्रतिमाएँ छोड़ती जाती है, रेड्डी के मुद्रा-चित्रण में भी एक ही वस्तु की अनेक प्रतिमाएँ होती हैं।

कृष्णा रेड्डी के मुद्रा-चित्रण के आकार रेखांकित होते हैं। अवकाश से कटे स्वतन्त्र आकार रेड्डी के मुद्रा-चित्रण में बिल्कुल नहीं होते। एक ही केन्द्र से उत्सर्जित होनेवाली अथवा एक के बाद एक इस तरह खड़ी या आड़ी रेखाओं के समूह आकार का आभास उत्पन्न कराते हैं। आकार अथवा ढाँचा नहीं होता या वह रंग द्वारा भी व्याप्त नहीं होता। रेखाएँ रंगीन होती हैं, अत: पूरे अवकाश में वह रंग व्याप्त हो जाता है। जिस प्रकार थिरकती जाती वस्तु का रंग अनेक छटाओं का आभास कराता है, उसी प्रकार एक ही रंग में अनेक रंगों के अंश नज़र आते हैं। इस कारण मुद्रा-चित्रण घनाकार में नहीं होता बल्कि वह तरल और हल्का सा तरंग प्रतीत होता है। एक ही रेखा बहुस्तरीय रंगों की होती है। इस कारण रेखाओं में अन्तरंगता का अहसास होता है। यानी रेखाएँ बाह्यांग से आकार ग्रहण नहीं करतीं, बल्कि अन्तरंग से प्रवाहित हुई लगती हैं।

जिस प्रकार एक केन्द्रीय रेखा में अनेक उपरेखाएँ, उन उपरेखाओं में छोटे-मोटे अनेक तन्तुओं की एक बुनावट, और उस पर पेड़ के पत्ते का आकार सन्तुलित होता है। कृष्णा रेड्डी के मुद्रा-चित्रण में भी इसी तरह रेखाओं का सन्तुलित आकार होता है। जिस प्रकार कई दिशाओं के पारदर्शी तन्तुओं को एक केन्द्र के ज़रिये अनेक दिशाओं से जोड़ने के बाद मकड़ी केन्द्र में स्थिर हो जाती है और केन्द्र से उत्सर्जित इस पारदर्शी आकार पर उजाला पड़ते ही उसमें कई रंगीन कण दमक उठते हैं उसी तरह कृष्णा रेड्डी के चित्र में भी अनेक पारदर्शी रेखाओं के समूह रंगों और आकारों के अहसास उत्पन्न कराते हैं। भूमि के एक ही केन्द्र से विकसित होता पेड़, केन्द्र-बिन्दु से चारों दिशाओं में खिलता जाता फूल, एक ही बिन्दु से उड़ते तुषार, विभिन्न रेखाएँ या आकारों की पुनरावृत्ति से तैयार होनेवाले परिवार के आकार कृष्णा रेड्डी के मुद्रा-चित्रण में ही होते हैं। ये आकार मात्र बाहरी नहीं होते। क्योंकि मुद्रा-चित्रण के इन आकारों का अपना एक अस्थिशास्त्र है। उनके मुद्रा-चित्रण में समान्तर रचना होती है। विभिन्न स्वतन्त्र रंगछटाएँ होने के बावजूद उसका रंगों का अहसास 'कोमल' होता है।

पत्ते से ही फूल, फूल से ही तितली; इस तरह एक-दूसरे से, एक-दूसरे के आकार से नया आकार, रंगों से रंग और रूप से रूप प्रकट होता है। उनका रंग, रूप, आकार चाहे अलग-अलग प्रतीत होता हो, परन्तु वे एक ही परिवार से आयी संवेदनाएँ होती हैं। फूल अथवा तितली के रंग धूलिकण या रंगीन कण के वर्क़ जैसे लगते हैं। रेड्डी के मुद्रा-चित्रण की रंगीनियत वर्क़पन की तरह प्रतीत होती है। इसलिए खोदकर बनायी रेखाएँ और आकार भी मुलायम प्रतीत होते हैं। कृष्णा रेड्डी के मुद्रा-चित्रण की रचना, रंग, आकार सब प्रकृति का विवरण देते हैं। एक तरह से यह प्रकृति-दर्शन भी है, परन्तु प्रकृति की भीतरी रचना का दर्शन।

कृष्णा रेड्डी के मुद्रा-चित्र प्रकृति के चित्र नहीं हैं, परन्तु उनके चित्रण से प्रकृति की ही एक अनुभूति प्राप्त होती है। कृष्णा रेड्डी का यह प्रकृति दृष्टान्त और प्रभाववादी चित्रकारों की प्रकृति-अनुभूति रेड्डी की रंगशैली के कारण क़रीबी लगते हैं। कृष्णा रेड्डी की रंगरचना शैली प्रभाववादी चित्रकारों के क़रीब जाती है। रंग, रेखा, आकार, रचना आदि के मुद्रा-चित्रण से बार-बार फूलों का कोमल अहसास ही होता है। इस कारण कृष्णा रेड्डी की कला रचना मात्र 'फ्लावर फॉर्मेशन' ही साबित होती है।

१७

तैयब मेहता
(१९२५-२००९)

तैयब मेहता

God laughs, Shri Ramkrishna Paramhansa says, when two brothers draw a line on the ground, and one of them says, 'The land on this side of the line is mine' and the other says, 'the land of this side of the line is mine.' (SVARAJ; A Journey with Tyeb Mehta's Shantiniketan Triptych-Ramchandra Gandhi.)

स्वदेशी आन्दोलन के कारण भारत को आज़ादी मिली। इस आन्दोलन में एक महत्त्वपूर्ण तत्त्व 'अहिंसा' था, जो विभिन्न धर्म और संस्कृतियों के बीच सेतु का कार्य करता था। इसी 'अहिंसा' के पथ पर चलते हुए स्वदेशी आन्दोलन और स्वतन्त्रता संग्राम आरम्भ हुआ था और देश को आज़ादी मिली थी। द्वितीय विश्वयुद्ध के दौर में जहाँ विश्व भर के अनेक देश 'हिंसा' के पथ को अपनाकर आज़ाद हुए थे, वहीं भारत में अहिंसा का आग्रह था।

यद्यपि देश को आज़ादी अहिंसात्मक ढंग से मिली थी, फिर भी देश के भीतर अनेक स्थानों पर हिंसा की वारदातें हुईं। देश का विभाजन यहाँ की सामासिक संस्कृति को छिन्न-भिन्न करनेवाली ऐसी ही हिंसात्मक वारदात थी। इसका असर यहाँ के मुख्यत: लाहौर, कलकत्ता, दिल्ली आदि महानगरों पर हुआ, जिससे देश भर के कलाकार भी अछूते नहीं रह पाये। यह विभाजन धर्म पर आधारित था। परन्तु यहाँ की गंगा-जमुनी संस्कृति में गहरी जड़ें जमा चुके कलाकारों ने संस्कृति को छिन्न-भिन्न करनेवाली पाकिस्तान की नागरिकता को नकार दिया और वे इसी भूमि में बस गये।

जिस प्रकार द्वितीय विश्वयुद्ध का प्रतिबिम्ब पिकासो के चित्रों में अंकित

हुआ है, उसी प्रकार विभाजन के दौर की हिंसा का प्रतिबिम्ब भी अनेक कलाकारों, विशेषतः तैयब मेहता के चित्रों में दिखायी देता है। 'हिंसा' के शाश्वत रूप में ही पाब्लो पिकासो और तैयब मेहता की कला-निर्मिति हुई है। उनमें 'हिंसा' ही एक बुनियादी सूत्र है। अनेक भारतीय आलोचकों ने लिखा है कि तैयब मेहता के चित्रों पर पिकासो का प्रभाव है। दरअसल, यह प्रभाव कला का बाह्य प्रभाव नहीं है, बल्कि 'हिंसा' इस सूत्र की ही ये दो अलग अभिव्यक्तियाँ हैं।

तैयब मेहता के चित्रों में यह साफ़-साफ़ दिखायी देता है कि उन्होंने ब्रिटिश चित्रकार फ्रांसिस बेकन (१९०९-१९९२) की कलाकृतियों का अध्ययन किया और उसके चित्रों के आधार पर हिंसा का चित्रात्मक रूप बनाया। बाद में तैयब ने अपनी अलग शैली विकसित की।

पाब्लो पिकासो की 'गुअर्निका' तो हिंसा और द्वितीय विश्वयुद्ध के माहौल का साफ़-साफ़ बयान करती है। तैयब मेहता की 'शान्तिनिकेतन ट्रिपटिच कलाकृति' भी विषय और संरचना की दृष्टि से भारतीय स्वतन्त्रता संग्राम का ब्यौरा देती है। 'गुअर्निका' और 'शान्तिनिकेतन ट्रिपटिच' दोनों कलाकृतियों में आशय और रचना के स्तर पर परस्पर बिम्ब-प्रतिबिम्ब भाव है।

प्रत्येक कला का अपना-अपना परिवेश होता है और उस परिवेश के चिह्न सम्बन्धित कला पर सहज ही अंकित हो जाते हैं। इतिहास भी भूगोल पर अंकित चिह्नों से दुबारा जीवित हो उठता है और इसी से उसकी परम्परा की पहचान स्थापित होती है। इतिहास जैसे-जैसे पीछे की तरफ़ जाता है, वैसे-वैसे ये चिह्न धूमिल होते जाते हैं और एक दिन विलुप्त हो जाते हैं। परन्तु ये चिह्न परम्परा से जुड़े ही रहते हैं। मिट्टी में दबी हुई वस्तुओं के सहारे पुराणकथाएँ, कहानियाँ बनायी जाती हैं और उनके माध्यम से परम्परा का तर्क लगाया जाता है। पुराणकथाएँ इतिहास की तरह भूगोल से जुड़ी नहीं होतीं। इसी कारण वे अलौकिक लगती हैं। फिर भी उनमें लौकिक जीवन के सन्दर्भ मिलते हैं। इसी के चलते वे आज के लौकिक जीवन के लिए उद्घोषक लगती हैं। पुराणकथाएँ भूगोल से नहीं, बल्कि समय के साथ जुड़ी होती हैं। ये कथाएँ अपना-अपना परिवेश बनाती हैं। इस परिवेश को किसी भी समय के साथ जोड़ा जा सकता है। इसीलिए वे सार्वकालिक हैं। इसी कारण भारतीय कला-साहित्य परम्परा को उनका ठोस आधार प्राप्त है।

तैयब मेहता की कला वर्तमान की घटना का सन्दर्भ पुराणों में खोजती है

और पुराणकथा को आज का सन्दर्भ देती है। इसीलिए वह लौकिक-अलौकिक रूप में रहती है। पुराणों के ईश्वर, दानव और मानव आदि प्रतिमाएँ परस्पर मिल जाने के कारण चित्र का सामान्य विषय भी वर्तमान जीवन पर व्यापक प्रकाश डालता है।

तैयब मेहता के चित्र ब्रिटिश चित्रकार फ्रांसिस बेकन के आसपास जाते हैं, परन्तु उनकी पुराण सम्बन्धी दृष्टि बेकन से अधिक व्यापक है। बेकन विषयगत सौन्दर्य के प्रति आस्थावान हैं। परन्तु तैयब मेहता विषयगत सौन्दर्य के साथ-साथ रंग, रेखा, आकार आदि कलागत तत्त्वों के सौन्दर्य के प्रति भी आस्थावान हैं। विषय के साथ-साथ कला-सौन्दर्य का भी ध्यान रखना, एक विशेष भारतीय प्रवृत्ति है।

भारतीय पुराणों में ईश्वर-दानव और मानव आदि को परस्पर जोड़नेवाली कथाएँ होती हैं। देवता निर्गुण-निराकार होते हैं और मनुष्य जन्म-मृत्यु के फेरे में फँसकर जीवन के रहस्य को ढूँढ़ रहा होता है। वह इस फेरे से मुक्ति की खोज में है। इसी के चलते उसने 'स्वर्गलोक' की काल्पनिक दुनिया तैयार की है। वह पुनर्जन्म पर विश्वास करता है और नीति और रीति-रिवाज़ के सहारे आज के भौतिक जीवन को आसान और उन्नत करने का प्रयास करता है। परन्तु सभी प्रकार के प्रयासों के बावजूद वह बार-बार 'ढहता' है। तैयब मेहता ने अपने चित्रों के ज़रिये मानव जीवन की इसी विडम्बना पर भाष्य किया है। तैयब अपने चित्रों में यह रूपक बार-बार प्रयुक्त करते हैं कि मनुष्य चाहे जितना उन्नत हो, अन्ततोगत्वा उसका जीवन पतनशील ही है।

ईश्वर हमेशा से निर्गुण-निराकार रहा है। मनुष्य के जीवन में दानव हमेशा पीड़ा और संकट लाता रहता है और इसी पीड़ा या संकट के निवारण के लिए निर्गुण निराकार ईश्वर मनुष्य की प्रतिमा में 'अवतार' धारण करता है। ईश्वर की यह एक 'लीला' है। मनुष्य अथवा प्राणी के रूप में जन्म लेना और उस दानव का संहार करना ही उसका कर्म है। बाद में निर्गुण-निराकार होने के कारण ईश्वर मनुष्य को दिखायी नहीं देता। मनुष्य को दिखायी देती है उसकी मनुष्य रूप अथवा पशु रूप की केवल प्रतिमा।

तैयब मेहता अपने चित्र में इसी तरह पुराणों की रचना करते हैं। भारत में ऐसे अनेक कलाकार हैं जो पुराणों के सन्दर्भ में अपनी निर्मिति करते हैं।

परन्तु तैयब इन सबसे अलग हैं। तैयब कथा को ज्यों का त्यों 'इलस्ट्रेट' नहीं करते। वे दृश्यकला की एक समृद्ध भाषा में उसे रूपान्तरित करते हैं। इस कारण पुराणकथा एक सन्दर्भ के रूप में आती है। बाक़ी पूरी कला सौन्दर्य की अभिव्यक्ति होती है।

ढहनेवाला व्यक्ति, चारों पैर ऊपर किये औंधा पड़ा बैल, पंख फैले हुए परन्तु उड़ने की गति समाप्त हुआ पक्षी, एक-दूसरे के आधार बननेवाले मानवीय आकार, रौद्र और बीभत्स चेहरे, उनका मौन आक्रोश, भीषण तनाव और आकर्षण से विकलांग हुए रिक्शावाले आदि सभी आकारों में तैयब की रचना होती है।

तैयब के चित्र में अवकाश अत्यन्त महत्त्वपूर्ण होता है। आड़ी-खड़ी रेखाओं से वर्गाकार क्षेत्रफल बनता है। परन्तु इस क्षेत्रफल से अधिक लम्बी आकर्ण की रेखा होती है। तैयब मेहता इस आकर्ण-रेखा का इस्तेमाल कर अपना अवकाश विस्तृत कर लेते हैं। वे अपने चित्र में इस भूमितीय रहस्य का इस्तेमाल करते हैं, इसलिए पहली नज़र में ही उसका प्रभाव पड़ जाता है।

अवकाश के इस तिरछे छेद से यथार्थ-दर्शन का आभास होता है। बाद में ऐसी छेदक रेखाओं से अनेक छोटे-छोटे अवकाश बनते हैं और उनका रूपान्तरण अद्‌भुत आकारों में हो जाता है। इस तरह बाहरी और भीतरी अवकाश के रूप में उनका विभाजन हो जाता है और रेखा अत्यन्त महत्त्वपूर्ण बन जाती है। यहाँ अवकाश का विभाजन करनेवाली रेखाएँ, मानवीय आकार अथवा पशु-पक्षियों के आकारों की रेखाएँ आदि का एक मिश्रित ढाँचा बन जाता है।

किसी भी भूमितीय कृति में मिति, छेदक रेखा, स्पर्श रेखा आदि तत्त्व महत्त्वपूर्ण होते हैं, जिनमें रेखा ही सबसे मुख्य होती है। तैयब के चित्र में जो रेखाएँ आती हैं, वे चित्र का तत्त्व बनकर नहीं आतीं, बल्कि बतौर भूमितीय रेखा वह स्पष्ट और निर्णायक होती है। भूमिति के तत्त्व कठोर होते हैं, परन्तु रस-रंगभाव के कारण वे लचीले बनते हैं। तैयब के चित्र की रेखाएँ भी कठोर परन्तु लयपूर्ण होती हैं। इन रेखाओं की प्रकृति चित्र के बुनियादी विषय 'हिंसा' को उभारती है।

विकर्ण रेखा, छेदक रेखा, स्पर्श रेखा और त्रिज्या। विकर्ण रेखा के कारण होनेवाला यथार्थ दर्शन का आभास, छेदक रेखा के कारण बननेवाले अनेक

क्षितिज, अवकाश, सभी आकृतियों को स्पर्श करनेवाली ये भौमितिक रेखाएँ और मानवीय तथा पशु-पक्षियों की आकृतियाँ—सभी में भूमिति के एक प्रमेय का आभास होता है। ज़िन्दगी का साफ़-साफ़ विवरण और ये प्रमेय एकत्रित हो जाने से यह चित्र-रचना 'स्पष्ट और सुप्रमेय' बनती है।

ऐसी भूमितीय रेखाएँ और मानवीय प्रतिमाओं के एकत्रीकरण से एक आकार बनता है। इन मानवीय प्रतिमाओं का अनुपात, उनके शरीरावयव, रचना आदि मुक्त और भौमितिक होने से इन आकारों में एक अलग ही लय उत्पन्न होती है। नृत्य, अभिनय, क्रीड़ा, क्रिया अथवा कृति करते समय अवयवों की हरकतों में भी एक लय आती है। उस कृति में, अभिनय में, नृत्य में एक कार्य-कारण भाव होता है। तैयब के चित्र के आकार की रचना भी ऐसी ही होती है। इस रचना में शरीरावयवों के आकार का, उनकी हरकतों का आत्यन्तिक महत्त्व होता है। इसीलिए ये रचनाएँ हस्तमुद्रा या पदन्यास के आकारों की होती हैं। इस रचना में चेहरा विषय के अनुसार स्तब्ध अथवा बीभत्स रूप में होता है। शरीर के बिना भी अवयवों का अपना स्वतन्त्र अस्तित्व होता है। फिर भी चुम्बकीय आकर्षण की तरह वे शरीर से ही जुड़े रहते हैं।

यथार्थ और प्रतिमा के सम्मिश्रण से चित्र के आकार बनते हैं। आँख पर उँगली से हल्का-सा दबाव डालने पर एक ही वस्तु की अनेक प्रतिमाएँ बनती नज़र आती हैं। इस चित्र के आकार की रचना भी कुछ इसी तरह की होती है। एक ही आकार से अनेक आकार बनने का आभास होता है। ऐसे ही 'ऑप्टिकल' आभास जैसी इस चित्र की प्रतिमाएँ और रचनाएँ होती हैं। धूप में जलती भूमि से उठनेवाली लू के पीछे सारी 'वास्तविकता' थिरकती, कम्पित होती दिखायी देती है। उसी प्रकार इस चित्र-रचना में भी कम्पन की तरह एक ही प्रतिमा से अनेक प्रतिमाएँ छूटने लगती हैं। शोले आकाश की तरफ़ बढ़ते हैं, उसी तरह ये आकृतियाँ भी कभी-कभी उद्रेक से अवकाश में छलाँग लगाती आभासित होती हैं।

रंग स्वयं प्रकाशित होता है और उसका अपना एक तेज भी होता है। रंग बाह्य प्रकाश के सान्निध्य से परप्रकाशित होता है। उसकी अनेक छटाएँ बनती हैं। स्वयंप्रकाशित और परप्रकाशित—इस रूप में रंग का तीव्र और मृदु अहसास बना रहता है। इस विरोधी तत्त्व के कारण चित्र में तनाव-दबाव उत्पन्न होते हैं और चित्र में हरकतें तेज़ हो जाती हैं। तैयब मेहता के

चित्र में ऐसी ही रंग-छटाएँ होती हैं। यानी रंगों का यह बाह्यतेज प्रकाश के तेज से बदलता है। इसलिए तैयब की ऐसी चित्र-रचना में प्रकाश का अस्तित्व होता है। प्रकाश के अस्तित्व के कारण ही ऐसा आभास होता है कि ये चित्र किसी पृष्ठ पर न होकर खुले अवकाश में हैं।

अवकाश, आकार के रंग नज़दीक आते हैं, परन्तु परस्पर स्पर्श नहीं करते। उनकी एक अलग ही आभा उत्पन्न होती है। इसी आभा पर रेखा की योजना होने के कारण रेखा और मुखर हो उठती है। इस तरह वास्तविक रेखा के अभाव से भी दो रंगों के बीच की रेखा तेजस्वी और सजीव बनती है।

प्राचीन काल से भारतीय पुराणों में शिव-शक्ति की एक परम्परा मिलती है। शिव-शक्ति की यह परम्परा लोक-परम्परा है। इस परम्परा के सभी देवी-देवता लोकदेवता हैं। देवी-देवता परम्परा में वाममार्गी और निषाद मानी जानेवाली काली, महिषासुर मर्दिनी आदि देवियाँ तैयब के चित्र की प्रतिमाएँ हैं। इन देवी-प्रतिमाओं के साथ-साथ बैल, बकरी, पक्षी आदि प्रतीक भी आ जाने के कारण वे लोक-जीवन का प्रतिबिम्ब दर्शाती हैं। इस दृष्टि से तैयब के ये चित्र लोक-जीवन से मेल खाते हैं, परन्तु रंग, रेखा और आकार की योजना लोककला से विभक्त होकर नागर जीवन से जुड़ जाती हैं। इस तरह लोक-जीवन और नागर-जीवन के मिश्र रूप से तैयब की कला-निर्मिति होती है। भारतीय मन्दिर परम्परा भी इन्हीं दो शैलियों में है। द्रविड़ शैली और नागर शैली से ये चित्र जोड़ दिये जाने के कारण तैयब की कला समूचे भारतीय कला की ही प्रतिनिधि के रूप में सामने आती है।

१८ जगदीश स्वामीनाथन
(१९२८-१९९४)

जगदीश स्वामीनाथन

Along the highways of history they stand with their spells
But I am impervious to their charms
For I have no guilty knowledge of the past…
As my time unfolds, it lives its self and the millenniums
Where the accidental becomes the logical to delineate the image.
There is no progress for there is no tradition.
I stand where the first man stood.
Alone facing the terrors of my age.
—(J. Swaminathan Contemporanity, Me in CONTRA 66)

प्रत्येक कला का अपना परिवेश होता ही है। हर कला पर सम्बन्धित परिसर के निशान स्वभावतः अंकित हो जाते हैं। घटित हो चुका इतिहास फिर से भूगोल पर अंकित निशानों में जीवित रहता है। इसी प्रक्रिया से परम्परा से परिचय होता है। इतिहास जैसे-जैसे पीछे की ओर जाता है, वैसे-वैसे ये निशान धुँधले होते-होते नष्ट हो जाते हैं। परन्तु कुछ पुराणकथाएँ, कथाएँ और मिट्टी में दबी वस्तुओं से इतिहास के इतिहास का बोध हो ही जाता है।

सब कुछ ज़मीन पर ही घटित होता हो, ऐसा भी नहीं है। अन्तरिक्ष के ग्रह, तारे, नक्षत्र आदि का भी असर यहाँ के जीवन पर होता है। भूगोल और खगोलशास्त्र दोनों परस्पर नियन्त्रित होते हैं। इसी से भारतीय गणितशास्त्र की कुछ शाखाएँ और भारतीय मिथकों की रचना हुई है। भूगोल और भौगोलिक वस्तु की मिति से उपजी भूमिति और अन्तरिक्ष के ग्रह, तारे, नक्षत्र आदि की ऊर्जा से तैयार होनेवाली अन्तरिक्ष की मितियाँ संरचना की

दृष्टि से एक समान हैं। भौतिक वस्तु से उत्पन्न भूमिति मूर्त रूप में होती है और अन्तरिक्ष की मिति अमूर्त रूप में।

पृथ्वी के भीतर की गुरुत्व शक्ति और पृथ्वी के अक्षांश-रेखांश का न्यूनाधिक दबाव, नक्षत्र-तारों की गतिविधियाँ, उनकी ऊर्जा आदि के कारण सम्पूर्ण सृष्टि में कुछ रहस्यमयी घटनाएँ घटित होती हैं। इस रहस्य को खोजने का प्रयास प्राचीन काल से हो रहा है। हमारी परम्परा के अनेक सम्प्रदाय अपने-अपने ढंग से यह खोजबीन कर रहे हैं। वैदिक परम्परा और उसे नकारनेवाली अनेक नास्तिक परम्पराओं का अपने-अपने ढंग से अर्थ लगाकर उन्होंने सृष्टि-रचना शास्त्र पर विचार किया है।

भारतीय परम्परा में जटिल और रहस्यवादी प्रकृति की तन्त्र-परम्परा का महत्त्वपूर्ण स्थान है। यह परम्परा प्रस्थापित वैदिक परम्परा को नकारती है। वैदिक परम्परा के लिए जो बातें त्याज्य हैं, उन्हीं का अनुसरण करनेवाला हठयोग, शिवशक्ति, प्रकृति और पुरुष, लिंगपूजा, कुछ मन्त्र-तन्त्र, साधना, योग आदि इस परम्परा के प्रमुख लक्षण हैं।

आदिवासी, वैदिक, द्राविड़ी, राक्षसी, पिशाची, तान्त्रिक आदि परम्पराएँ एक ही भारतीय परम्परा की उपपरम्पराओं से उत्क्रान्त हुई हैं। अतः उन्हें पूरी तरह से अलग नहीं किया जा सकता। इसीलिए भारतीय परम्परा की वास्तुएँ, शिल्प, चित्र आदि में इन सारी परम्पराओं के सांस्कृतिक द्रव्य मिले हुए हैं। फिर भी अध्ययनोपरान्त कुछ अन्तर दिखायी देता है।

शिवशक्ति और प्रकृति-पुरुष की अवधारणा से आया शिवलिंग शिल्प, नटराज, वास्तु-रचना के जन्तर-मन्तर, काली, कालभैरव, ताण्डव आदि इसी तान्त्रिक परम्परा से आये हैं। खजुराहो, कोणार्क और अनेक हिन्दू मन्दिरों में स्थित मैथुन शिल्प भी सम्भवतः इसी लिंगपूजा का हिस्सा होंगे। भारत के आधुनिक चित्रकार ख़ुद को परम्परा से जोड़ते-जोड़ते कुछ मिश्रित परम्पराओं से भी जुड़ गये हैं। कुछ चित्रकारों ने इनमें से किसी एक ही परम्परा पर अलग से विचार किया है। आधुनिक कला में तान्त्रिक परम्परा से जुड़नेवाले भारतीय चित्रकारों की तान्त्रिक आर्ट नामक एक शैली विकसित हुई, जिससे कुछ तान्त्रिक चित्रकारों का दल भी बन गया। के. सी. एस. पणिक्कर, जी. आर. सन्तोष, बिरेन डे, प्रफुल्ल महन्त आदि ने ख़ुद को साफ़-साफ़ तान्त्रिक परम्परा से जोड़ लिया, जबकि एस. एच.

रज़ा, जयराम पटेल, प्रभाकर बरवे और अनीष कपूर की कला में भी तान्त्रिक आयाम दिखायी देता है।

आदिवासियों में तान्त्रिक परम्परा मिश्रित रूप में है। यह बात आदिवासी चित्रों के खोजकर्ता भास्कर कुलकर्णी और आदिवासी लोगों में से एकाकार हुए चित्रकार जे. स्वामीनाथन के विचारों और क्रियाकलापों में साफ़-साफ़ दिखायी देती है।

स्वाधीनता के बाद देश में कम्युनिस्ट विचारों की एक नयी लहर आयी। बुद्धिजीवी वर्ग और अनेक कलाकार तथा लेखक इससे प्रभावित हुए। चित्तोप्रसाद भट्टाचार्य, एफ. एन. सूज़ा और जे. स्वामीनाथन आदि चित्रकार तो पूर्णतः इसी विचार-आन्दोलन में सक्रिय थे। इसलिए स्वामीनाथन के इस दौर के चित्र सामान्यतः मज़दूर, मेहनतकश और कुछ राजनीतिक विषयों से प्रेरित थे। इस दौर के चित्र चित्तोप्रसाद भट्टाचार्य के चित्रों की तरह थे। एक समविचारी चित्रकार के रूप में यह स्वाभाविक भी है।

जे. स्वामीनाथन मात्र पारम्परिक चित्रकार नहीं थे। अपने तीव्र अनुभवों के कारण उनके चित्रों में ही नहीं, बल्कि उनके जीने की शैली में भी बदलाव आया था। अतः उनकी जीने की शैली बदलते ही उनके चित्रों की शैली भी बदल जाती थी। कई बार ये शैलियाँ परस्पर विरोधी बन गयी हैं। इसी कारण स्वामीनाथन की कलायात्रा एक सीधी रेखा की तरह नहीं है। उसमें साफ़-साफ़ बदलाव देखे जा सकते हैं।

किसी बाह्य विचार की अपेक्षा अनुभव पर ही विश्वास करनेवाले स्वामीनाथन आन्दोलन से अलग हो गये और उन्होंने अपना पूरा समय चित्रकला पर केन्द्रित किया। परन्तु पारम्परिक चित्रकार के रूप में नहीं। अनुभव का अन्वय चित्र में अंकित करने के लिए एक ही परिवेश में विचरण करना आवश्यक होता है। परन्तु स्वामीनाथन के विचरण का एक ही विशिष्ट परिवेश नहीं था। भारत भर में भ्रमण करनेवाले स्वामीनाथन के चित्र में इसी कारण अलग-अलग परिवेश का ब्यौरा आता गया।

पहाड़, पेड़, पक्षी आदि स्वामीनाथन के चित्र के अनिवार्य तत्त्व हैं। उन्होंने हमेशा इसी प्रतिमा से अलग-अलग रचनाएँ की हैं। रचना की विशिष्टता से उनका आशय बदलता रहा है। तत्त्व को बरकरार रखकर भी आशय बदलने का कारनामा तब होता है, जब अन्वय का पूर्ण बोध हो। अन्वय स्वामीनाथन

का विशेष गुण था।

दरअसल, पहाड़, पेड़ अथवा पक्षी आदि कभी अकेले, एकाकी रूप में नहीं होते। पहाड़ों की कतारें, झाड़ियाँ, पक्षियों के समूह; इस तरह उनका जीवन प्राकृतिक होता है। इनमें से एक-एक तत्त्व को लेकर ही चित्र की रचना की जाती है। पेड़, पहाड़, पक्षी आदि एक ही क्षितिज पर नहीं होते, बल्कि प्रत्येक का अपना अलग क्षितिज होता है। उनमें परस्पर निर्भरता नहीं होती। ये तत्त्व यथार्थ होकर भी सपने जैसे लगते हैं। स्वामीनाथन की रचना कभी-कभी अतिवास्तव जैसी लगती है। प्रकृति होकर भी प्रकृति चित्र नहीं लगता, बल्कि सृष्टि रचना के बारे में कथन लगता है।

पहाड़ से पृथ्वी की, पक्षी से आकाश की, रंग से अग्नि या तेज की और पेड़ से वायु की, इस तरह सृष्टि रचना शास्त्र के बुनियादी तत्त्वों की प्रतीकात्मक रचना लगती है। इस कारण पर्वत, पेड़ और पक्षी आदि तत्त्व अलौकिक और सर्वव्यापी साबित होते हैं।

विशाल अन्तरिक्ष, तीव्र ऊर्जा के लिए बार-बार आता पीला रंग, उचित जगह पर नियोजित पक्षी, वृक्ष, पहाड़ की रचना, ग्रह-तारों की तरह चुम्बकीय आकर्षण से परस्पर नियन्त्रित करनेवाला अमूर्त आकर्षण, जिससे समय का बोध होता है। इस कारण ये सभी चिरन्तन तत्त्व होने के बावजूद एक जटिल और रहस्यमयता का आभास होता है।

तान्त्रिक दर्शन में 'काल' महत्त्वपूर्ण होता है। इसी कारण काल-महाकाल, काली-महाकाली आदि उनके देवी-देवता हैं। इस काल के बोध से ही जे. स्वामीनाथन के चित्र भीतर इस तरह के तान्त्रिक तत्त्व लगते हैं। सरल, सीधी रचना; हमेशा के ही तत्त्व फिर भी 'मन्त्रमुग्ध' लगते हैं।

ब्यौरेवार रंगों में संयोजित पहाड़, पेड़, पक्षी आदि तत्त्व, द्विमिति में रंगाया गया आकाश आदि के कारण समान्तर रचना के उनके ये चित्र लघुचित्र से प्रभावित लगते हैं। रंग-संयोजन, तकनीक की दृष्टि से ये चित्र पहाड़ी, बसोली लघुचित्र के क़रीब पहुँच जाते हैं।

काव्य-बिम्बों की तरह चित्र के आकार और सांगीतिक लय की तरह रंगबोध--इस तरह काव्य और सांगीतिक रचना भारतीय लघुचित्र की ख़ास विशेषताएँ हैं। शास्त्रीय संगीत में समय-असमय के बारे में बहुत सावधानी बरती जाती है। सुबह, शाम, रात के लक्षणों की विशिष्ट रागदारीपूर्ण

रचनाएँ होती हैं। प्रकृति का बोध संगीत में एकाकार हो, इसीलिए यह समय-असमय की सावधानी आवश्यक है। यह 'समय' भी शास्त्रीय संगीत का एक अहम हिस्सा है। जे. स्वामीनाथन की इस चित्र-शृंखला में नीरवता बोध होने के कारण वे लघुचित्र के क़रीब प्रतीत होते हैं।

शास्त्रीय संगीत में प्रकृति के बदलते रूपों का, ऋतुओं का, समय-असमय का, उससे उत्पन्न रस-भाव उत्पत्ति का सूक्ष्म ब्यौरे से लक्षणों का निर्माण होता है। इस तरह अलग-अलग प्रकृति के लिए उसके अनुरूप सांगीतिक राग-रागिनियाँ और लक्षणों से उनकी रचना बनती है। लघुचित्रों ने भी इसी शास्त्रीय सूत्र का, लक्षणों का आधार लिया है। इस कारण इसमें आनेवाले रंग सीधे प्रकृति के अनुरूप नहीं आते बल्कि शास्त्रीय संगीत के लक्षणों के सहारे आते हैं। इसी कारण उसमें सांगीतिक रंग होता है। परन्तु स्वामीनाथन के चित्र के रंग इस तरह ठेठ प्रकृति के अनुरूप न होकर भी उन्हें सांगीतिक लय प्राप्त है।

इस चित्र-शृंखला में व्याप्त सुप्त तान्त्रिकता का बोध जे. स्वामीनाथन के अगले चरण के चित्रों में स्पष्ट होता है। चित्र के प्राकृतिक तत्त्व—पहाड़, पेड़, पक्षी आदि विलुप्त होकर उसके स्थान पर कुछ रहस्यमय प्रतीक और चिह्न आते हैं। पूरे चित्र की गठन भूरी बन जाती है। पहला चित्र पूरी तरह से बिखर जाता है और उसकी पुनर्रचना होती है। मानो दुबारा की जानेवाली शुरुआत हो। पहले चित्रों की तान्त्रिक रचना से पूर्णतः अलग फिर भी भीतर से संलग्नता बोध बना रहता है। वह 'तान्त्रिक' बोध इस चित्र में अधिक स्पष्ट और मुखर हो उठता है।

जीवन के तीव्र अनुभव और जीवनशैली में आये बदलाव के कारण कला की शैली भी बदल जाती है। जे. स्वामीनाथन इस दौर में आदिवासी जीवन के साथ एकाकार हो गये थे। उनका पूरा परिवेश ही बदल गया था। इस आदिवासी जीवन में तीव्र जादुई अनुभवों की प्राप्ति के कारण उनकी सारी प्रतिबद्धताएँ बदल गयीं। आदिवासियों के जीवन में श्रद्धा का अहम स्थान है। ये श्रद्धाएँ अमूर्त होती हैं, अतः उन्हें अन्धविश्वास कहकर आसानी से ख़ारिज भी किया जा सकता है। परन्तु आदिवासियों की इसी गहरी श्रद्धा से उनका कला-सर्जन होता है।

श्रद्धा-मूल्य के कारण ही आदिवासी समुदाय अपनी आदिम सांस्कृतिक

कला–विरासत को बरकरार रख पाये हैं। स्वामीनाथन को इसका तीव्र बोध हुआ और उन्होंने भी ख़ुद को इस आदिम परम्परा से जोड़कर उस सांस्कृतिक विरासत को अपने सर्जन का अंग बना लिया। स्वामीनाथन ने इसी सोच से ख़ुद को इस आदिमता के साथ जोड़ा कि मानववंशशास्त्र, समाजवंशशास्त्र और सांस्कृतिक वंशशास्त्र के साथ जुड़कर ही हम अपनी कला को स्वस्थ रख सकते हैं।

समय और पर्यावरण के असर से सनातन अथवा पुरातन वस्तु की बुनावट जैसी बनती है, वैसी बुनावट स्वामीनाथन के चित्रों का प्रमुख तत्त्व बन गया है। इन चित्रों में समय बाह्य रूप में भी प्रकट हुआ है। चाहे चित्र की शैली, तकनीक, आशय बदल जाय, लेकिन 'समय' चित्र में अनिवार्यत: अवतरित होता है। ब्यौरे के अंकन की शैली स्थूल हो जाती है। काव्य, प्रतिमा, रंग विलुप्त होकर चित्र में आनेवाले आकार तथा स्वयंभू की तरह रेखाओं की स्थापना की जाती है। इससे चित्र के सर्जन का नहीं, बल्कि उसके अवतरित होने का आभास होता है।

मुक्त, खुरदरी, फिर भी भौमितिक आकार की रेखाएँ, त्रिकोण–चौकोन के आकार, रेंगनेवाले साँप जैसे कुछ निशान, भूरा रंग, खुरदरी–सी भूरी रेखा, ऊबड़–खाबड़ गठन आदि के कारण ये चित्र रुद्र और भैरव रूप प्रतीत होते हैं।

अनेक रंगों की परतें आने से कुछ चिह्न, प्रतीक, बिम्ब और रेखाएँ धूमिल बनती हैं और कुछ मुखर हो उठती हैं। इससे ये चित्र अर्ध–पारदर्शी, पारदर्शी प्रतीत होते हैं। इससे एक साथ ही खुरदरापन और पारदर्शिता की तरलता अनुभव होती है।

चित्र में आनेवाले चौकोन, त्रिकोण आदि आकार मानक नहीं, मुक्त हैं। ये भौमितिक आकार वस्तुनिष्ठ भूमिति से नहीं आये हैं, बल्कि अलग–अलग ऊर्जा के अहसास से उत्स्फूर्त रूप में आये हैं। भौमितिक आकार, कुछ चिह्न, निशान, प्रतीक आदि से ये चित्र अभिमन्त्रित–से लगते हैं। इसी कारण दुबारा तान्त्रिक बोध स्पष्ट होता है।

ये चित्र पुरातन और अनामिक भित्तिचित्र के अवशेष की तरह हैं। ये रचना ऐसी होती है, मानो उत्क्रान्त होते आये आज के जीवन की मूल स्थिति हो। लगता है, स्वामीनाथन ने यह सफ़र उल्टा करके अपने ही सर्जन की आदिम

जड़ें खोलकर दिखा दी हैं।

यहाँ के आदिवासियों को मिलाकर ही यहाँ की परम्परा बहुवंशीय बनती है। हमारी परम्परा में एक के ऊपर एक अनेक परतें हैं। एक साथ वह मुण्डा होती है, द्राविड़ी होती है, राक्षसी होती है, पैशाची होती है, तान्त्रिक होती है और आर्य भी होती है। ये सारी संस्कृति, परम्पराएँ भारतीय होने के नाते देसी हैं। इस परम्परा से जुड़ने हेतु किया गया अनेक शैलियों का सफ़र अन्ततः आदिम रूप तक पहुँच जाता है। उसमें कई सांस्कृतिक द्रव्य हैं, जिनके मिश्रण से वे अपना सांस्कृतिक वंश ढूँढ़ने का प्रयास करते हैं। ऐसे आकर्षण से की गयी निर्मिति आसानी से भारतीय और देशीय बनती है।

१९

अन्वर जलाल शेम्ज़ा

(पाकिस्तान, १९२८-१९८५)

अन्वर जलाल शेम्ज़ा

भारतीय कला को दो भागों में बाँटा जा सकता है—स्वतन्त्रतापूर्व और स्वातन्त्र्योत्तर। वैसे तो कला हमेशा से खण्डित ही रही है, अर्थात् कला-निर्मिति का स्रोत निरन्तर प्रवाहित नहीं रहा। वह बाह्य तत्त्वों से प्रभावित होकर हमेशा बदलती रही है। स्वदेशी आन्दोलन के प्रभाव से परम्परागत और राष्ट्रीय भावना से कला का निर्माण होने लगा। अवनीन्द्रनाथ टैगोर की 'भारत माता' और नन्दलाल बोस, असित हालदार, मुकुल डे आदि का अजन्ता, लघुचित्र शैली परम्परा से जुड़ना; कुछ और नहीं, बल्कि भीतरी ऊर्जा की अपेक्षा बाहरी प्रभाव से निर्मिति के निर्णय थे। परिणामतः कला कौशलपूर्ण और आलंकारिक बन गयी।

भारत की स्वाधीनता प्राप्ति के बाद भारतीय कलाकारों में विश्व-कला के प्रति आकर्षण उत्पन्न हुआ। द्वितीय विश्वयुद्ध के दौरान विश्व को प्रभावित कर चुका घनवाद और पाब्लो पिकासो का प्रभाव पूरे देश पर था। द्वितीय विश्वयुद्ध में जर्मनी बरबाद हो चुका था और दुबारा खड़े रहने के लिए उसने औद्योगीकरण का सहारा लिया था। औद्योगीकरण और औद्योगिक उत्पादन सर्वव्यापी बने इसलिए वस्तु में मात्र उपयोगिता मूल्य ही पर्याप्त नहीं रहा, बल्कि उसमें कलात्मक मूल्य होना भी ज़रूरी हो गया। इससे औद्योगीकरण और कला में समन्वय स्थापित हुआ। कला और कारीगरी को एकत्रित लानेवाली 'बाऊ हाउस' कला संस्था स्थापित की गयी। इस संस्था के अध्यापक पॉल क्ली और उसके कलाकारों ने भी देश के कला-जगत् को प्रभावित किया।

इस दौर में भारत पर पाब्लो पिकासो और पॉल क्ली, इन्हीं दो कलाकारों का प्रभाव था। इन दोनों कलाकारों की शैली भौमितिक आकार के आसपास जाती थी। भारतीय परम्परागत शैली में आलंकारिक निर्मिति करनेवाले चित्रकार स्वतन्त्रता के बाद भौमितिक आकारों की निर्मिति करने लगे। स्वदेशी आन्दोलन के दौरान चित्रकारों ने परम्परा की रक्षा के लिए जो निर्णय लिये थे, वही निर्णय स्वातन्त्र्योत्तर दौर के कलाकारों ने आधुनिकता के लिए लिये। एम.एफ़. हुसेन, एच. एस. रज़ा, वासुदेव गायतोण्डे आदि कलाकार, जो स्वतन्त्रता से पहले आलंकारिक शैली में काम करते थे, स्वतन्त्रता के बाद पिकासो, पॉल क्ली से प्रभावित होकर काम करने लगे।

कला का प्रभाव दो तरह से होता है—बाह्य और अन्तर्गत अथवा शैलीगत और आशयगत। अजन्ता लघुचित्र शैली अपनायी गयी, परन्तु उसमें आशय की परम्परा नहीं आ पायी, जिससे अजन्ता चित्र की केवल शैली का ही अनुकरण हुआ। प्रोग्रेसिव ग्रुप के कलाकारों ने पिकासो, पॉल क्ली की ही शैली अपनायी। घनवाद यानी बहुमिति। भारतीय कलाकारों ने बहुमिति के समान भौमितिक शैली बनायी। कुछ निशान और चिह्नों के साथ पॉल क्ली की शैली का भी अनुकरण किया। किसी भी शैली का प्रभाव अथवा अनुकरण आशय जैसा प्रभावशाली नहीं होता। अत: मात्र शैली से प्रभावित कलाकार अपने अस्तित्व के लिए कुछ बाह्य प्रयोग करता रहता है।

आलंकारिक शैली से सीधे भौमितिक परिवर्तन में परस्पर विरोधाभास है। आधुनिक कला यानी आलंकारिकता को परम्परागत सिद्ध कर भौमितिक बनाना—कलाकार इसी को परिवर्तन मान रहे थे। अमूर्तन के लिए भौमितिक शैली सुविधाजनक है, इस मानसिकता के कारण भारतीय अमूर्त कला की शुरुआत हुई। भौमितिक शैली से अमूर्त कला साकार हो रही थी, परन्तु उसमें आशय नहीं था। आशय की खोज में भारतीय कलाकारों ने भारतीय अध्यात्म का सहारा लिया और आशय और शैली में सन्तुलन बनाते हुए किसी बुद्धिजीवी की तरह निर्मिति करते रहे। इस भारतीय कला पर अजन्ता लघुचित्र का प्रभाव भी नहीं है। और तो और पिकासो या पॉल क्ली का भी प्रभाव नहीं है। यदि ऐसा प्रभाव होता तो भारतीय कला का यह एक सकारात्मक पक्ष हो जाता।

भारतीय कला भौमितिक शैली से परिचित हो गयी और प्रकृति-चित्रण, वस्तु-चित्रण से लेकर सभी कला-प्रकारों में फैलती गयी।

आशय और शैली अथवा आशय और आकार का परस्पर सम्बन्ध होता है। इसकी परवाह किये बिना कलाकार कोई भी आशय भौमितिक आकार में चित्रित करने का प्रयास करते थे। आशय से सहज ही उसका अपना आकार बन जाता है। परन्तु आकार निश्चित कर उसमें आशय या विषय का संकेत देने के कारण कला में कृत्रिमता आती है। भारतीय तान्त्रिक कला में ऐसा ही हुआ है। अमूर्त कला में भी यही हुआ। हमारी निर्मिति में कोई आध्यात्मिक चेतना है, यह मानकर चलना, इसी का अंग है।

आलंकारिक शैली में आकार निर्मिति और रंग-लेपन की कुशलता प्राप्त करनी पड़ती है। भौमितिक शैली में तकनीकी कुशलता अहम होती है। भौमितिक आकार सीमित होने के कारण कलाकृति की एकरसता को टालना मुश्किल हो जाता है। रंग-लेपन की तकनीकी कुशलता से उसमें नवीनता आती है।

भौमितिक शैली में काम करनेवाले एस. एच. रज़ा, भौमितिक शैली से निराकार की तरफ़ झुके वासुदेव गायतोण्डे, भौमितिक शैली से ही उत्पन्न तकनीकी और तकनीकी से वस्तु-विश्लेषण की तरफ़ आये प्रभाकर बरवे तथा वस्तु-विश्लेषण से भौमितिक आकार में निर्मिति करनेवाले अन्वर जलाल शेम्ज़ा इस दौर के अहम कलाकार हैं।

वासुदेव गायतोण्डे, प्रभाकर बरवे, रवीन्द्रनाथ टैगोर और अनवर जलाल शेम्ज़ा आदि कलाकार पॉल क्ली की कला के अलग-अलग अंगों से प्रभावित थे। ये लोग देश के भिन्न-भिन्न हिस्सों में रहते थे। बाद में पॉल क्ली के प्रभाव से मुक्त हो वे अपनी-अपनी संवेदनाओं के अनुसार निर्मिति करने लगे। प्रभाकर बरवे और अन्वर जलाल शेम्ज़ा वस्तु से सम्बद्ध निर्मिति करते थे। अन्वर जलाल वस्तु का विश्लेषण कर उससे मूलाकार की निर्मिति करते थे और प्रभाकर बरवे वस्तु को समीक्षात्मक ढंग से प्रस्तुत करते थे।

वस्तु-निर्माण करनेवाली कारीगरी के दिमाग़ में एक ढाँचा होता है। दरअसल, मूलाकार का यह बुनियादी ढाँचा त्रिकोण, चौकोन अथवा वृत्त के समूह में होता है। उसमें अनेक मितियाँ, घनता, माध्यम, गठन, रंग आदि एक-एक तत्त्व एकत्र आकर वस्तु की रचना बनती है। कारीगर के अलावा और किसी को भी इस ढाँचे का अहसास नहीं होता। वस्तु-विश्लेषण से रंग,

गठन, बनावट, घनता घटाते-घटाते कारीगर आख़िरकार मूलाकार समूह तक पहुँच जाता है। मूलाकारों का यह समूह उस वस्तु का 'मातृ-आकार' होता है। वस्तु-विश्लेषण से प्राप्त आकार में अन्वर जलाल अपनी निर्मिति करते हैं। यद्यपि ये आकार मूलाकार होते हैं, फिर भी वे केवल भौमितिक आकार नहीं होते। वस्तु की अनेक मितियों के अहसास से उत्पन्न वस्तु का यह मातृ-आकार होता है। इसीलिए चित्र की रचना में वृत्त की अनेक मितियाँ स्वतन्त्र रूप से सजायी प्रतीत होती हैं। चन्द्रमा मूलतः गोल है, परन्तु रोज़ की मितियों से उसका आकार बदलता जाता है। अन्वर जलाल के चित्र का आकार मूलतः वृत्ताकार है, परन्तु चित्र में उसकी अनेक मितियों की रचना होती है।

गणित की अनेक शाखाएँ हैं—बीजगणित, अंकगणित, रेखागणित, भूमिति आदि। गणित की ये शाखाएँ जब चित्रकला में आती हैं, तब वे मूलाकार के रूप में ही आती हैं। शिक्षा के आरम्भ में वर्णमाला से परिचय पहली आवश्यकता होती है। वर्णों का मूल खोजना सृजन की आवश्यकता है। उसी प्रकार कला-संवेदना के लिए मूलाकार पहली आवश्यकता है। उत्कट सृजन के लिए आकार की जड़ों की खोज में रहना ज़रूरी है। अन्वर जलाल अपनी रचना में वस्तु से आकार और आकार से मूलाकार की प्रस्तुति करते हैं।

गणित और चित्रकला में भूमिति बुनियादी रूप से मौजूद रहती है। फिर भी उसमें दृश्य-अदृश्य का हिस्सा है। गणित में दिशा महत्त्वपूर्ण है। वही दिशा मूर्त रूप से रेखा बनती है। दिशा का मूर्त रूप रेखा है। गणित में दिशाओं के कारण मिति बनती है। चित्रकला में रेखा से आकार बनता है। दो बिन्दुओं को जोड़नेवाली रेखाचित्र की आवश्यकता है, और दो रेखाओं से बननेवाला कोणबिन्दु गणित की आवश्यकता है। गणित के त्रिकोण, चौकोन, वृत्त आदि आकार शाश्वत और सैद्धान्तिक होते हैं। चित्रकला में यही आकार भ्रम-सम्भ्रम उत्पन्न कर सकते हैं। वास्तव में दूर की वस्तु छोटी दिखती है, जो कि एक भ्रम है। गणित के नाप-तोल की दृष्टि से दूर और पास की वस्तु एक जैसी है। अन्वर जलाल शेम्ज़ा वृत्त के अनेक आकारों से यह भ्रम उत्पन्न करते हैं। यदि समान आकार के दो वृत्त पास-पास रखकर उनमें एक को लाल और दूसरे को हरा बनाया जाये तो वे एक-दूसरे का सन्तुलन स्थापित करने का भ्रम-सम्भ्रम तैयार करेंगे।

आड़े और खड़े धागों की बुनाई सुन्दर होती है। परन्तु आड़े-तिरछे दिशाहीन

धागों से केवल गुत्थी बनती है। अन्वर जलाल ऐसी अनेक रेखाओं की गुत्थी अपने चित्र में बनाते हैं। उससे चित्र को एक गठन प्राप्त होती है और चित्रकला का आकार तन्तु-तन्तु से तैयार होने का आभास होता है। ये चित्र तन्तुमय प्रतीत होते हैं।

चित्रावकाश में त्रिकोण और चौकोन एक-दूसरे पर बार-बार बिछाये जाने के कारण चित्र में आकार नहीं रह जाता, बस आड़ी-खड़ी-तिरछी रेखाएँ नज़र आती हैं। अन्वर जलाल शेम्ज़ा अपने चित्र में अनगिनत बार ऐसे वृत्तों की पुनरावृत्ति करते हैं। उस समय चित्र में वृत्त नहीं दिखते, बल्कि पूरे चित्र में मण्डलाकृत रेखाएँ ही दिखती हैं।

अन्वर जलाल शेम्ज़ा अपने चित्र में मुख्यतः वृत्त का प्रयोग करते हैं। और इसी वृत्त को आड़ा-खड़ा विभाजित कर पूरे चित्र का समतोल बनाये रखते हैं। किसी वनस्पति के पत्ते की केन्द्रीय रेखा से अथवा द्वि-दल बीज से आकार अपने आप सन्तुलित प्रतीत होता है। जिस तरह कोई पेड़ दोनों ओर समान्तर शाखाएँ पैदा कर अपना सन्तुलन बनाता है, अन्वर जलील शेम्ज़ा के चित्र का विस्तार भी इसी तरह सन्तुलित बनता जाता है।

अन्वर जलाल शेम्ज़ा की चित्र रचना में वृत्ताकार और चौकोन पूर्ण अथवा आंशिक होते हैं। त्रिकोण का लगभग अभाव होता है। वृत्ताकार और चौकोन आकारों की परस्पर बुनावट, और उसकी ऊपर की तरफ़ उठती जाती रचना। इस चित्र रचना से ऐसा लगता है मानो वह कोई वास्तु या वास्तु का ढाँचा हो। अन्वर जलाल के भौतिक आकार की रचना में हमेशा व्यक्ति, वस्तु या वास्तु का भ्रम और आभास होता है।

भारतीय कला में गणित और चित्रकला के सन्तुलन से भौमितिक आकारों में जो कला निर्मिति हुई, उसमें अन्वर जलाल शेम्ज़ा एक महत्त्वपूर्ण चित्रकार हैं।

२०

जेराम पटेल

(१९३०-२०१६)

जेराम पटेल

"Among contemporary artists in India, Jeram Patel is a singular force. He is a force to be reckoned with because of the strength of his convictions, the uncompromising and individual character achieved in the quality of his work. An iconoclast he has not followed any fashion or trend. In fact, he has influenced a number of younger artists who have struck out in other direction after deriving from positions that he established. In a country where the patronage of art is slight, he has not worked with any audience in mind, endeavouring to affect sales or to impress critics; nor has he tried to claim affiliation or relationship with tradition, indigenous roots etc."

Richard Bartholomew
—(Indian Drawing Today, 1981)

अमृता शेरगिल भारत आयीं और उसने भारतीय कला, विशेषत: 'बंगाल स्कूल' की तीख़ी आलोचना की। 'ग्रुप १९८०' के युवा चित्रकारों ने भी प्रोग्रेसिव ग्रुप और बंगाल स्कूल की कुछ ऐसी ही आलोचना की और दृढ़ता से अपनी भूमिका का प्रतिपादन किया। जे. स्वामीनाथन, अम्बादास, गुलाम मुहम्मद शेख आदि कलाकारों के साथ जेराम पटेल भी इस ग्रुप के चित्रकार थे। पटेल इस ग्रुप के सेक्रेटरी होने के नाते कुछ अधिक सक्रिय थे।

उपनिवेशवाद का प्रभाव और स्वदेशी के प्रति अधिक आस्था के कारण स्वतन्त्रतापूर्व दौर के भारतीय कलाकार अपनी परम्परा की खोज में थे।

स्वतन्त्रता के बाद भारतीय कला वैश्विक कला से परिचित हुई, और इसका परिणाम यह हुआ कि भारतीय कलाकार वैश्विक कला को ही केन्द्र रखकर कला-निर्मिति करने लगे। कला-निर्मिति चाहे वैश्विक हो, परन्तु वह सम्बद्ध देश की संस्कृति और जीवन से जुड़ी होनी चाहिए—इसी निकष पर भारतीय कलाकार अपनी कला में भारतीयता को लाने का भरसक प्रयास करने लगे। इसी कारण स्वातन्त्र्योत्तर दौर में 'भारतीयत्व' के बारे में विश्व प्रचलित धारणा के ज़रिये अपने भारतीयत्व की पहचान बनाने का भरसक प्रयास हुआ। एस. एच. रज़ा जैसे चित्रकार वैदिक दर्शन को अपनी कला से जोड़कर 'सृष्टि रचनाशास्त्र' के अनुरूप निर्मिति करने लगे। एम. एफ़. हुसेन समेत कई कलाकारों ने अपनी कला-शैलियों को पुराणों और मिथकों से जोड़ दिया। अमृता शेरगिल भारत आ जाने पर भारतीय जीवन कला का केन्द्र बन गयीं। यहीं से भारतीय कला में बदलाव आया।

'ग्रुप १९८०' के चित्रकारों ने कला का परपोषण समाप्त करते हुए यह आग्रह किया कि कला को अधिकाधिक स्वायत्त होना चाहिए। जे. स्वामीनाथन के चित्रों की आदिम मासूमियत हो, या अम्बादास के चित्रों का स्वयंभूपन हो, इन कलाकारों का यही मानना था कि कला में मानवीय बुद्धि का हस्तक्षेप नहीं होना चाहिए।

जेराम पटेल इस ग्रुप के एक अहम और जिम्मेदार कलाकार थे। अपनी भूमिका पर उनका अत्यन्त दृढ़ विश्वास था। उनकी सम्पूर्ण कला-निर्मिति में आलंकारिकता, रसनिष्पत्ति, भाव, कल्पनाविलास, शृंगार आदि का कोई स्थान नहीं था। इसलिए उनकी निर्मिति में अलग-अलग संरचनाएँ, रंग, रंग-संयोजन या कलात्मकता के हर तत्त्व का निषेध है। ठेठ अभिव्यक्ति—यही उनका प्रयास होता था। इसी कारण उनके चित्रों में रंग नहीं हैं, रेखाएँ नहीं हैं और इसीलिए लय भी नहीं है। चित्र में कोई एक ही आकार होता है। रंग भी एक ही होता है और वह भी काला, जो साफ़-साफ़ दिखायी दे। इसी कारण उनका चित्र बनाया हुआ चित्र लगता ही नहीं, बल्कि ऐसा लगता है मानो चित्र पृष्ठ से प्रकट होकर ऊपर आया हो। उन्होंने कला की कलात्मकता को अलग करते हुए केवल अभिव्यक्ति को ही कला माना, जिसके साफ़-साफ़ संकेत उनके चित्रों में मिलते हैं।

वस्तु पर एक ओर से प्रकाश पड़ते ही दूसरी ओर उसकी छाया अपनेआप बनती है। छाया-प्रकाश को जोड़नेवाली अनेक छटाएँ क्रमिक रूप से तैयार

होती हैं और इस तरह उस वस्तु की अनेक मितियाँ बन जाती हैं। प्रकाश की तीव्रता के कारण ज़मीन पर पूरी वस्तु की परछाया दुबारा बनती है। यह अनेक आभास करानेवाली प्रतिमा वस्तु से अनिवार्यतः जुड़ी होकर भी उससे भिन्न होती है। दरअसल, यह प्रतिमा शाश्वत वस्तु की ही होती है, परन्तु वस्तु से सादृश्यता न होने के कारण वह प्रतिमा वस्तु के ही विलम्बित रूप में बनती है। जेराम पटेल के चित्रों की प्रतिमाएँ वास्तव रूप में नहीं हैं, बल्कि वास्तव के ही विलम्बित रूप हैं।

भारतीय पुराणों में देवता, मानव और दानवों की मिश्रित कथाएँ आती हैं। इनमें दानव हमेशा प्रतिनायक के रूप में सामने आते हैं। राक्षस, दानव, दैत्य, असुर आदि खल संवेदनाओं की प्रतिमाएँ जेराम पटेल के चित्रों में भी आती हैं। जेराम के ये चित्र पुराण की निषाद परम्परा को बयान करते हैं। रुद्र, शिव, शंकर, महादेव, महेश आदि नाम और अवतार अनेक हों, परन्तु अन्ततोगत्वा ये सभी अवतार एक ही संक्षिप्त रूप 'शिवलिंग' में समाहित होते हैं। इस तरह शिवलिंग एक सर्वसमावेशी अमूर्त प्रतीक है। इसी शिवलिंग जैसा संक्षिप्त रूप जेराम पटेल की संरचना का होता है।

जेराम के चित्रों के आकार बाह्यांग विहीन बादलों अथवा भूगर्भ में बढ़ते जाते 'कन्द' जैसे होते हैं। शरीर के अस्थिशास्त्र की तरह जेराम के आकार का भी अपना एक अस्थिशास्त्र है। बाहर से अंगविहीन शरीर भीतर से इन्द्रिय संरचना से परिपूर्ण होता है।

जेराम की विशेषता है, लकड़ी जलाकर आकार को ढूँढ़ना। लकड़ी का जला हुआ हिस्सा यानी आकार। लकड़ी के जलने से बना काला रंग—यही है उसका रंग। जेराम पटेल के चित्रों की निर्मिति इसी तरह होती है और आख़िरकार कैनवस पर आकर भी आकार और रंग वही बना रहता है। रंग, रूप, आकार को स्वयंभू तरीक़े से ढूँढ़ने का उनका यह एक तरीक़ा था। प्रचलित रंग-माध्यम और कैनवस छोड़कर अन्य माध्यमों में अभिव्यक्ति के विकल्प की खोज। दशरथ पटेल, पिराजी सागर जैसे कलाकार भी जेराम के आसपास के ही हैं। आगे चलकर जेराम कैनवस पेपर पर भी अभिव्यक्ति करने लगे, परन्तु तब भी रंग वही रहा, लकड़ी के जलने से बना भस्म—काला-भूरा।

हमारे यहाँ का एक सम्प्रदाय यह मानता है कि मृत्यु सुन्दर है और मृत्यु ही अन्तिम सत्य है। मृत्यु का पल, समय तथा काल की आराधना करनेवाले

योगी काल और महाकाली के उपासक हैं। लकड़ी के जलने से बना आकार और लकड़ी जलकर भस्म होने से बना रंग—इससे यही अभिव्यक्त होता है। बाद में जेराम कैनवस और पेपर पर इसे परिवर्तित करते रहे। एक हठयोगी की तरह ज़रा भी विचलित हुए बिना ज़िन्दगी भर वे उसी में अभिव्यक्त होते रहे। यहाँ जेराम मृत्यु की सुन्दरता को माननेवाली तन्त्र-परम्परा के अनुयायी लगते हैं। इसी कारण उनकी कला के आकार तान्त्रिक अहसास से परिपूर्ण भैरव रूप में हैं।

भौतिक वस्तुएँ और परिसर मूलत: रंगीन ही होते हैं। चित्रकार इस भौतिक वस्तु अथवा परिसर में रंग भरता है। यानी एक तरह से वह रंगीन वस्तु में ही दुबारा रंग भरता है। लेकिन फिर भी वह सामने की रंगीन वस्तु या परिसर का अनुकरण नहीं करता। वह अपनी कल्पना, तर्क या संवेदना से रंग भरता है। यही तो भौतिक वस्तु और कलाकृति में अन्तर है। यही अन्तर कलाकार को अपेक्षित होता है। भौतिक काल की कोई भी वस्तु स्थिर नहीं है। उसमें परिवर्तन की प्रक्रिया होती है। इस प्रक्रिया से वस्तु अपने रंग, रूप को बदलकर लय की ओर, समापन की ओर जाती है और आख़िरकार नष्ट हो मिट्टी के रंग-रूप में मिलकर मिट्टी से एकाकार हो जाती है।

प्राकृतिक प्रक्रिया भी दुर्घटनावश इसी तरह तत्काल घटित हो जाती है। अलग-अलग रंगीन वस्तुएँ आग में विलीन हो जाने पर उनका भस्म बनता है। भस्म के काले-भूरे वग़ैरह सभी रंग एक-दूसरे में मिल जाते हैं। परिणामत: एक रंग के रूप में किसी भी रंग का अस्तित्व नहीं रह जाता। दरअसल, रंग के अस्तित्व से विहीन यह पदार्थ ही सभी रंग ग्रहण कर सकता है।

भूगर्भ में बढ़ते जाते कन्दमूल, अवकाश में बढ़नेवाले पेड़ों की झाँकियाँ, आसमान के मुक्त बादल—सभी वृत्ताकार होते हैं। एक बादल दूसरे बादल जैसा नहीं होता। भिन्न होकर भी सभी बादल बादल के रूप में एक-जैसे होते हैं। इसी तरह जेराम के चित्र, उनके आकार सब अलग होकर भी चित्र के रूप में एक-जैसे लगते हैं।

बाह्य रूप से अवयवों की रचना न हो, फिर भी भीतरी इन्द्रियों की रचना, उनका अभिसरण वग़ैरह का अहसास होता है। इसलिए काले रंग के आकार में भीतर की कुछ रेखाएँ, बिन्दु जैसे कुछ चिह्न आदि का अहसास

होता है। इससे यह बोध होता है कि आकारों में भी एक अन्तर्रचना है। कभी-कभी जेराम के चित्रों में एक से ज़्यादा अनेक आकार होते हैं, परन्तु वह रचना अवकाश के बारे में नहीं होती। वे आकार परस्पर क़रीब, परस्पर संलग्न होते हैं। ये आकार काले होते हैं और कालेपन में अंशत: पारदर्शी भी होते हैं। शरीर में स्थित जीवन रस के कारण इन्द्रिय जिस तरह गीले प्रतीत होते हैं, उसी तरह ये आकार भी गीले और पारदर्शी प्रतीत होते हैं। इनमें उनकी ऐन्द्रिय संवेदनाएँ प्रकट होती हैं।

जेराम के चित्रों में अवकाश के आकार को लेकर ज़्यादा सोच-विचार नहीं होता। सफ़ेद पृष्ठ पर काले आकार की रचना से काला आकार अधिक घना होने का आभास होता है। इस आकार में मिति नहीं होती, फिर भी उसका घनापन तीव्र होने के कारण वे शिल्प रूप लगते हैं। उनमें जड़त्व का अहसास होता है।

जेराम के चित्र किसी संस्कृति या परम्परा से विशिष्ट उद्देश्य से जुड़े नहीं होते। प्रकृति से कुछ ब्यौरा लेकर संरचित भी नहीं होते और किसी विचार या दर्शन पर भी आधारित नहीं होते। स्व-पराग सिंचन जैसे वे अपने भीतर ही भीतर सिंचन प्रक्रिया सम्पन्न कर प्रकट होते हैं। आदिम जन्तु एमीबा जिस तरह अपने भीतर से ही बार-बार जनम लेता है, उसी प्रकार जेराम के चित्र बस प्रकट होते हैं, निर्मित नहीं होते। जेराम ने अपनी निर्मिति प्रक्रिया के बारे में अपने विचार प्रकट किये हैं :

> "My work has nothing to do with space and colour; nor does it refer to realities that are relevant and exist outside it. The work emerges on its own accord, has its own connotations, and makes, finds and accommodates its own existence, asserting its presence near and around with its radiant flavour, like pollen in the air. This fertilising presence establishes a new identity in one who happens to see the work."
>
> ('Artist Today', East-West Visual Arts Encounter, Marg Publications)

२१

रशीद चौधरी
(बाङ्ला देश, १९३२-१९८६)

रशीद चौधरी

भारतीय कला पारम्परिक और आलंकारिक थी। परन्तु स्वतन्त्रता के बाद भारतीय कलाकार विश्व-कला से रूबरू हुए। द्वितीय विश्वयुद्ध के दौर में पिकासो और उसके घनवाद ने विश्व के अनेक महत्त्वपूर्ण चित्रकारों को प्रभावित किया था। भारत के कुछ महत्त्वपूर्ण कलाकार भी घनवाद से प्रभावित होकर भौमितिक शैली में काम करने लगे थे। इन कलाकारों ने परम्परागत आलंकारिक शैली त्यागकर भौमितिक शैली अपनायी थी। इनकी धारणा थी कि भौमितिक शैली में काम करना ही आधुनिकता का समर्थन करना है।

आज़ादी के बाद देश के चित्रकार अपनी देशी कला की खोज करने तथा बाह्य प्रभाव को टालने के लिए छोटे-बड़े कला-आन्दोलन करने लगे। इसमें अलग-अलग विचारों की तकनीकी माध्यम से नयी सम्भावनाओं की तलाश करना उनका लक्ष्य था। इससे ये कलाकार परम्परा की नयी खोज, आधुनिकता की नयी व्याख्या, समूह की तुलना में आत्मनिष्ठ विचार, विचार स्वातन्त्र्य और अभिव्यक्ति स्वातन्त्र्य का आग्रह, कला-शिक्षा की परिधि के बाहर कला-निर्मिति की नयी सम्भावनाएँ आदि अनेक दिशाओं से कला-निर्मिति का विचार करने लगे।

अनेक प्रचलित अवधारणाएँ, विचार अस्वीकार करने के बावजूद नये विचार और अवधारणाएँ कला को सीमित बना रहे थे। परम्परा, आधुनिकता, विचार, दर्शन के साथ मानवीय बुद्धि और कल्पना का हस्तक्षेप कला में नहीं हो, इस उद्देश्य से 'ग्रुप १८९०' के नाम से सारे प्रचलित कला-विचारों

का प्रतिवाद करनेवाला चित्रकारों का एक दल तैयार हुआ। 'केवल प्रतिमा' यही इस ग्रुप के कलाकारों में समान सूत्र था। इन कलाकारों का केन्द्रीय विचार था कि निर्मिति के लिए कलाकार केवल निमित्त या साक्षी हो और बाक़ी कला और कला प्रतिमा स्वयंभू और स्वायत्त हो। जेराम पटेल और अम्बादास इस दल के महत्त्वपूर्ण कलाकार हैं।

सौन्दर्य स्वायत्त है। उसका प्रकटीकरण होता है, निर्माण नहीं किया जा सकता। स्वयंभू प्रतिमा से ही असली सौन्दर्य अंकित किया जा सकता है।

स्वयंभू प्रतिमाओं के विचार में ज़रा-सा परिवर्तन कर प्रभाकर बरवे, अन्वर जलाल शेम्ज़ा ने नये सिरे से प्रतिमा की खोज की। प्रभाकर बरवे, अन्वर शेम्ज़ा के दौर में भारतीय चित्रकला में सामान्यतः दो पद्धतियों से कला-निर्मिति हो रही थी। 'फ़िगरेटिव और अमूर्त' का विचार अत्यन्त सतही था। प्रभाकर बरवे और अन्वर शेम्ज़ा ने मानवीय जीवन को ठेठ चित्र का विषय कभी नहीं बनाया। मानवीय जीवन के सभी पहलुओं को अनदेखा करनेवाली स्वयंभू प्रतिमाओं की प्रतीक्षा भी नहीं की। मानवीय जीवन का प्रतिबिम्ब और प्रतिमा से परिपूर्ण, मानवीय जीवन में समरस हुई वस्तुएँ, वस्तुओं के आकार आदि के ज़रिये ही उन्होंने कला-निर्मिति की। केवल प्रकाश नहीं, वस्तु से प्रसारित या वस्तु से परावर्तित होता प्रकाश। केवल रंग नहीं, सजीव-निर्जीव वस्तुओं की कान्ति। केवल आकार नहीं, वस्तुकाया की छाया अथवा प्रतिबिम्ब। केवल मिट्टी नहीं, उसके भीतर से आनेवाला उन्मेष। केवल वायु नहीं, साँस। कला स्वयंभू नहीं और भौतिक भी नहीं, ऐसा सन्तुलन बनाते हुए प्रभाकर बरवे और अन्वर शेम्ज़ा ने कला के ज़रिये एक अलग प्रस्तुति की।

घनवाद से वस्तु के विरूपीकरण, विच्छेदन और विश्लेषण से नयी प्रतिमाओं की खोज शुरू हो चुकी थी। प्रभाकर बरवे ने वस्तु-चिकित्सा को ही नहीं, बल्कि वस्तु के आयाम यानी वस्तु की छाया और वस्तु का प्रतिबिम्ब, दोनों को चित्र का विषय बना डाला। वस्तु पर प्रकाश पड़ने के बाद उस वस्तु की छाया विपरीत दिशा में पड़ती है। पानी में अंकित प्रतिबिम्ब भी वस्तु जैसा ही होता है। वस्तु का प्रतिबिम्ब वस्तु जैसा ही शाश्वत और वस्तु की छाया वस्तु से असमान, एक ही वस्तु से ऐसी दो सम्भावनाएँ उत्पन्न होती हैं। वर्तमान वस्तु का अपना अतीत होता है। इसी प्रकार उसका भविष्य भी होता है। यानी स्मृति और कल्पना वस्तु या वास्तव के ही आयाम बन गये।

वास्तव स्मृति और कल्पना का त्रिमित्त विचार प्रभाकर बरवे ने अपने चित्र में प्रस्तुत किया है।

वस्तु के विरूपीकरण, विच्छेदन, विश्लेषण, विघटन से प्रतिमाएँ ढूँढ़ने की अपेक्षा पूरी वस्तु को विदीर्ण कर उसमें प्रतिमाएँ खोजने का अलग रास्ता रशीद चौधरी और गणेश हलोई ने न केवल अपनाया, बल्कि उसे अपने चित्र में प्रयुक्त भी किया। वस्तु के विदीर्ण हो जाने पर चित्र में उसकी प्रतिमाएँ भी ऐसी ही अनिश्चित और आभासमयी बनती गयीं। परिचित होकर भी अपरिचित और अपरिचित होकर भी परिचित ऐसे आभास का संसार उनके चित्र में होता है।

वस्तु अपनी ही भीतरी शक्ति से ध्वस्त होती है। यही है विदीर्णता। दरअसल, मानवीय हस्तक्षेप के बिना विदीर्ण हुई वस्तु की विदीर्ण प्रतिमा स्वायत्त होती है। यानी अम्बादास, जेराम पटेल की स्वायत्त प्रतिमा की प्रस्तुति और वस्तु से प्रतिमा की खोज दुबारा प्रभाकर बरवे, अन्वर शेम्ज़ा और इनके बाद रशीद चौधरी और गणेश हलोई तक आती है। रशीद चौधरी और गणेश हलोई की प्रतिमाएँ भी स्वायत्त हैं। प्रचलित अमूर्त या मानवीय आकार यानी 'फ़िगरेटिव' की अपेक्षा वस्तु से बन रहा नया रास्ता इन कलाकारों ने ढूँढ़ा।

वस्तु के विदीर्ण होते समय वस्तु की तीन मितियाँ, वस्तु में मौजूद तीन मूलाकार, तीन मूल रंग परस्पर बिखर जाते हैं और वस्तु का पूर्णतः अभाव हो जाता है। वस्तु के अभाव से दुबारा नये सिरे से प्रतिमाएँ तैयार होती हैं। वस्तु में अमूर्त रूप में हो रहा परिवर्तन मूलतः मूर्त के अहसास से ही होता है। मूर्त-अमूर्त का भास-आभास करानेवाली प्रतिमाएँ चित्र में दिखती हैं। यह द्वन्द्व परस्पर विरोधी नहीं रह जाता। द्वि-दल बीज के समान परस्पर पूरक बनकर उससे कुछ संवेदनाएँ प्रकट होती हैं।

रशीद चौधरी अपने चित्र के लिए किसी पेड़, व्यक्ति, वस्तु आदि भौतिक विषयों में से प्रतिमाएँ खोजते हैं। विदीर्ण वस्तु अनेक टुकड़ों में बिखर जाती है। पूरे अवकाश में बिखरे टुकड़ों से दिखायी देती प्रतिमा पुनः स्वयंभू होती है। विदीर्ण होकर प्रतिमा के कई निःसन्दर्भ टुकड़े पूरे अवकाश में बिखरे होते हैं। रंग-रचना से इन सभी प्रतिमाओं को पुनः सन्दर्भ प्राप्त होता है। सामान्यतः रंग में रंग मिलकर अनेक रंग-छटाएँ अथवा रंग-

संगतियाँ बनायी जाती हैं। रशीद चौधरी के चित्र की रंग-रचना की तकनीक भी अलग होती है। एक पर एक अनेक रंगों की पारदर्शी पर्तें लगी होती हैं। रंग में रंग मिलने से बनी रंगच्छटा और एक पर एक रंग लगाने से परस्पर पारदर्शी दिखायी देता रंग-आकार चित्र में अनेक पर्तें बनाता है। ऐसी रंग-रचना की तकनीक से चित्र की प्रतिमा भास-आभासमयी प्रतीत होती है।

रंग पर रंग की अनेक पर्तें बनाते समय रंग-लेपन की कुछ जगहें छूट जाती हैं या चित्र का सन्तुलन बनाये रखने के लिए उन्हें रिक्त रखा जाता है। अनेक रंग पारदर्शिता के साथ एकत्र आते हैं और पूरी रंग-रचना भूरे रंग की बन जाती है। बीच की छूटी अथवा रिक्त रह गयी जगहें तीव्र अथवा शुद्ध रंग की होती हैं। भूरा रंग विदीर्ण होकर उसमें से एक-एक शुद्ध रंग प्रकट होने लगता है। आड़े-खड़े धागों की बुनावट से किसी और ही रंग का वस्त्र तैयार हो जाता है। वस्त्र विदीर्ण होकर आड़े-खड़े धागों का रंग स्पष्ट होने से पूरे वस्त्र पर वे मुखर हो उठते हैं। रशीद चौधरी के चित्र की शुद्ध संवेदनाएँ ऐसी ही विदीर्णता में दीख पड़ती हैं।

वस्तु पर प्रकाश पड़ता है, वैसा प्रकाश आकार पर नहीं पड़ता। रंग की न्यूनाधिक तेजस्विता या रंग में रंग मिश्रित होकर छायाभेद की अनेक छटाओं से पृष्ठ के द्विमित आकार में प्रकाश का अहसास बनता है। परन्तु रशीद चौधरी के चित्र में प्रकाश पृष्ठ के पार्श्व से आने के कारण सम्पूर्ण छाया से कुछ तेजस्वी या प्रकाश के कारण उजले बने रंग ही दिखायी देते हैं। प्रकाश की ऐसी योजना कुछ चित्रकार अपवादस्वरूप ही करते होंगे। अलग-अलग प्रकाश योजना अथवा प्रकाश के प्रयोग से अनेक मितियों में प्रकृति चित्र जैसी कलाकृतियाँ बनती हैं। रवीन्द्रनाथ टैगोर की कलाकृति में भी इसी तरह पृष्ठ के पार्श्व से प्रकाश आता है। टैगोर के चित्र का प्रकाश महत्त्वपूर्ण होता है। रशीद चौधरी के चित्र में छाया महत्त्वपूर्ण होकर प्रकाश का अस्तित्व अल्प होता है। फिर भी वह तेजस्वी आकार चित्र पर प्रभाव बनाये रहते हैं। प्रकाश की यह तकनीक रशीद चौधरी के चित्र में नज़ाकत के साथ आती है। इस पर टैगोर का प्रभाव न होकर यह सहज चित्र-प्रक्रिया से आया मामला है।

अनेक अंगों की एकत्रित रचना से शरीर की बनावट बनती है। शरीर का अवयव स्वतन्त्र रूप से हरकत करता है। इससे शरीर क्रियाशील बनता है। प्रत्येक अवयव भीतर से एक-एक इन्द्रिय से जुड़ा होता है। भीतरी इन्द्रिय

अवयवों के जैसे स्वतन्त्र नहीं होते। इन्हें परिसंचरित करनेवाला एक ही रसायन होता है। इससे इन्द्रिय और इन्द्रियों का अवयवों पर नियन्त्रण रहता है। सभी अवयवों को ढकनेवाली एक ही कान्ति पर कुछ मामूली चिह्नों जैसी कुछ ज्ञानेन्द्रिय होती हैं। इसी से बाहर–भीतर संवेदनाओं का प्रक्षेपण होता है। रशीद चौधरी की चित्र की रचना ऐसी ही शरीर रचना जैसी होती है। एक ही भूरे रंग का आवरण पूरे चित्र पर होता है। उसी पर विशुद्ध रंग के छोटे–छोटे चिह्नों जैसे कुछ आकार होते हैं। इस विशुद्ध रंग के कारण ही चित्र की संवेदनाओं का प्रक्षेपण होता है। इससे सम्पूर्ण चित्र किसी शरीर अथवा देह की तरह आभासित होता है।

भारतीय कलाकारों में भारतीय मिथकों का आकर्षण है। रशीद चौधरी के चित्रों में भी ये मिथक, पेड़ और वस्तुएँ होती हैं। वस्तु–चित्रकार रशीद चौधरी के चित्रों में वस्तुएँ तो अनिवार्यतः होती हैं। वस्तुएँ, पेड़ आदि में रशीद अपनी विदीर्ण शैली में रंग भरते हैं। इसी शैली में मिथकों में भी रंग भरते हैं। विदीर्ण शैली में मिथकों में रंग भरने के कारण असल विषय और आशय भी विदीर्ण होकर एक नया आशय चित्र में उपलब्ध हो जाता है। मिथक विदीर्ण होने के कारण मिथक के पार्श्व की कथा, प्रतीक, चिह्न नष्ट हो जाते हैं। चित्र में नयी प्रतिमाओं की रचना होती है। मिथक के पार्श्व की कथा ही समाप्त होने के कारण चित्र में केवल 'मिथ्य' रह जाता है। मिथ्या के भाव–अभाव के अहसास से चित्र में एक जटिल रहस्यमयता आ जाती है।

प्रकृति की जटिल रहस्यमयता, ज़िन्दगी की कुछ अनाकलनीय और अगम्य बातों का तीव्र अहसास सभी को होता रहता है, परन्तु उन्हें अभिव्यक्त करने की भी सीमारेखा होती है। ऐसी असीम और दिव्य संवेदनाएँ जब मूर्त रूप में आती हैं, तब उन संवेदनाओं की मूर्तियाँ सहज बन जाती हैं। ऐसी देवता–मूर्तियों जैसी प्रतिमाएँ रशीद चौधरी के चित्रों में भी होती हैं। परम्परागत देवता–मूर्तियों के साथ कुछ चिह्न और प्रतीकों की रचना होती है। रशीद चौधरी के चित्रों की मूर्ति जैसी दिखती प्रतिमाओं में ऐसे चिह्न और प्रतीकों का अभाव होता है। इस कारण ये प्रतिमाएँ प्रचलित देवता–मूर्तियों जैसी नहीं होतीं। चिह्न, प्रतीकों के अभाव में ये मूर्ति जैसी प्रतिमाएँ निःसन्दर्भ रह जाती हैं।

चिह्न और प्रतीकों से कुछ देवता–प्रतिमाओं के भी सन्दर्भ मिल जाते हैं। देव–प्रतिमा से पुराण अथवा मिथकों का तर्क किया जा सकता है। रशीद

चौधरी की विदीर्ण शैली के प्रतीक और चिह्नों का सन्दर्भ प्रतिमा के साथ नहीं है। देव-प्रतिमा का अहसास होना मतलब पुराण और मिथक का अहसास होना। मिथकों की कथा न होने के कारण मिथ्य की केवल मूर्ति जैसी प्रतिमा ही चित्र में रह जाती है। इस कारण चित्र में दुबारा जटिल रहस्यमयता आ जाती है। यह जटिल रहस्यमयता किसी अगम्य संवेदना जैसी अथवा किसी तान्त्रिक के जैसी ही होती है।

तान्त्रिक की अलौकिक संवेदनाएँ, देवता मूर्तियों जैसी भासमयी प्रतिमाएँ, भूरे रंग की तीव्र संवेदनाएँ और विशुद्ध रंग, ऊर्जा आदि के कारण चित्र में जटिल रहस्यमयता आती है, जो तान्त्रिक संवेदना जैसी प्रतीत होती है। तान्त्रिक कला में सौन्दर्य की अपेक्षा ऊर्जा और शक्ति महत्त्वपूर्ण होती है। भारतीय परम्परा में शिव-शक्ति की अवधारणा है। परन्तु भारतीय परम्परा ने 'तान्त्रिक' को कला नहीं, विद्या माना है। फिर भी कई कलाकारों ने प्रचलित तान्त्रिक विद्या को कला में लाने का प्रयास किया है।

के. सी. एस. पणिक्कर की कला के तान्त्रिक चिह्न और प्रतीकों का प्रयोग; प्रफुल्ल मोहन्ती, बिरेन डे के चित्रों की ऊर्जा; जी. आर. सन्तोष के चित्र की भौमितिक आकार की प्रवृत्ति और पुरुष अथवा शिव-शक्ति जैसी प्रतिमाएँ परम्परागत ही है। प्रभाकर बरवे के चित्र में प्रचलित तान्त्रिकता नहीं है, परन्तु वह तान्त्रिकता की नयी परिभाषा भी नहीं देता। जे. स्वामीनाथन और रशीद चौधरी के चित्र पूर्णतः नयी परिभाषा देते हैं। साथ ही नयी प्रस्तुति और दिशा भी देते हैं।

भौमितिक आकार, विशुद्ध और तेजस्वी रंग, परम्परागत चिह्न, प्रतीक, ऊर्जा अथवा शक्ति का अहसास, समतोल रचना, बुनियादी आकार आदि प्रयोग किया जाता है। परम्परागत तान्त्रिकता के नियमों का उल्लंघन कर जे. स्वामीनाथन ने आदिम जीवन की अनुभूतियों की रचना की। अतः तान्त्रिक विद्या का तान्त्रिक कला में परिवर्तन जे. स्वामीनाथन के ज़रिये ही सम्भव हुआ। तान्त्रिक कला के प्रचलित नियम या नयी व्याख्या या स्वामीनाथन द्वारा अंकित वंशपरम्परा से आयी संवेदनाओं से भी रशीद चौधरी के चित्र अलग हैं।

रशीद चौधरी के चित्रों के आकार पूर्णतः भौमितिक नहीं हैं। घनवाद का प्रभाव समाप्त हुआ और केवल घनवादी शैली ही आगे बढ़ती रही। इसी

घनवादी शैली में रशीद चौधरी के चित्र आते हैं। घनवाद विरूपीकरण से आता है। रशीद के चित्र घनवादी शैली की विदीर्णता से आते हैं। भौमितिक आकार जैसे छोटे–बड़े आकार अनेकों हों, परन्तु फिर भी वे द्विमिति के ही हैं। घनवादी आकार बहुमितिक हैं। रशीद के चित्र के आकार द्विमित्त और एक ही भूरे रंग में होने के कारण उसकी अनेक मितियाँ नहीं बनतीं। इसलिए उत्तर घनवाद में बहुमिति की अवधारणा फिर से द्विमिति में आनेवाले उत्तर घनवाद जैसी है। इसलिए वे घनवादी भी नहीं हैं और भौमितिक भी नहीं हैं। तान्त्रिक कला के प्रचलित लक्षण न होने के बावजूद वे तान्त्रिक संवेदनाओं के हैं। इसलिए रशीद चौधरी के चित्र तान्त्रिक विधि अथवा विद्या न होकर एक अभिव्यक्ति हैं। उसमें तान्त्रिक संवेदनाएँ सहज ही आयी हैं। विषय, वस्तु, रंग, रचना विदीर्ण होकर पूरे अवकाश में फैलने के बावजूद चित्र में तान्त्रिक संवेदनाएँ होती हैं। इसलिए रशीद चौधरी के चित्र समग्र कला में नवतान्त्रिक कला का स्वतन्त्र अस्तित्व स्थापित करते हैं।

२२

हिम्मत शाह
(१९३३)

हिम्मत शाह

राजा रवि वर्मा ने भारत की परम्परागत कला को त्यागकर ब्रिटिशों की यथार्थवादी कला को स्वीकार किया। इसके लिए उन्होंने ब्रिटिश कलाकारों से इस कला और उसकी तकनीक की शिक्षा भी ग्रहण की। राजा रवि वर्मा यथार्थवादी और तकनीकी कौशल से कला निर्मिति कर रहे थे, परन्तु उनके चित्रों के विषय भारतीय पुराणकथा, अध्यात्म यही थे। विषय भारतीय और तकनीक पश्चिमी—इस कारण उनकी कला का रूप व्यामिश्र बना। देवी-देवताएँ और पुराण कथाएँ वास्तव रूप में आने के कारण उनकी कला अलौकिक बन गयी और राजा रवि वर्मा कला क्षेत्र में ही नहीं, अपितु जनमानस में भी लोकप्रिय बन गये। यह लोकप्रियता भारतीय पुराण और देवी-देवताओं पर श्रद्धा रखनेवाले भोले-भाले लोकसमुदाय की थी। राजा रवि वर्मा भारतीय परम्परा को तोड़नेवाले एक प्रभावशाली कलाकार बन गये।

स्वदेशी विचारों की चेतना के प्रभावस्वरूप भारतीय कलाकार दुबारा अपनी कला-परम्पराओं से जुड़ने का प्रयास कर रहे थे। परन्तु इस स्वदेशी के समर्थन के पीछे भारतीय कला-परम्परा की चेतना कम और विदेशी विचार का विरोध अधिक था। विशुद्ध स्वदेशी कला के रूप में गहरायी में जाकर उसकी परम्पराओं की जड़ें ढूँढ़ने के बजाय इन कलाकारों ने एलोरा, अजन्ता और लघुचित्र शैली को अपनाया। इससे परम्परा का मात्र अनुकरण हुआ।

अमृता शेरगिल के भारत आने पर भारतीय कलाकार उसके कला विचार और कला-निर्मिति से प्रभावित हुए। अमृता शेरगिल के विचारों और कला की नवीनता से प्रभावित इन कलाकारों ने स्वदेशी प्रभाव से स्थापित

'बंगाल स्कूल' और 'बॉम्बे स्कूल' की शैली और विचारों को त्यागकर अमृता शेरगिल के प्रभाव में नयी दिशा ढूँढ़ने का प्रयास किया। इसी दौर के दूसरे विश्वयुद्ध के कारण अनेक देश आज़ाद हुए और विभिन्न देशों में परस्पर राजनीतिक, सामाजिक, सांस्कृतिक विचारों का आदान-प्रदान होने लगा। इससे भारतीय कलाकार भी कला पर वैश्विक परिप्रेक्ष्य में विचार करने लगे। देश में नया विचार करनेवाले दो महत्त्वपूर्ण दल थे—कलकत्ता ग्रुप और प्रोग्रेसिव ग्रुप। इन दलों के कलाकारों ने न केवल भारतीय, बल्कि वैश्विक सन्दर्भ में अपनी कला को आज़माने का प्रयास किया। इसी कारण पाब्लो पिकासो और यूरोप के अनेक महत्त्वपूर्ण कला आन्दोलनों और वादों के समानान्तर भारतीय चित्रकला उभरने लगी।

प्रोग्रेसिव ग्रुप के कलाकारों के विषय भी भारतीय ही थे और तकनीक तथा शैली विदेशी। राजा रवि वर्मा की तरह इतिहास की पुनरावृत्ति। एम.एफ. हुसेन, एफ. एन. सूज़ा के चित्रों में गुप्तकालीन चित्र-शिल्प की चेतना थी, फिर भी उनकी शैली और तकनीक पाब्लो पिकासो और यूरोपीय ढर्रे के थे। एस. एच. रज़ा ने तो भारतीय वैदिक दर्शन को ही अपनी कला का आधार बनाया, परन्तु उनकी निर्मिति का तकनीक यूरोप में प्रचलित भौमितिक रचना से मेल खाता था। संक्षेप में, स्वदेशी विचार से प्रभावित कलाकार और इसके बाद का प्रोग्रेसिव ग्रुप और उनके समकालीन कलाकार सभी अपनी परम्परा और वैश्विक कला के सन्दर्भ में पसोपेश में थे।

प्रोग्रेसिव ग्रुप और उनके समकालीन कलाकारों की इसी सम्भ्रमावस्था को लक्ष्य कर कुछ युवा चित्रकारों ने 'ग्रुप १८९०' नामक नया दल स्थापित किया। इस दल ने विचार, दर्शन, परम्परा, शैली पर नये सिरे से सोचते हुए उसे कला से जोड़ने से मना किया। इस दल की मान्यता थी कि कोई भी विचार या बुद्धि कला में हस्तक्षेप न करे। कला की 'प्रतिमाएँ' स्वाभाविक रूप से आयें और उसके लिए केवल कलाकार ही साक्षी हो। इस तरह यह दल कला को लगभग स्वायत्त मानता था। जे. स्वामीनाथन, जेराम पटेल, अम्बादास, गुलाम मोहम्मद शेख, राकेश मेहरा, हिम्मत शाह आदि इस विचारधारा के महत्त्वपूर्ण चित्रकार एवं शिल्पकार थे।

इस दौर में दो दल विशेष प्रभावशाली थे : पहला दल कला के ज़रिये बुद्धिवाद को प्रस्तुत करता था और दूसरा, अपना हुनर दिखाकर कला का अध्ययन करता था। अमूर्त कला में कुछ गहन, रहस्यमयी अथवा आध्यात्मिक

संवेदनाएँ होने का दावा भी कुछ चित्रकारों द्वारा किया जाता था। इनमें जलरंग, तैलरंग जैसे माध्यमों पर हुकूमत स्थापित कर सम्बद्ध माध्यम के बतौर 'विशेषज्ञ' ख़्याति पानेवाले कुछ कलाकार भी थे। कुल मिलाकर कलात्मक निर्मिति को कला मानने के कारण दोनों तरफ़ से कला का अपभ्रंश हो रहा था और यह विचार उभर रहा था कि बौद्धिकता या कौशल कला की आवश्यकता नहीं है। कलाकार कला निर्मिति का केवल निमित्त होता है। सौन्दर्य-निर्मिति कलाकार के बस की बात नहीं है। वह निर्मिति का बस साक्षी होता है। इस विचारधारा के कलाकार प्रचलित माध्यम, तकनीक, विचार आदि से किनारा करते हुए नयी सम्भावनाओं की तलाश कर रहे थे, जिनमें जेराम पटेल और हिम्मत शाह अग्रसर थे। कोई कलाकार रंग-माध्यम, कैनवस अथवा पेपर के इस्तेमाल के बजाय लकड़ी या धातु को जलाकर या किसी अन्य प्रक्रिया से नयी सम्भावनाएँ खोजने का प्रयास कर रहा था। इन कलाकारों का प्रयास था कि मूर्त-अमूर्त अथवा देशी-विदेशी के परे जाकर कुछ नया खोजें और कला की स्वायत्तता बरकरार रखें। इसी आन्दोलन से हिम्मत शाह प्रचलित से अलग नयी संवेदनाओं के शिल्पकार के रूप में मुखर हो उठते हैं।

शिल्पकार सामान्यत: बाह्य अवकाश और शिल्प को खोदकर बनाये अवकाश से एक लयबद्ध आकृति या आकार बनाता है। फिर चाहे वह आकार मानवाकृति हो या अमूर्त हो। शिल्प के आकार को स्थिर रखने के बजाय यदि वह सक्रिय हो, तो उसकी जड़ता नष्ट होकर उसमें लय आ जाती है, जो शिल्प की अभिव्यक्ति की दृष्टि से पूरक ही होती है। परन्तु हिम्मत इस प्रचलित शिल्प-प्रवृत्ति से किनारा करता है। उसके शिल्प सामान्यत: अनगढ़ होते हैं। यानी शिल्प बनाने से पहले की स्थिति के पत्थर या लकड़ी के कुन्दे जैसे प्राकृतिक। अलग-अलग अंगों का स्वतन्त्र आकार या स्वतन्त्र अस्तित्व होने जैसे शरीर से जुड़े होते हैं। हिम्मत के शिल्पों में इन अंगों का स्वतन्त्र अस्तित्व नहीं होता, बल्कि वे शरीर से तनिक मुखर दिखते हैं। इस कारण उनके शिल्प शरीर या आकृति के बजाय आकार और 'पिण्ड' रूप में अधिक होते हैं।

हिम्मत के शिल्प में बाह्य रूप से खुला अवकाश होता है। शिल्पकला में अवकाश या शून्य नहीं होता। इस कारण ऐसा लगता है कि ये शिल्प बने नहीं हैं, बल्कि प्राकृतिक रूप से इनकी रचना हुई है। साँचे में ढली मूर्ति

जिस तरह एकावयवी होती है, उसी तरह हिम्मत के शिल्प साँचे में आबद्ध होते हैं। साँचे में आबद्ध वस्तु पर खोदने या रचना के निशान नहीं होते। इसके स्थान पर साँचे के सन्धिस्थल या उसके कोनों के निशान होते हैं। हिम्मत के शिल्प में ऐसे ही निर्मिति के चिह्न होते हैं। हिम्मत के शिल्प वस्तु, वास्तु अथवा व्यक्तिसमान होते हैं। परन्तु इनकी निर्मिति प्रक्रिया साँचे में आबद्ध होने के कारण वे समान संवेदनाओं से लैस लगते हैं।

हिम्मत शाह का निर्मिति-प्रयोजन सहज होने के कारण उनके शिल्प सीधे-सरल होते हैं। उनमें कलात्मक कौशल या बहुत बड़ी दार्शनिक अभिव्यक्ति नहीं होती। अतः उनके शिल्प सीधे-सरल वस्तु-रूप में प्रकट होते हैं। परिचित-अपरिचित वस्तु की समूह रचना ही हिम्मत की शिल्प-निर्मिति होती है। परिचित-अपरिचित वस्तु समूह द्वारा निर्मिति विषय की दृष्टि से विसंगत प्रतीत होती है, परन्तु आकार, रचना आदि के कारण वे परस्पर सुसंगत होते हैं।

वस्तु, वास्तु और शिल्प के बुनियादी तत्त्व समान होते हैं। अतः हिम्मत वस्तु, वास्तु या शिल्प की तरफ़ अलगाव की नज़र से नहीं देखता। वह अपनी निर्मिति में इन्हीं समान तत्त्वों पर विचार करता है। हिम्मत की यह निर्मिति वस्तु-शिल्प, वास्तु-शिल्प या शिल्प-वस्तु के रूप में होती है। कुल मिलाकर उसकी निर्मिति परम्परागत कारीगरी परम्परा से जुड़ जाती है। भारतीय उन्नत कारीगरी और अभिजात शिल्प में द्वैत नहीं है। हिम्मत इसी अद्वैत परम्परा से जुड़ जाता है। इसी से उसकी निर्मिति पूर्णत्व को प्राप्त होती है। उसकी निर्मिति में केवल शिल्प या केवल कला-वस्तु नहीं होती, बल्कि उसकी परिणति समूचे चित्र-शिल्प में होती है।

किसी वस्तु या दीवार की रचना में एक पर एक अनेक पर्तें या एक पर एक अनेक लेप लगाये जाते हैं। हिम्मत की शिल्प-निर्मिति की तकनीक भी यही है। उसकी शिल्प-निर्मिति अनेक पर्तों या अलग-अलग लेपनों से बनी लगती है। दीवार का लेपन खोलने पर जिस तरह भीतरी लेपन का अहसास होता है, वैसे ही हिम्मत के शिल्पों की रचना होती है। पुरातन वास्तु या वृक्ष के बाहरी खुरदरेपन के भीतर एक कोमल गूदा होता है। हिम्मत के वास्तुशिल्प या वस्तुशिल्प में भी खुरदरापन होता है, परन्तु साथ ही उसके भीतर उस वस्तु का गूदा होने का भी अहसास होता है।

मानव निर्मित वस्तु में खड़ा या आड़ा चीरा लगाया जाय तो उसकी भीतरी

और बाहरी रचना में बहुत ज़्यादा अन्तर नहीं दिखायी देता। परन्तु प्रकृति द्वारा निर्मित वस्तु इस तरह चीरने पर वस्तु के भीतर रस, बीज और भौमितिक रचना दिखायी देती है। हिम्मत ऐसी ही किसी मानव निर्मित वस्तु को चीरकर उसके भीतर कोई अलग रचना सामग्री या किसी बीज जैसा आकार दर्शाता है। इस अद्‌भुत रचना की निर्मिति से सजीव-निर्जीव का भेद समाप्त हो जाता है। साथ ही व्यक्ति, वास्तु, वस्तु के बीच का जड़-चेतन भेद समाप्त कर उसमें एक ही सौन्दर्य का अहसास उत्पन्न करता है।

हिम्मत शाह के शिल्प भारतीय कारीगरी परम्परा से आये लगते हैं। भारतीय कुम्भ कारीगरी परम्परा शिल्प निर्मिति की बुनियाद है। कुम्भ बनानेवाले कुम्हार की यह परम्परा सिन्धु संस्कृति से आज तक अखण्डित दिखायी देती है। कुम्हार मिट्टी की अनेक वस्तुएँ बनाता है, परन्तु सबका मूल आकार कुम्भ एकसमान ही होता है। मिट्टी के खिलौने, देवता की मूर्तियाँ या मिट्टी के बर्तन बनाने की तकनीक एक ही होती है। एक कुम्भकार को अलग-अलग आकार देने पर ही सारी वस्तुएँ, मूर्तियाँ या बर्तन बनते हैं। हिम्मत बिल्कुल यही कुम्भशैली अपनी निर्मिति के लिए प्रयुक्त करता है। इसी कारण उसके मानवीय चेहरे, वस्तु आदि सभी एक ही समान तत्त्व के बने लगते हैं।

हिम्मत की शिल्प रचना में सम्पूर्ण वस्तु शायद ही होती है। कई बार वस्तु का कुछ हिस्सा शिल्प में होता ही नहीं। फिर भी बतौर शिल्प वह रचना पूरी होती है। वस्तु और वस्तु के न होनेवाले भाग से भाव-अभाव का अहसास होता है। प्राचीन और पुरातन वस्तुएँ पूरी की पूरी सामने नहीं होतीं। उसमें कुछ हिस्से का अभाव होता है। फिर भी उस न होनेवाले हिस्से का तर्क लगाने पर हमें सामने की वस्तु पूरी होने का अहसास होता है। इसी कारण अतीत और वर्तमान का अहसास होता है। समय का यही अहसास हिम्मत के शिल्प में होता है। हिम्मत के शिल्प का समय अमूर्त और अनाहद न होकर भौतिक वास्तव और परिवर्तित होते भूगोल के निशान छोड़ जानेवाला होता है। हिम्मत के वास्तुशिल्प में यह समय खिसक जाने के चिह्न होते हैं।

मिट्टी में दबी वस्तु मिट्टी से बाहर आ जाती है। उसी समय दृष्टि को आदिम संस्कृति की नवजात चेतना महसूस होती है। हिम्मत के शिल्प, वस्तुशिल्प या शिल्पवस्तु ऐसे लगते हैं, मानो वे इसी तरह भूगर्भ से प्रकट हुए हों।

इसीलिए उसकी निर्मिति में ऐसी ही आदिम संस्कृति की नवजात चेतना अनुभव होती है।

स्वयं कलाकार की यह मनीषा है कि सम्बद्ध कलाकृति को शीर्षक और उसके विवरण के बिना, विशुद्ध रूप में ही दर्शकों के सामने रखा जाये। इस कारण इस आलेख के सन्दर्भ शिल्पों का विवरण नहीं दिया गया है।

२३ भूपेन खख्खर

(१९३४-२००३)

भूपेन खख्खर

रवीन्द्रनाथ ठाकुर के बाद दुनिया के सामने पेश करने लायक भारत के दूसरे चित्रकार हैं—भूपेन खख्खर। खख्खर भी रवीन्द्रनाथ की तरह चित्रकला में अपवाद हैं। प्रचलित अर्थ में उन्होंने भी कला की शिक्षा नहीं ली और काफ़ी उम्र के बाद चित्रकला का आरम्भ किया। रवीन्द्रनाथ ठाकुर और भूपेन खख्खर, दोनों ने अपने-अपने दौर में कलाक्षेत्र के स्थापित मूल्यों को नकारकर अपनी अन्त:प्रेरणा से अलग कलाभिव्यक्ति की। उन्होंने अपने-अपने दौर में भारतीय कला को एक नया आयाम प्रदान किया। उनके चित्र प्रचलित परिपाटी के नहीं थे। अत: उस दौर में उनकी कला को एक कला के रूप में स्वीकृति प्राप्त होने में काफ़ी समय लग गया।

गगेन्द्रनाथ ठाकुर, अवनीन्द्रनाथ ठाकुर और उनके छात्र नन्दलाल बोस जैसे अत्यन्त प्रभावशाली चित्रकार रवीन्द्रनाथ के घर में ही थे। उनकी शैली के कारण ही उनकी कलाएँ 'बंगाल स्कूल' के बाद बतौर भारतीय कला विश्वमान्य हो गयीं। परन्तु रवीन्द्रनाथ की कला से पूरा माहौल बदल गया। अमृता शेरगिल की तरह अत्यन्त मेधावी विचारों की चित्रकार ने भारतीय कला की समीक्षा करते हुए कला को जो गम्भीरता प्रदान की, उससे रवीन्द्रनाथ की कला में और निखार आया। देश की स्वाधीनता के बाद जो कलाकार भारतीयत्व के लिए अथक प्रयास कर रहे थे, इससे 'प्रोग्रसिव' और 'कलकत्ता ग्रुप' के आन्दोलन सामने आये। भूपेन खख्खर की कला ने उनकी भी मर्यादाओं का प्रदर्शन किया। इससे उनका कला सम्बन्धी दृष्टिकोण प्रभावशाली बन गया और उनके 'प्लेस फॉर पिपल' विचार से प्रेरित 'नैरेटिव' कला भारत में सही मायने में प्रचलित हुई।

साहित्य क्षेत्र में 'लिटिल मैगज़ीन' नाम से लघु–पत्रिकाओं का आन्दोलन चला, जिसके द्वारा कवियों, लेखकों ने रोमांटिक, रंजक और आयातित साहित्य को नकारकर ठेठ यथार्थ को, ज़िन्दगी के मूल्य को साहित्य में स्थान प्रदान किया। सम्भवत: इसी आन्दोलन के प्रभाव से 'प्लेस फॉर पिपल' आन्दोलन खड़ा हुआ था। क्योंकि इन आन्दोलनों में अनेक चित्रकार मूलत: लेखक थे। भूपेन खख्खर भी मूलत: लेखक ही थे, जो बाद में चित्रकार बन गये।

जब रवीन्द्रनाथ कला के क्षेत्र में आये, उस समय भारतीय कला आलंकारिक बन गयी थी। उसी प्रकार भूपेन जब कला क्षेत्र में आये तब वह रोमांटिक और रंजक बनी हुई थी। फ़िगरेटिव चित्रकार अथवा अमूर्तवादियों में अन्तर केवल शैली का था, वर्ना दोनों एक ही थे। एक तरफ़ भूपेन के प्रभाव के कारण फ़िगरेटिव चित्रकारों ने उन्हें अपने क़रीब लाने का प्रयास किया, परन्तु अमूर्तवादी चित्रकारों ने भूपेन को अपना घोर विरोधी माना।

यह साहित्यिक आन्दोलन मात्र साहित्य तक सीमित नहीं रहा बल्कि सांस्कृतिक आन्दोलन भी बन गया। इससे न केवल नाटक–फ़िल्म कला में बदलाव आया, बल्कि चित्रकला भी बदल गयी। इसी कारण इस दौर में साहित्य के सम्पर्क में आये वासुदेव गायतोण्डे, प्रभाकर बरवे, भूपेन खख्खर आदि चित्रकार अन्य भारतीय चित्रकारों की तुलना में अलग और प्रभावशाली प्रतीत होते हैं। बाद के चित्रकारों ने इन्हीं चित्रकारों का अनुकरण करना स्वीकार किया। बरवे और गायतोण्डे की तुलना में भूपेन तकनीक तथा अनुभव की दृष्टि से भी अपवादात्मक थे। अत: उनका अनुकरण सम्भव नहीं था। क्योंकि अपवाद तो आख़िर अपवाद ही होता है। वह प्रातिनिधिक कैसे हो सकता है?

वासुदेव गायतोण्डे और भूपेन खख्खर, दोनों परम्परा से मज़बूती से जुड़े हुए चित्रकार हैं। पीछे जाकर देखें, तो यह परम्परा मौखिक और कारीगरी की परम्परा तक जाती है। मौखिक, वाचिक परम्परा से आनेवाले 'नैरेशन' की अतिसुन्दर अभिव्यक्ति भूपेन खख्खर के चित्रों में है और कारीगरी की तकनीक, कुशलता, विज्ञान और अमूर्त के अलौकिक अहसास की अभिव्यक्ति वासुदेव गायतोण्डे के चित्रों में हैं।

वस्तु सुन्दर होती है, परन्तु इसका अर्थ यह कदापि नहीं कि उसकी छाया भी

सुन्दर होगी। वस्तु में रंग होता है, छाया में नहीं होता। सुन्दर वस्तु की छाया कुरूप भी हो सकती है। फिर भी वस्तु और छाया एक ही है। इसी सिद्धान्त के अनुसार वासुदेव गायतोण्डे और भूपेन खख्खर एक-दूसरे की छाया-प्रतिच्छाया हैं। ये दोनों छायाएँ यानी रवीन्द्रनाथ ठाकुर की बदली हुई प्रतिमाएँ ही हैं। भूपेन खख्खर और वासुदेव गायतोण्डे के चित्रों का एकत्रित ब्यौरा रवीन्द्रनाथ के चित्रों में नज़र आता है। अथवा रवीन्द्रनाथ के चित्रों को तनिक कुरेदकर देखें तो उनमें खख्खर और गायतोण्डे दिखायी देते हैं। भूपेन और गायतोण्डे शैली और विचार की दृष्टि से चाहे अलग हों, परन्तु उनके चित्रों के भीतर से एस्थेटिकली एक ही अभिसरण होता है। इसी कारण भारत के रवीन्द्रनाथ ठाकुर, भूपेन खख्खर अथवा वासुदेव गायतोण्डे को दुनिया चाहती है।

प्रत्येक व्यक्ति में एक ललित और एक दलित अंग होता है। मनुष्य अपने ललित अंग पर गर्व करता है और दलित अंग की चुपके से देखभाल करता है। भूपेन खख्खर ने इनसान को पूरा घुमाकर उसके दोनों—दलित और ललित अंगों के दर्शन कराये हैं। 'सत्य का दर्शन कराने' के कारण भूपेन खख्खर 'सन्त भूपेन खख्खर' बन जाते हैं। सन्त पारदर्शी होते हैं, पारद्रष्टा भी होते हैं।

'झरझर बहती ज़िन्दगी' को कलाकृति में उतारना अलौकिक कार्य है। भूपेन ने जीने की थाह लेकर उसे सगुण-निर्गुण और उसके दुर्गुणों के साथ कलाकृति में उतारा है। इसीलिए उनके चित्र मूर्त हैं, अमूर्त भी हैं। मूर्तामूर्त एक साथ होने के कारण वे 'परिपूर्ण' हैं।

भूपेन खख्खर की प्रकृति में भी एक काइयाँपन है। यह काइयाँपन उनके चित्रों में भी होता है। हमारी परम्परा के कुछ हठयोगी, औलिया आदि का बर्ताव कुछ ऐसा ही काइयाँ होता है। प्रस्थापित को नकारना उनका असल उद्देश्य होता है। हमारी तान्त्रिक परम्परा में एक सम्प्रदाय ऐसे ही धूर्तयोगियों का है। इनका धर्म है, पवित्र और सुन्दर को त्यागकर पाप और कुरूपता को अपनाना। ज़िन्दगी के अवांछित पक्ष हमेशा अपनाते रहना।

भूपेन की धूर्तता और काइयाँपन के कारण उनके चित्र हमेशा विनोदपूर्ण प्रतीत होते हैं। उनके चित्र गम्भीर होकर भी विनोदपूर्ण होते हैं। चित्रकला में इस तरह विनोदपूर्ण होने की दृष्टि से भी भूपेन अपवाद हैं। बिना व्यंग्य,

पैरोडी के निर्मल और स्वाभाविक विनोद भूपेन के रंग, रूप, आकार में अत्यन्त स्वाभाविक रूप में आते हैं। मात्र रंग-संयोजन विनोदपूर्ण होना असम्भव बात है, जो भूपेन के चित्रों में सहज ही दिखायी देती है।

जिस वस्तु की चुम्बकीय शक्ति भीतर से ख़त्म हो जाये, वह संज्ञाशून्य हो जाती होगी। भूपेन के चित्र के लोग भी ऐसे संज्ञाशून्य प्रतीत होते हैं, मानो उनकी भीतरी बौद्धिक संवेदनाएँ गुम हो गयी हों। परस्पर छिटके हुए लोग फिर से क़रीब आकर शारीरिक गतिविधियों के रूप में कुछ हरकतें करते हैं। परन्तु वे हरकतें सुसंगत नहीं होतीं। इससे ऐसा नहीं लगता कि वे कुछ संवाद कर रहे हैं। इसी कारण चित्र के मानवीय समुदाय का कोई सामुदायिक कार्य नहीं होता। अत: ऐसा नहीं लगता कि वहाँ कुछ कथा घटित हो रही है। प्रत्येक व्यक्ति आत्ममग्न अथवा ख़ुद के लिए दुर्बोध-सा होता है। ऐसी विसंगति से भी एक नाट्यरूप घटित होता है।

कथा, कहानी, नीतिकथा, बोधकथा आदि कथा के अनेक प्रकार हैं। कथा का एक विशिष्ट उद्देश्य होता है। परन्तु बिना किसी उद्देश्य के, बिना किसी बोध के बस कथन करते जाना, ऐसी कुछ बेकार कथाएँ भी होती हैं। भूपेन के चित्र ऐसी ही बेकार कथाओं जैसे हैं, बोधकथाओं या नीतिशास्त्र जैसे नहीं। कथन करना मनुष्य की प्रकृति है, इसीलिए कथा बनाते जाना। कथा जैसी होकर भी कथा न होना, केवल चित्र ही बने रहना, यही चित्र का गुण है। इसलिए भूपेन के चित्र 'कथाचित्र' नहीं, बल्कि 'चित्रकथाएँ' हैं। मात्र 'नैरेटिव' न होकर 'विजुवल नैरेटिव' हैं।

भूपेन के चित्रावकाश में चित्र के विषय की तुलना में जल और ज़मीन— दो तत्त्व अधिक होते हैं। ज़मीन का सुन्दर रूप मात्र भूपेन के चित्र में ही देखने को मिलता है। चित्र में मैदान, ख़ाली परिसर, सड़कें आदि विशेष रूप के होते हैं। क्षितिज के पास ही चित्र समाप्त होने के कारण चित्र में आकाश होता ही नहीं। भूपेन के चित्र में आकाश की तरह सूर्य का प्रकाश भी नहीं होता। प्रत्येक व्यक्ति, वस्तु अपने ही असल गहरे और उजले रंग में दिखते हैं। इस कारण भूपेन मनचाही दिशा में प्रकाश का आभास उत्पन्न कर सकते हैं। इससे चित्र यथार्थ लगने लगता है और उसमें जड़ता नहीं रह जाती। सम्पूर्ण चित्र में एक तरलता आ जाती है और व्यक्ति तथा वस्तु इस तरलता में जुड़ जाते हैं। सम्पूर्ण चित्र में चित्रकार की कल्पना का 'दृश्य' होता है। इसलिए साधारण से साधारण ब्यौरे में, रंग में, रचना में वही

कल्पना बार-बार आती है। सम्पूर्ण चित्र चित्रकार की भीतरी कल्पना की रचना होती है।

जल तत्त्व भी उनके चित्र का अधिकाधिक फलक घेरे हुए होता है। परन्तु यह जल उसके जलचरों के बिना होता है। इस कारण मूल विषय से विषयान्तर नहीं होता अथवा अन्य घटना घटित होकर चित्र का विभाजन नहीं होता। इस पानी और ज़मीन के कारण चित्र में परिसर का अहसास बनता है। यानी सामनेवाले व्यक्ति की हरकतों में ठोस वास्तविकता आती है। यह परिसर चित्रों का एक अंग ही बन जाता है, जो अधिकाधिक ख़ाली होता है। इससे चित्र की घटना कथा की घटना नहीं लगती बल्कि जीवन की घटना प्रतीत होती है।

भारतीय पुराण साहित्य तथा पुराण कथाओं का प्रभाव कला पर भी है। अनेक चित्रकारों ने इन पुराणकथाओं का अपने चित्रों में इस्तेमाल किया है। भूपेन खख्खर के चित्रों में भी पुराणकथाएँ होती हैं। परन्तु यहाँ भी भूपेन अन्य चित्रकारों की तरह पुराणकथा का ज्यों का त्यों इस्तेमाल नहीं करते। उनकी चालाकी यहाँ भी सामने आती है। चित्र में पुराणकथाओं का इस्तेमाल न कर वे ख़ुद को उस पुराणकथा का हिस्सा कल्पित करते हैं और उसके बाद उस कथा का चित्र में इस्तेमाल करते हैं। पुराणों में ख़ुद की ही प्रतिमा ढूँढ़ते हैं। इससे वह पुराण पुराण नहीं रह जाता, बल्कि उसे अर्वाचीन रूप प्राप्त हो जाता है। परम्परागत जीवन का बाहरी जीवन भूपेन के चित्र का आशय होता है। सभ्य और भद्र लोगों के जीवन की परिधि के बाहर अभद्र और असभ्य लोगों के जीवन का वृत्त होता है। भूपेन ऐसे इनसानों की प्रतिमाओं को पुराणों से खोदकर उनका चित्रण करते हैं। यानी पुराण के बाहर का पुराण। यही भूपेन के चित्रों का विषय होता है।

प्रत्येक कला की अपनी परम्परा होती है, जो सामान्य लोकजीवन से आती है। लोककला, लोकसाहित्य को ही साधारण चित्रकार अपनी कला का आधार मानते हैं। यहाँ भी भूपेन इस बनी-बनायी लोककला से ख़ुद को नहीं जोड़ते। लोकबुद्धि और लोक संवेदना से वे अपनी निर्मिति करते हैं। लोककला के बने-बनाये आधार, प्रतीकचिह्नों का वे प्रयोग नहीं करते। बल्कि लोक-संवेदना, लोकबुद्धि यानी मूल से ही लोककला आत्मसात् करते हैं। इसी कारण उनके चित्रों में एक देसीपन बना हुआ है।

लोक-संवेदना के कारण ही भूपेन के चित्र लघुचित्रों की याद दिलाते हैं।

परन्तु लघुचित्र में जो नैपुण्य, जो कौशल, जो विषय होता है, वह तो भूपेन के चित्र में बिलकुल भी नहीं मिलता। लघुचित्र में जो भी नैपुण्य या कौशल है वह भी प्राकृतिक नहीं होता। ग्रामीण चित्रकारों को राजाश्रय प्राप्त होने के कारण ही उनकी कला में निखार आया है। आश्रित की तरह रहकर, राजाभिरुचि का पोषण करने के कारण यह कला लोककला से परिवर्तित हो गयी। फिर भी यह कल्पना की जा सकती है कि राजा की उच्च्व अभिरुचि के बारे में न सोचकर अथवा राजाश्रय में न रहकर यह कला वृद्धिंगत हो जाती तो आज भूपेन खख्खर के चित्र में जो देसीपन अनुभव होता है, वह भी उसी रूप में आ जाता। यानी भूपेन के चित्र के बहाने हम परम्परा के पीछे की असली परम्परा की कल्पना कर सकते हैं।

लोक-संवेदना से जो तैयार होता है, वह भूपेन के चित्र की तरह दिखता है। अथवा भूपेन किसी भी वस्तु का, व्यक्ति का चित्रण करे, तो वह भी लोककला की तरह ही दिखता है। इतना वे एकाकार हो गये हैं। लोक-संवेदनाओं की इस तरह थाह लेनेवाला चित्रकार भारतीय कला के परिप्रेक्ष्य में दूसरा नहीं है। इसी कारण एक भारतीय कलाकार के रूप में भूपेन खख्खर को दुनिया ने सहज ही स्वीकार किया है।

२४

जिव्या सोमा मशे

(१९३४)

जिव्या सोमा मशे

> 'Artist has no beleve in their own truth to make art,' Rechard said. 'I am in the modernist avant-grade tradition as well as 'Primitive'. All art depends on other art. Jivya works in his tradition, but goes beyond it, has his own personal style and subject matter.' (Richard Long, b. 1945, Bristol England)
>
> Jivya Soma Mashe is a substantial, influential man in his community. With an international artistic reputation, the disparity between the price of his work and that of Richard Long speaks values not just about market force, but the distribution of power and wealth in the world. (Denise Hooker).

जिव्या सोमा मशे विश्व मंच के एक अत्यन्त महत्त्वपूर्ण चित्रकार हैं। प्रत्येक आभिजात्य कला एक परम्परा से आती है। जिव्या सोमा मशे के चित्र वारली चित्र परम्परा से आकर आज आभिजात्य बन गये हैं। जिव्या सोमा के ज़रिये ही वारली चित्र लोकाभिमुख हुए हैं। आज यह चित्र परम्परा न केवल केन्द्रीय बनी है, बल्कि वह वारली जनजाति की पहचान भी बन गयी है।

यह समाज जंगल 'वार' कर (साफ़ कर) खेती करता है, इसलिए इसे वारली कहा जाता है। संक्षेप में, इस समाज की कृषि संस्कृति की अपनी प्राचीन परम्परा है। सिन्धु संस्कृति से पूर्व अनेक जनजातियाँ घुमन्तू हुआ करती थीं। नवपाषाण युग में ये जनजातियाँ पशुपालन और खेती-उद्योगों

के कारण एक जगह पर स्थिर हुईं। ऐसी अनेक जनजातियों की परम्पराएँ वैदिक परम्पराओं में मिल गयी थीं, जिनसे मिलकर नागर सिन्धु संस्कृति बनी। सिन्धुपूर्व दौर की इन कृषि परम्पराओं को कुलीन आर्य जाति के लोगों ने निषाद परम्परा माना। तब से यह समाज संस्कृति की मुख्य धारा से कट गया। वारली समाज इसी निषाद संस्कृति का वंशज है।

यूरोप में अनेक वादों की शृंखलाएँ हैं, जिनमें से एक प्रभाववाद में विचार और शैली के स्तर पर वारली चित्र शैली की समानता दिखायी देती है। मात्र बौद्धिक और सैद्धान्तिक चित्र न बनाकर ये चित्रकार खुली हवा में ठेठ यथार्थ जीवन से ही भिड़ जाते हैं। पॉल सेज़ां, पॉल गोगाँ और विन्सेंट वान गॉग आदि इस शैली के मुख्य चित्रकार हैं। खुले माहौल में चित्र की रचना करने के कारण इनके चित्रों में उसी जीवन शैली की अर्थात् किसान, श्रमिक, मज़दूर आदि की संवेदनाएँ आती गयीं। इससे यह साम्य दोनों शैलियों में अपने आप आ गया।

'मैं शहर का चित्रकार नहीं हूँ। शहर से मेरा कोई नाता नहीं है। मैं किसान हूँ। मुझे खेत में लौट जाना है। मुझे सूर्य के ऐसे प्रदेश में जाना है, जहाँ उसकी गर्मी चित्रकला की इच्छा के अलावा मेरे भीतर का सब कुछ जला देगी।' 'मैं किसान ही चित्रित करता हूँ, और मुझे लगता है कि ये औरतें भी किसान ही हैं। हाड़-मांस की बनी। ज़मीन और मांस तो एक ही तत्त्व के दो रूप हैं!' ये दोनों कथन विन्सेंट वान गॉग के हैं। यूरोप के वादों की शृंखला में प्रभाववाद और अभिव्यक्तिवाद के अनुयायी पॉल सेज़ां, सह्यरा, पॉल गोगाँ आदि में से प्रत्येक की व्यक्तिगत सोच की दिशा और काम की शैली भिन्न है। जार्ज सुरे का अपवाद छोड़ दें, तो स्टूडियो में बन्द माहौल में काम करने की बजाय खुले में और साक्षात् प्रकृति के सान्निध्य में काम करने से उनमें यह गम्भीरता है। इसी कारण पॉल गोगाँ और वान गॉग आदि चित्रकार प्रकृति की तुलना में आदिवासी और किसान-मज़दूरों के जीवन में अधिक एकाकार हो गये। पॉल गोगाँ ताहिती द्वीप के निवासी आदिवासियों के पास पहुँचा और वान गॉग आल्प्स पर्वत पर।

विन्सेंट ने केवल प्रखर उजाले में दिखनेवाले तीव्र रंगों के लिए आल्प्स पर्वत की तरफ़ जाना तय किया था। वहाँ वह किसान और मज़दूरों के जीवन से एकाकार ही हो गया। वान गॉग कहता है, 'इस पौधे का ज़मीन से जो रिश्ता होता है, वही रिश्ता खेती में काम करनेवाले किसानों का खेत

से होता है। मैं यह दिखाना चाहता हूँ कि यह सूर्य किसान, पौधे, भूमि, हल—सबको नहला रहा है। इस संसार की लय, जिससे दुनिया की सारी गतिविधियाँ घटित होती हैं, एक बार समझ में आ जाय तो आपको ज़िन्दगी समझ में आती है। यही तो परमात्मा है।' विन्सेंट वान गॉग और जिव्या सोमा मशे, दोनों का परमात्मा एक ही है। ऊपर सूर्य और नीचे खेत की दुनिया। वारली चित्र को आदिवासी चित्र समझकर अनदेखा नहीं कर सकते। आज उन्हें विश्व-कला के परिप्रेक्ष्य में ही देखना होगा। प्रकृति में जिसे बुनियादी आकार दिखायी नहीं देते, वह चित्रकार ही नहीं है। प्रकृति में ऐसे अमूर्त शास्त्र के तत्त्व दिखायी दें, ऐसी कड़ी शर्त पूरे प्रभाववादी और अभिव्यक्तिवादी चित्रकारों की ही थी। ऐसा प्रभाव वारली चित्रों में साफ़-साफ़ आता है। वारली चित्र में प्रभाववाद, अभिव्यक्तिवाद, घनवाद, उत्तरघनवाद, अमूर्तशास्त्र आदि सभी के लक्षण साफ़-साफ़ दिखायी पड़ते हैं। भीम-लघुद्वीप से उत्क्रान्त यह कला आधुनिकतावाद के साथ-साथ चलती है। उत्तर सिन्धु संस्कृति की जीवनशैली विलुप्त हो गयी, फिर भी वारली जीवनशैली में वह सभी लक्षणों के साथ दुबारा दीख पड़ती है।

सूर्य, चन्द्रमा, चन्द्रमा की वृत्ताकार आभा, आँखों की पकड़ में न आनेवाले परन्तु महसूस होनेवाले हवा के भँवर, दवनी, खलिहान, तालाब, चींटियों की बाँबियाँ, ऊँचे वाल्मीक, साँपों की कुण्डलियाँ, उन्माद में वृत्ताकार झूमते स्त्री-पुरुषों का तारपा नृत्य, इससे होनेवाला वृत्त का अहसास, पहाड़, झुग्गियाँ, कमर से विभाजित होते मनुष्य-प्राणियों के शरीर का त्रिकोण से साम्य—ये दोनों यथार्थ की ही अनुभूतियाँ हैं। परन्तु चौकोन अथवा चौक पूरी तरह से प्रतीकात्मक मिथक से आया होता है। समुद्र की रेखा, धरती की रेखा, ग्रामदेवता की रेखा और गोत्र की रेखा—चारों प्रतीकों का एक ही चौक। इस तरह उनके चित्रों में चौकोन, त्रिकोण और वृत्त की अनुभूति होती है।

चन्द्रमा की वृत्ताकार आभा, उसके इर्द-गिर्द पूरे आकाश में फैले हुए सितारे—इस तरह इन चित्रों की रचना होती है। कभी पूरे आकाश के सितारों को अमूर्त रेखाओं से जोड़कर उसकी संरचना की कल्पना कर सकते हैं, तो कभी सितारों के पुंज से आकृतियाँ बनती हैं। इन ग्रह-तारों का जिस प्रकार अपना एक मिथक होता है, उसी प्रकार वारली चित्र की आकृतियाँ उस पूरे चित्र में फैली प्रतीत होती हैं। मिथक की तरह वारली

चित्र में भी एक कहानी होती है। ये आकृतियाँ उस एक ही कहानी के क्रियाशील तत्त्व होते हैं। इसलिए वे भी अमूर्त रेखा से परस्पर जोड़ दिये जाते हैं।

वारली चित्र की 'कहानी' में वारली समाज की मिथक कथा होती है। यह कहानी किसी के द्वारा पढ़ी गयी या सुनायी हुई नहीं होती। ऐसी कहानियों पर ही कृषि-संस्कृति का दर्शन खड़ा है। चित्र के आधार रूप में कोई कहानी उठायी जाती है और चित्रकला की तकनीक के अनुसार उसकी संरचना की जाती है। इसमें यह आग्रह नहीं होता कि चित्र की कहानी समझ में आ ही जाय। कहानी कृषि-संस्कृति की ही होने के कारण चित्र का प्रत्येक तत्त्व कृषिकर्म के साथ सक्रिय होता है। वान गॉग के चित्र का प्रत्येक तत्त्व इसी तरह सक्रिय होता है। वान गॉग के चित्र में सूरजमुखी और गेहूँ के खेत के परिसर का दृश्य होता है, उसी तरह धान की बुआयी या कटाई का दृश्य वारली के चित्र में होता है। वारली चित्र चाहे सपाट पृष्ठ पर द्विमिति में अंकित हों, परन्तु उसकी तकनीकी के कारण भूमि पर भी वह बिलकुल वास्तविक रूप में आभासित होता है। इस चित्र की कहानी में स्त्री-पुरुष के भेदभावपूर्ण अथवा श्रेणी, दर्ज़े के व्यक्ति नहीं होते। व्यक्ति, प्राणी, पशु, वनस्पति एक ही आकृति से आते हैं। इस कारण प्रकृति और जीवन यहाँ एकाकार होता है। उनमें अन्तर नहीं रह जाता। जिव्या सोमा कहता है, मेरे चित्र के प्राणी, जन्तु, पक्षी, इनसान सब मेरे वास्तविकता में देखे होते हैं। बस पेड़ मैं कल्पना से बनाता हूँ। वारली चित्र के पेड़ चाहे जंगल के हों, पर वे बुआई किये पेड़ों जैसे पंक्तिबद्ध होते हैं। वे राजपूत लघुचित्र की तरह लग सकते हैं, परन्तु उन लघुचित्रों में पेड़ की तुलना में लताओं का इस्तेमाल अधिक होता है। वारली चित्र के पेड़ तने हुए होते हैं। ऊपर पक्षी और बया का घोंसला—इस कारण ये काल्पनिक के पेड़ भी यथार्थ प्रतीत होकर पूरे चित्र के साथ एकाकार हो जाते हैं। विन्सेंट के पेड़ लच्छेदार और ऊपर की तरफ़ बढ़ रहे होते हैं। उजाले के रंगीन कणों से गतिमान होनेवाली हवा, गर्मी के न्यूनाधिक दबाव से बननेवाले चक्राकार, आकाश के सितारों पर हवा के वातावरण का हल्का-सा पल्लू लिये धूमिल परन्तु धीरे-धीरे साफ़ होती हरकतों के वृत्ताकार, प्रखर सूर्य प्रकाश की जलन, भूमि से परावर्तित होती दीख पड़ती लू, उस लू में काँप रहे पेड़, खेती, किसान सब एक-दूसरे में मिलकर फिर अलग होते हैं। इससे चित्र

में क्षिप्रता आ जाती है। विन्सेंट के रंग सड़ाका शैली के नहीं हैं। सूर्य और मेहनतकश व्यक्ति की साझा जलन, सूर्य की दिशा में झुक रहे पीले सूरजमुखी के खेत, उनकी रफ़्तार आदि को विन्सेंट चित्र में पकड़ने का प्रयास करता है। यही रफ़्तार वारली चित्र में दिखायी देती है। रंग न होकर भी आकृति की रफ़्तार, उनकी कमी महसूस होने नहीं देती। ऊपर आकाश, नीचे ज़मीन। बीच में अलग-अलग गति की वायु का अस्तित्व चित्र में तीव्रता से अनुभव होता है। पृथ्वी, आकाश, तेज, वायु, जल आदि प्रकृति के बुनियादी तत्त्व इस चित्र में आसानी से पाये जाते हैं।

वारली चित्र की रचना से उत्पन्न होनेवाली लय में अलग-अलग धुनें, नाद अनुभव होते हैं। वारली चित्र हमेशा सामूहिक होते हैं। इन चित्रों में चेहरा महत्त्वपूर्ण नहीं होता। इनमें नाक, आँखें आदि शरीर के अलग-अलग अंग नहीं होते। एक समग्र देहबोध होता है। ये शरीराकृतियाँ एक कोण में झुकी हुई होने के कारण अत्यन्त चुस्त और गतिशील लगती हैं।

चित्रकला यद्यपि भूमि से सम्बद्ध कला नहीं है, परन्तु वारली इसका अपवाद है। क्योंकि यह कला भूमि से अत्यन्त एकाकार हुई है। भूमि के भौतिक रूप—पहाड़, नदियाँ, पेड़ ही नहीं बल्कि पूरे परिसर से वह जुड़ी हुई है। वारली समाज पेशे से किसान है। अतः यह दिखायी देता है कि यह कला भूमि से कितनी गहराई तक जुड़ी हुई है। दरअसल, जंगल 'वारकर' खेती करने के कारण ही इस जनजाति को 'वारली' नाम मिला है। संसार के सारे आदिवासी जंगल में रहते हैं। शिकार अथवा जंगल में उपलब्ध हुए अन्न पर गुज़ारा करते हैं। यही जीवनशैली इनके चित्रों में आती है। परन्तु शिकार, देवी-देवता, रीति-रिवाज़ आदि के चित्र वारली चित्रकला में नहीं आते। बहुत हुआ तो मछलियाँ पकड़नेवाले मछेरे आयेंगे, वरना बाक़ी सारे चित्र खेती से सम्बन्धित ही होते हैं। क्योंकि यही उनकी जीवनशैली है। इसी कारण संसार भर के आदिवासियों में वारली शैली अत्यन्त विशिष्ट है। वारली अतिप्राचीन जनजाति है, तथापि वह आदिवासी नहीं है।

वारली समाज परिसर के साथ-साथ भूमि के साथ भी अत्यन्त निष्ठावान होता है। अतः भूमि की भूमिति के सारे तत्त्व वारली चित्रों में परावर्तित दिखायी देते हैं। पेरिस के कलासंयोजक हार्वे ने वारली परिसर को भेंट दी। वह इस भूमि की विशेषता से बिलकुल अभिभूत हो गया। उसकी इच्छा थी कि लन्दन का विश्वविख्यात कलाकार रिचर्ड लाँग भी यहाँ आये। उसने

लाँग के इस दौरे का आयोजन भी किया। दरअसल, उत्तरआधुनिक दौर के बाद प्रायोगिकता चरम पर पहुँच चुकी थी। कला वास्तव या यथार्थ में होती है। उसे अलग करने की आवश्यकता नहीं होती। या फिर परम्परागत रंग माध्यमों को त्यागकर कुछ कला निर्मिति हो सकती है। 'लैण्ड आर्ट' का विशेषज्ञ रिचर्ड लाँग भूमि से जुड़कर काम करनेवाला कलाकार है। इस कला में पत्थर, रेत, मिट्टी के ज़रिये प्रत्यक्ष भूमि पर पूरे परिसर का अनुमान लगाकर इस तत्त्व की पुनर्रचना की जाती है। रिचर्ड लाँग की काम की यह पद्धति और वारली परिसर—दोनों का मेल हार्वे की कल्पना में था।

रिचर्ड लाँग वारली में आया और उसने अत्यन्त प्रभावित होकर भूमि पर अनेक विश्वस्तरीय कलात्मक अभिव्यक्तियाँ साकार कीं। झील, पगडण्डियाँ, धान की खेती, वारली की मिथक कथाएँ, परिसर, वारली की मिट्टी का विशिष्ट रंग, भूमि की भूमिति और संरचना, धान की भूसी, हल्दी आदि माध्यमों का प्रयोग कर लैण्ड आर्ट के रूप में उसने अपनी कलाभिव्यक्तियाँ साकार कीं।

भूमि से एकाकार वारली चित्र और भूमि को माध्यम बनानेवाली रिचर्ड की लैण्ड आर्ट, दोनों का अद्‌भुत संगम। बाद में रिचर्ड ने इसी कल्पना को कलाकृति में परिवर्तित कर जिव्या सोमा मशे और रिचर्ड लाँग—दोनों की एक प्रदर्शनी आयोजित की। पेरिस में भी एक विश्वस्तरीय प्रदर्शनी सम्पन्न हुई।

वान गॉग कहता है, 'मैं खेती करता हूँ तब मुझे भुट्टे या बाल के अनाज का दाना अपनी ज़िन्दगी के लिए मशक्कत करता नज़र आता है।' जिव्या सोमा मशे, विन्सेंट वान गॉग और रिचर्ड लाँग की कलाभिव्यक्ति इसी बीज की धड़कन के लिए है। बीज और उसके अपार अवकाश वाली खेती ही चित्रकार है। चाहे ये ऊपरी तौर के बौद्धिक अनुसन्धान या बौद्धिक सम्बोधन हों, परन्तु उनकी कला एक श्रमिक के कार्य जैसी है। पहाड़, झील, पत्थर, पक्षी—ये सब मात्र प्रकृति के तत्त्व नहीं हैं, बल्कि प्रकृति से एकाकार बने किसान जीवन के भी तत्त्व हैं। किसान अपनी जीवनशैली में इन तत्त्वों का इस्तेमाल करता है। वान गॉग, जिव्या सोमा और रिचर्ड लाँग भी उन्हीं तत्त्वों का इस्तेमाल करते हैं। इसलिए ये कलाकार कृषक जीवन की गहराई से मात्र प्रभावित ही नहीं हैं, बल्कि वारली कृषक बने वारली चित्रकार हैं।

२५

प्रभाकर बरवे

(१९३६-१९९५)

प्रभाकर बरवे

आज़ादी के बाद भारतीय कला वैश्विक कला के सम्पर्क में आयी, जिसका असर यह हुआ कि भारतीय कलाकार वैश्विक कला को ही केन्द्र में रखकर अपनी कला का सृजन करने लगे। यूरोप में विकसित महत्त्वपूर्ण वाद, पिकासो अथवा जर्मनी के पॉल क्ली जैसे महत्त्वपूर्ण कलाकारों से भारतीय कला प्रभावित हुई। भारतीय कलाकारों को यह महसूस हुआ कि इन प्रभावों के कारण हम अपनी मूल भारतीय परम्परा से दूर हो रहे हैं और हमें दुबारा अपनी परम्परा से जुड़ना होगा। अतः ये कलाकार प्रयास करने लगे कि अपनी कला में 'भारतीयत्व' की संवेदनाएँ उभरें। स्वदेशी आन्दोलन से लेकर प्रोग्रेसिव ग्रुप और उसकी परवर्ती पीढ़ी के कलाकारों ने भारतीयत्व की पहचान को, उसके चिह्नों को अपनी कला में लाने का प्रयास किया। इस प्रकार आज़ादी के आसपास जन्मी और उसके बाद स्थापित हुए कलाकारों की पीढ़ी तक भारतीयत्व का यह दबाव साफ़-साफ़ दिखायी देता है।

स्वदेशी और भारतीयत्व के प्रभाव के कारण भारतीय कलाकार पसोपेश में फँसे हुए थे कि हम अपनी परम्परा का आधार लें या आधुनिक विश्व को ही केन्द्र में रखें। पिकासो और घनवाद के निर्णायक परिणाम के कारण यूरोप में अमूर्तवाद स्थापित हो चुका था। यहाँ के कुछ कलाकारों पर पिकासो का भी प्रभाव था। इसलिए उनमें अमूर्तवादी चित्रों के प्रति आकर्षण था। एक ओर उन्हें अमूर्तवाद भी आकर्षित कर रहा था, और दूसरी ओर अमूर्तवाद में भारतीयत्व के चिह्न, उसकी पहचान का समावेश करना भी आसान नहीं था। अतः कुछ कलाकारों ने अध्यात्म का आधार लेकर अपने

मार्ग को निष्कंटक बना लिया।

भारतीयत्व के प्रति आस्था के कारण भारत में ऐसी ही एक चित्रशैली अल्पावधि में उत्पन्न हुई थी। भारत की मूल दार्शनिक परम्परा 'तान्त्रिकों' की है। इस तन्त्र परम्परा के कुछ प्रतीक, चिह्न ठेठ भारतीय हैं और दूसरी दृष्टि से यह शैली अमूर्तवादी भी है। अमूर्तवादी शैली में भारतीय चिह्न अथवा भारतीयत्व का परिचय तान्त्रिक प्रतीकों और उसके चिह्नों के कारण हुआ। के. सी. एस. पणिक्कर, शंकर पलशीकर, जी.आर. सन्तोष से लेकर नयी पीढ़ी के प्रभाकर बरवे तक तान्त्रिक शैली विद्यमान थी। इस शैली के चित्रों में परम्परागत ओम, त्रिशूल, स्वस्तिक आदि प्रतीकों के सन्दर्भ दुर्बोध बन चुके थे। आगे चलकर तो यह तान्त्रिक कला अमूर्त रूप में ही बदल गयी।

भारतीय कला एलोरा, अजन्ता, लघुचित्र, गुप्तकालीन शैली, अध्यात्म, ओम, त्रिशूल, स्वस्तिक जैसे सन्दर्भहीन बने प्रतीकों की परिधि में घूम रही थी। परन्तु भारत में एलोरा, अजन्ता कला से पूर्व भी कोई कला रही होगी! उस देसी परम्परा या आदिवासी कला की तरफ़ भारतीय कलाकारों का ध्यान नहीं गया। सम्भवत: इन कलाकारों की धारणा यह रही होगी कि बतौर भारतीय कला जो विश्वस्वीकृत है, उसी को अपनाया जाय, तभी हम सफल और सर्वस्वीकृत बन सकते हैं।

आधुनिक कलाकारों की दृष्टि में यहाँ की देसी, आदिवासी कला कला नहीं, मात्र कारीगरी थी। उपनिवेशवाद के ख़िलाफ़ यहाँ चाहे जितने आन्दोलन हुए हों, परन्तु यहाँ के कलाकारों की मानसिकता उपनिवेशवादी ही थी। उपनिवेशवादी दौर में कारीगरी और कला के बीच यह भेद स्थापित हो गया था कि यहाँ की सारी कलाएँ मात्र कारीगरी हैं और उपनिवेशवादी नज़रिये की कला ही एकमात्र कला है।

आगे चलकर तान्त्रिक प्रतीक और चिह्न विलुप्त हो गये और उनके स्थान पर प्रभाकर बरवे कुछ अलग ही प्रतिमाओं की रचना करने लगे। फिर भी उनके चित्रों में तान्त्रिक अहसास हमेशा बना रहा। उनके चित्र की प्रतिमाओं में अपने आसपास की वस्तुएँ—ताश के बेग़म-बादशाह, कपड़ों के टुकड़े, धागे जैसी साधारण लगनेवाली वस्तुएँ कोलाज की तरह आती गयीं। ये चित्र कुछ 'कूट' रचना का आभास कराते थे। दरअसल, स्वतन्त्र, साधारण

वस्तुएँ चित्र में आ जाने के कारण इन चित्रों में कुछ रहस्यात्मकता आती थी। आगे चलकर बरवे के चित्र में ठेठ वस्तुओं की प्रतिमाएँ आती गयीं।

प्रभाकर बरवे के चित्र में आयी वस्तुएँ अत्यन्त साधारण और मामूली होती थीं। इतनी मामूली कि वस्तु के रूप में उनका अस्तित्व भी हम भूल चुके होते हैं। कमीज़ का बटन, सेप्टिक पिन, सुई का टूटा छेद, अलग-अलग आकारों के कंकड़, पेड़ का टूटा पत्ता, घोंघे जैसा निरूपद्रवी कीड़ा, घास का तिनका, पुरानी घड़ी, कोई फल, ख़ाली बोतलें जैसी चित्र में आशय भरनेवाली कितनी ही छोटी-मोटी कबाड़ की वस्तुओं से बरवे के चित्र में आशय सम्पन्नता आती है। इन सभी सन्दर्भों के कारण बरवे एक ऐसे चित्रकार बनते हैं, जो भारतीय कला के परिप्रेक्ष्य से अलग सोच रखते हैं। वस्तुओं के ज़रिये ही बरवे यहाँ की कारीगरी परम्परा से जुड़े हैं। कारीगरी से निखरनेवाला सौन्दर्य वस्तु से ही प्रकट होता है। वे वस्तुएँ दुबारा निर्मिति का आधार बन जाती हैं। इस कारण बरवे के चित्र में भारतीयत्व की देसी संवेदनाएँ साफ़-साफ़ झलकती हैं।

प्रभाकर बरवे के चित्र में ठेठ आसपास के परिसर की वस्तुएँ होती थीं। कोई चित्रकार आम तौर पर पुराण, परम्परा, मिथक जैसे काल्पनिक और इतिहास जैसे अमूर्त और धुँधले विषय चित्र के लिए चुनता है। परन्तु, बरवे के चित्र में साफ़-साफ़ भौतिक वस्तुएँ होती थीं। ऐसी भौतिक वस्तुओं के कारण वे इतिहास की तुलना में भौगोलिक परिसर के प्रति अधिक आस्थावान प्रतीत होते हैं। इसी कारण बरवे के चित्र में भूगोल, परिसर साफ़-साफ़ दिखायी देता है। चित्र की वस्तुएँ परिसर के साथ ऐसी मज़बूती से बँधी हुई हैं, जैसे मानवीय रिश्ते-नाते। ये वस्तुएँ परिसर, प्रकृति, व्यक्ति के बीच के फ़ासलों को दर्शाती हैं।

वस्तु पर प्रकाश पड़ते ही उसकी अनेक मितियाँ अनिवार्यतः दिखायी देती हैं। प्रत्येक वस्तु के सम्बोधन की एक संज्ञा होती है। यह संज्ञा उस वस्तु से जुड़ी नहीं होती, परन्तु उस वस्तु के परिचय की दृष्टि से आवश्यक होती है। इसी से वस्तु-सम्बन्ध जुड़ जाता है। ऐसी ही सम्बद्ध वस्तुएँ बरवे के चित्र में आती हैं। वे चित्र के लिए वस्तु के संज्ञा सम्बोधन का प्रयोग करते हैं। उसी से चित्र में वस्तु की रचना होती है। चित्र की वस्तुएँ असमान परन्तु परस्पर सम्बद्ध होती हैं। यह सम्बद्धता पूर्णतः चित्रकार की कल्पना से आती है।

वस्तु का सम्बन्ध उसकी छाया से होता है। परन्तु, छाया बिल्कुल वस्तु जैसी नहीं होती। बावजूद इसके वह वस्तु की ही होती है। बरवे को वस्तु की अपेक्षा वस्तु की छाया में कुछ अद्‌भुत दिखता है।

एक ही वस्तु का अंग अथवा उपांग चित्र में दिखाकर वस्तु की अनुपस्थिति में भी उस वस्तु का अहसास चित्र में होता है। कभी-कभी अपने चित्र में बरवे उपस्थित वस्तु से चित्र में अनुपस्थित वस्तु का अहसास कराते हैं। वस्तु के इस भावाभाव का जादू एक ही समय चित्र में दिखायी देता है।

भौतिक वस्तु का अनुपात, रूप, रंग, गठन में जरा-सा परिवर्तन करने से वह प्रतिमा वस्तु का अतिशयोक्तिपूर्ण रूप बन जाती है। एक वस्तु को लेकर दूसरी वस्तु के ज़रिये किया गया कथन का रूपक भी बरवे के चित्र में होता है। संक्षेप में, बरवे की इस वस्तु-रचना से उनके चित्र में अतिशयोक्ति, रूपक, अनुप्रास आदि कुछ काव्यालंकार भी आते हैं, जिससे उनकी रचना कवित्वपूर्ण लगने लगती है।

बरवे की वस्तु-रचना सुनियोजित और अनुशासनबद्ध होती है। अवकाश और आकार की रचना को देखकर ऐसा लगता है कि बरवे का अपना कोई अधिस्वीकृत व्याकरण होगा। व्याकरण में कर्ता, कर्म, क्रिया का क्रम निश्चित होता है। इसी प्रकार वस्तु-वस्तु की रचना में भी वह क्रम अचूक लगता है।

जिस प्रकार दो शब्दों के बीच का अन्तर अहम होता है, उसी प्रकार दो शब्दों के बीच की ख़ाली जगह भी दो शब्दों के अर्थ जितनी अर्थपूर्ण होती है। कुछ ऐसी ही रचना बरवे के चित्र में होती है। बरवे के चित्र में दो आकारों के बीच का रिक्त अवकाश भी आकार जितना ही आशयसम्पन्न होता है।

वस्तु-रचना में अवकाश अत्यन्त अहम होता है। बरवे के चित्र में अवकाश का बोध शास्त्रीय प्रतीत होता है। इसलिए बरवे का पूरा चित्रावकाश वास्तु-परिसर रचना जैसा लगता है। वस्तु-वस्तु के बीच का सम्बन्ध शब्द-शब्द सम्बन्ध जैसा होता है। इस कारण चित्र की रचना किसी कथन या निरूपण जैसी लगती है। बरवे का पूरा चित्ररूप वास्तव दृश्य जैसा होता है। वस्तुतः यह वस्तु से ही रचा हुआ पुनर्वास्तव या अतिवास्तव है।

बरवे के चित्र में रोज़मर्रा की परिचित वस्तुओं से लेकर पुरातन और

सनातन वस्तुएँ भी एक-साथ होती हैं। अतः चित्र में मात्र वर्तमान नहीं, बल्कि भूतकालीन संवेदनाएँ भी आ जाती हैं। एकसाथ वर्तमान और भूतकाल की संवेदनाएँ होने के कारण चित्र केवल समकालीन नहीं रह जाता, वह सार्वकालिक बन जाता है। बरवे के चित्र में समय भी एक महत्त्वपूर्ण पहलू है, जो आम तौर पर चित्रकला में नहीं पाया जाता। इस तरह वस्तु-वस्तु से वस्तु की एक वस्तु-परम्परा, एक वंश-परम्परा आ जाने के कारण यह अनुभव होता है कि चित्र एक वस्तु संस्कृति का ही सांस्कृतिक मानचित्र है।

प्रभाकर बरवे वस्तु में सूक्ष्मातिसूक्ष्म तत्त्व की खोज में रहते हैं। सामान्यतः इन सूक्ष्म अंगों की तरफ़ हमारा ध्यान नहीं जाता। ये सूक्ष्म ब्यौरे चित्र में ऐसे लक्षणीय ढंग से आते हैं कि परिचित वस्तु के प्रति भी उत्सुकता उत्पन्न होती है। प्रकृति-वस्तु के सन्दर्भ में तो ऐसा लगता है कि बरवे गहरायी में उतरकर उस वस्तु की उत्पत्ति खोज रहे हैं।

बरवे के चित्र में सजीव-निर्जीव का भेद नहीं है। उनके चित्र में सजीव-निर्जीव वस्तुएँ परस्पर मिली हुई होती हैं। इसी कारण प्रतीक रूप में ऐसा दीख पड़ता है कि प्रकृति, व्यक्ति और समाज अलग नहीं है। बरवे प्रकृति की ओर सौन्दर्य की निगाह से नहीं देखते, बल्कि प्रकृति के प्रत्येक तत्त्व की ओर स्वतन्त्र रूप से देखते हैं। इस तरह विशृंखलित प्रकृति ही बरवे की प्रकृति है। बरवे प्रत्येक प्राकृतिक तत्त्व का सूक्ष्म निरीक्षण करते हैं। इस सूक्ष्म रूप में ही उन्हें विशाल विस्तार दिखायी पड़ता है। किसी फूल के खिलने की गति कितनी मन्द होती है, परन्तु थोड़ी ही देर में वह फूल पूरी तरह से खिल उठता है। प्रकृति का यह विरोधाभास बरवे को चकित कर देता है। प्रकृति की हर वस्तु, तत्त्व रचनात्मकता से परिपूर्ण होता है। ऐसे ही प्राकृतिक तत्त्वों से प्रेरणा पाकर बरवे अपनी निर्मिति में प्रकृति का उत्पत्ति शास्त्र और उत्क्रान्ति शास्त्र का समावेश कर देते हैं।

प्रकृति का छोटे-से छोटा तत्त्व भी बरवे को असीम प्रतीत होता है। इसी प्रकार कोई भी वस्तु, उसकी क्रिया भी असामान्य लगती है। सेप्टीपिन, बटन, आलपिन में भी दबाव और तनाव उत्पन्न करने की क्षमता होती है। ऐसी अनेक क्रियाशील वस्तुओं में एक लघु तकनीक होती है। बरवे में वस्तुओं की इस सूक्ष्म तकनीक के प्रति दिलचस्पी है।

वस्तु के अंगों-उपांगों का आकार स्वतन्त्र होता है। एक वस्तु पर दूसरी

वस्तु का पड़ा हुआ प्रतिबिम्ब, छाया-प्रकाश के कारण वस्तु के रंग में दिखायी देनेवाले धूमिल आकार; इस तरह एक ही वस्तु में कितने ही आकार बनते हैं। एक ही वस्तु अनन्त आकार प्रसृत करती है। साथ ही एक वस्तु कितनी ही अभावपूर्ण वस्तुओं का स्मरण कराती है। कुर्सी देखते ही लकड़ी का अहसास होता है। लकड़ी से फिर पेड़ का और पेड़ से जंगल का। इस तरह एक वस्तु से अनेक स्मृतियाँ जागृत हो उठती हैं। फिर एक वस्तु में दूसरी वस्तु का आभास; इस तरह एक ही वस्तु के चिन्तन से असंख्य विवरण बरवे खोजते रहते हैं।

पुरातत्त्व संग्रहालय का कोई खप्पर का टुकड़ा अनेक स्मृतियों के द्वारा हमें सिन्धु संस्कृति तक ले जाता है। उसी खप्पर के टुकड़े के पास कोई अन्य वस्तु भी होगी। ये दोनों भिन्न-भिन्न काल, भिन्न-भिन्न परिसर की वस्तुएँ जब एक-दूसरे से जुड़ जाती हैं, तब कोई तीसरी स्मृति तैयार होती है। बरवे के चित्र में इसी तरह वस्तु का अंश होता है। दो एब्सर्ड वस्तुओं के मेल से बरवे कोई तीसरा ही अहसास कराते हैं।

किसी भी राष्ट्र का मानचित्र यानी पृथ्वी—ऐसा नहीं है। उस राष्ट्र के मानचित्र में अनेक प्रदेश होते हैं। उन प्रदेशों में छोटे-छोटे देहात होते हैं, जिनमें से एक देहात में हम रहते हैं। उसी प्रकार कोई एक वस्तु यानी पूरा वास्तव नहीं है। उस वस्तु के अनेक विवरण बरवे खोजते जाते हैं। आख़िरकार वास्तव के ही अस्तित्व का उन्हें बोध हो जाता है। वास्तव आँखों को दिखायी देता है। अस्तित्व महसूस होता है। बरवे वस्तु के अहसास से कुछ प्रतिमाएँ बनाते हैं।

वस्तु के अहसास से बनी प्रतिमाएँ अतिवास्तववादी लगती हैं। इसलिए बरवे के चित्र अतिवास्तववादी अथवा खुली आँखों से देखे जानेवाले सपने जैसे लगते हैं। कभी-कभी उनकी साधारण वस्तुओं की रचना में भी रहस्य प्रतीत होता है। पारम्परिक विधि में ऐसी ही वस्तुओं की रचना होती है। बरवे अपनी वस्तु-रचना से ऐसी ही किसी विधि परम्परा की याद दिलाते हैं।

दरअसल, बरवे एक चिन्तक हैं। वे चिन्तन से वस्तु को खोज निकालते हैं और वस्तु से ही चिन्तन करते हैं। इस दोहरी प्रक्रिया में वे उसे ब्यौरेवार दर्ज करते जाते हैं। बरवे की कला-निर्मिति का क्रम है—चिन्तन, लेखन, रेखांकन

और पेंटिंग। परन्तु लेखन, रेखांकन और पेंटिंग भी हर इकाई के रूप में स्वतन्त्र और परिपूर्ण है। उनका लेखन भी परिपूर्ण है और केवल रेखांकन भी परिपूर्ण कलाकृति लगती है।

चिह्न प्रकाशन ने भास्कर कुलकर्णी की डायरियों के रूप में उपलब्ध कुछ संगृहीत लेखन को सन् २००३ में प्रकाशित किया। भास्कर कुलकर्णी के चित्र उपलब्ध नहीं हैं, परन्तु बरवे का कला-निर्मिति क्रम : चिन्तन, लेखन, रेखांकन—भास्कर कुलकर्णी में भी दिखायी देता है। बरवे का 'कोरा कैनवस', भास्कर की डायरियाँ, बरवे का रेखांकन और भास्कर कुलकर्णी का रेखांकन आदि को मिलाकर देखने पर भास्कर कुलकर्णी और प्रभाकर बरवे एक संयुक्त सोच लगते हैं। भास्कर कुलकर्णी की लेखन शैली ऊबड़-खाबड़ और स्पष्ट है, तो बरवे सुडौल है। भास्कर कुलकर्णी चिन्तन से वस्तु का रेखांकन करते हैं और बरवे वस्तु से चिन्तन करते हैं। परन्तु दोनों का असर एक ही होता है।

प्रभाकर बरवे वस्तु का विचार करते हैं, परन्तु वे भौतिक वस्तु के बजाय उसके बुनियादी आकार की तरफ़ जाते हैं। इससे भौमितिक वस्तुओं की निर्मिति होती है। ऐसी भौमितिक वस्तुओं में सरलता की तरफ़ चले जाने से वस्तु का वास्तव रूप समाप्त हो जाता है और बरवे वस्तु के अवस्तु रूप में दिखते हैं। संक्षेप में, बरवे मूर्त से अमूर्त की तरफ़ जाते हैं। कुल मिलाकर, बरवे की चित्र-निर्मिति वस्तुओं की विधि है। वे रूपयज्ञ की समिधा हैं।

नसरीन मोहमदी

> "A spider can only make a web but it makes it to perfection."
>
> Nasreen Mohamedi, From Diary, 13 March, 1970

आज़ादी के बाद भारतीय कला विश्व-कला के सम्पर्क में आयी और वैश्विक कला को सामने रखकर यहाँ कला-निर्मिति होने लगी। दुनिया भर को प्रभावित करनेवाले पाब्लो पिकासो, उसका घनवाद और पॉल क्ली आदि सभी का प्रभाव भारतीय कला पर पड़ा। पिकासो अथवा पॉल क्ली के चित्र सामान्यत: भौमितिक आकार-शैली में हुआ करते थे। इसलिए पिकासो और पॉल क्ली का प्रभाव परस्पर पूरक था।

घनवाद से पूर्व प्रभाववादी कलाकारों को यह अहसास हो गया था कि प्रकृति या भौतिक यथार्थ के पीछे कोई शक्ति अथवा कोई कार्य-कारण भाव अवश्य निहित है। विन्सेंट वैन गॉग, जार्जेस सरा, पॉल सेंज़ा आदि कलाकार इसी संवेदना की खोज में थे। उनका मानना था कि प्रकृति में भौमितिक आकार ही हैं। रंग लहरों से नहीं, कण-कण से बनता है और वस्तु में केवल गोलायी नहीं होती, उसकी कुछ मितियाँ भी होती हैं। ऐसे प्रभाववादी विचारों से घनवाद का जन्म हुआ और प्रभाववादी विचार से ही अमूर्त की सम्भावना उत्पन्न हुई। घनवाद ने अमूर्त की सारी सम्भावनाओं को उत्पन्न किया और यूरोप में अमूर्तवाद स्थापित हो गया।

पिकासो और पॉल क्ली के प्रभाव में आकर भारतीय चित्रकार भौमितिक आकार में ही अपने चित्र बनाने लगे। आज़ादी के बाद स्थापित प्रोग्रेसिव

ग्रुप के चित्रकार भी इसी भौमितिक शैली में काम करते थे। परिणामतः बंगाल स्कूल की आलंकारिक कला विलुप्त हो गयी और साफ़-साफ़ भौमितिक बन गयी। प्रोग्रेसिव ग्रुप का यह एक बहुत बड़ा असर था।

एस.एच. रज़ा, वासुदेव गायतोण्डे, अम्बादास, जेराम पटेल और नसरीन मोहमदी ने अपनी निर्मिति के ज़रिये अमूर्त की अलग-अलग सम्भावनाएँ प्रस्तुत कीं। अम्बादास और जेराम पटेल ने भौमितिक शैली को नकारकर अमूर्त की खोज की। किसी भी वस्तु के ज़रिये, वस्तु के आधार के बिना कला का स्वयंभूपन—इस महत्त्वपूर्ण मानवीय बुद्धि के हस्तक्षेप को नकार दिया। जेराम पटेल और नसरीन मोहमदी ने इससे आगे बढ़कर वस्तु ही नहीं, बल्कि किसी भी भौतिक विवरण, रंग, रूप, आकार के अस्तित्व को भी नकार दिया। चूँकि कला के रूप में आनेवाले सौन्दर्य को नकार दिया था, इसलिए रंग को भी नकार दिया। क्योंकि रंग में उसका अपना स्वाभाविक सौन्दर्य होता है। उसे भी नकारकर चित्र को रंगहीन और विरक्त बना दिया।

रंग के साथ-साथ आकार को भी नकार देने के कारण नसरीन मोहमदी ने बिन्दु और रेखा—इन्हीं दो तत्त्वों से चित्र निर्मिति की है। बिन्दु और रेखा, दोनों तत्त्व पूर्णतः अमूर्त हैं। आकार चाहे जितना स्वयंभू हो, चाहे जितना मुक्त हो, पर उसमें कुछ वास्तव प्रतिमा का आभास होता ही है। इस तरह उसने यथार्थ का आभास उत्पन्न करनेवाली सम्भावनाओं को ही नकार दिया। अतः नसरीन के चित्र यानी निराकार, निर्विकार हैं, जिनमें मात्र रेखा का अस्तित्व होता है।

रेखाएँ दिशाओं का मूर्त रूप हैं। रेखाओं के पीछे एक दिशा होती है। अवकाश और दिशा एक ही है। दोनों परस्पर अहसास से उत्पन्न होते हैं। अवकाश में कोई रेखा आते ही दृश्य-अदृश्य आभास उत्पन्न होता है। रेखाएँ परस्पर काटती चली जाती हैं, तो अवकाश में मितियाँ बनती हैं। इन मितियों से आकार की सम्भावनाएँ बनती हैं।

दूर की वस्तु का छोटा दिखना—यही यथार्थ वास्तव और वास्तव में अन्तर है। लम्बाई और ऊँचाई—इन्हीं दो दिशाओं से गहरायी बनती है। यह गहरायी लम्बाई और ऊँचायी के वास्तव का यथार्थ रूप है। इसमें यथार्थ वस्तु वास्तव होने के बावजूद परिवर्तनशील वास्तव है, अस्थिर है, गतिशील है।

पेड़ से टूटा फल नीचे ही क्यों गिरता है? सिद्धान्त यह कहता है कि

गुरुत्वाकर्षण के कारण फल नीचे गिरता है। लेकिन अँखुआ भूमि के भीतर से फूटकर इस गुरुत्वाकर्षण के विरुद्ध ऊपर की ओर फैलता जाता है। सिद्धान्त के विपरीत यह कैसे हुआ ? इसका अर्थ यह हुआ कि गुरुत्व के भी दो पहलू हैं। इस गुरुत्व के समतल-खड़े चीरे के मध्यबिन्दु से फूटती अनेक रेखाएँ ऐसी हैं, जो गतिशील होती हैं, यथार्थ होती हैं, आभासमय होती हैं।

किसी भी फल को बीच से काटकर देखा जाय, तो उसके भीतर एक सूत्रबद्ध भौमितिक आकार की रचना दिखायी देती है। संक्षेप में, प्रकृति के भीतर इसी तरह बुनियादी, भौमितिक आकार की रचना होती है। बाहर से वह चाहे जितनी गोलाकार दिखती हो, भीतर से सूत्रबद्ध ही होती है। बीज और अनेक तन्तुओं की इस प्राकृतिक निर्मिति की तरह नसरीन के चित्र की रेखाएँ सूत्रबद्ध होती हैं, जिनके कारण उसकी चित्र रचना भी तन्तुमय लगती है।

गहरी धँसी जड़ों और पत्तों के रेशे-रेशे से पेड़ में जीवनसत्व, जीवन रस का अभिसरण होता है। इन रेशों-रेशों से ही पेड़ का विस्तार और काया बनती है। नसरीन के चित्र की सभी रेखाओं से ऐसा ही कुछ अभिसरण तैयार होता है और असंख्य रेखाओं से बने चित्र का एक अस्थिरूप, एक कायारूप सामने आता है।

बिन्दु, रेखा, त्रिकोण, चतुष्कोण और वृत्त—चित्रकला के मुख्य तत्त्व हैं। ये सारे तत्त्व गणित की एक शाखा, भूमिति के भी बुनियादी तत्त्व हैं। इसका अर्थ यह हुआ कि ये चित्रकला के भी तत्त्व हैं और गणित के भी। इन समान तत्त्वों के कारण चित्रकला और गणित एक दूसरे के अंग बने हैं। वे एक-दूसरे से अलग नहीं हैं। इसलिए चित्राकृति अथवा गणिताकृति में तर्कशक्ति की आवश्यकता होती है।

बिन्दु और रेखाएँ गणित के अंकों की तरह अमूर्त हैं। अंक में शब्द की तरह अर्थ नहीं होता, परन्तु उसका मूल्य होता है। एक ही अंक बार-बार लिखने पर अंक तो वही रहता है, पर उसका मूल्य बढ़ता जाता है। इसी प्रकार एक ही समानान्तर रेखा बार-बार खींची जाये तो रेखा एक ही रहेगी, परन्तु उसका मूल्य बढ़ता जायेगा और रेखाएँ असंख्य लगने लगेंगी। नसरीन के चित्र में एक ही रेखा बार-बार समानान्तर स्थापित होकर भी वह असंख्य,

अथाह लगती है। नसरीन के चित्र का रूप अथाह, समान्तर लहराते समुद्र जैसा है। समुद्र में किसी प्रतिमा की तरंगें, लहरों पर टूटकर दूर-दूर तक फैलती जाती हैं। इसी प्रकार नसरीन के चित्र में रेखाएँ रेखाओं पर टूटती हैं और कोई खड़ी रेखा और फैल जाती है।

त्रिकोण, चतुष्कोण, परिधि तथा त्रिभुज, वर्ग और वृत्त एक ही आकार की दो अवधारणाएँ हैं। एक अवधारणा चित्र की है, दूसरी गणित की। इन अवधारणाओं से आकार के आशय बदलते हैं। चित्रकला में रेखा अहम होती है और गणित के लिए दिशा। अतः त्रिकोण की तीनों भुजाओं में जो रेखाएँ हैं, वे तीन अहम रेखाएँ, तीन भुजायें तीन बिन्दुओं में मिल जाती हैं। वही है त्रिभुज।

बिन्दु से एक निश्चित दिशा में कोण बनता है, जो नब्बे डिग्री, पैंतालीस डिग्री आदि अंकों के सूत्रों के अनुसार बदलता है। ऐसे तीन बिन्दु कुछ कोणों में बदल जाते हैं और यह त्रिकोण गणित की अवधारणा को प्रस्तुत करता है। चतुष्कोण के बाद परिधि भी केन्द्र के नियन्त्रण में आती है। इस परिधि का कोण एक सौ अस्सी डिग्री का होता है। यानी एक ही सीधी रेखा। चित्र का वृत्त केन्द्र के नियन्त्रण में नहीं होता। वह अपने भीतर ही भीतर गतिशील होता है। नसरीन के चित्र स्थिर और शान्त होने के कारण उनमें तिरछी, चौकोर, वर्गाकार समान्तर रेखा पर कुछ तिरछी रेखाएँ आती हैं। इन तिरछी रेखाओं से वर्ग की रेखा खण्डित नहीं होती। इसलिए नसरीन के चित्रों की यह तिरछी रेखा अनेक रेखाओं से छूकर जानेवाली एक बहुस्पर्शी रेखा होती है। स्पर्श से ऊर्जा एक-दूसरे में प्रवाहित होती है, खण्डित नहीं होती। इसलिए असंख्य समान्तर रेखाओं को छूकर जानेवाली यह तिरछी रेखा संवेदनशील लगती है। इस तिरछी रेखा से अनेक रेखाओं की धड़कनों का अहसास होता है। इसलिए इस स्पर्श रेखा के कारण असंख्य रेखाएँ किसी ट्यून किये गये तन्तुवाद्य की तरह सौन्दर्यपूर्ण लगती हैं।

हवा के बहाव से पानी पर असंख्य समान्तर तरंगें उठती हैं। परन्तु उसी पानी में कुछ वस्तुएँ गिर जायें तो उसके केन्द्र से असंख्य समान्तर घेरे बनते हैं। नसरीन के चित्र में ऐसी ही समान्तर असंख्य रेखाएँ होती हैं। नसरीन का चित्रावकाश हमेशा वर्गाकार होता है। इसलिए ये अवकाश की रेखाएँ उसके समान्तर ही होती हैं। फिर भी रेखा में एक गति, सौन्दर्य होता है। इसी वर्गाकार अवकाश को वृत्ताकार बनाया जाय तो भीतर की असंख्य समान्तर

रेखाएँ वृत्त की परिधि के समान्तर होकर अपना रूप बदलती हैं। फिर भी भीतरी रेखाओं के कारण गति और सौन्दर्य का अहसास बना रहता है। एक ही बात की पुनरावृत्ति के कारण एक ताल, नाद और लय बन जाती है। इसलिए एस.एच. रज़ा के धड़कनों के चित्र, मांद्रिया अथवा जिव्या सोमा मशे के चित्र में असंख्य तत्त्वों से ताल, नाद और लय उत्पन्न होता है। ऐसे चित्र सांगीतिक नाद और लय जैसे प्रतीत होते हैं। इसके विपरीत जिव्या सोमा मशे, एस. एच. रज़ा के चित्रों के वृत्ताकार को वर्गाकार बनाया जाय, तो नसरीन के चित्र के साथ उनकी समानता दिखायी देगी।

समतल गुरुत्व पर खड़ा अँखुवा बढ़ता जाता है और उसकी जड़ें विपरीत दिशा में गहरायी में धँसती जाती हैं। उस खड़े और समतल के केन्द्र में 'बीज' होता है। बीजकार्य के रूप में अँखुवा जब ऊपर की ओर बढ़ता है, तब उसकी जड़ें भूमि में गहरायी में फैलती जाती हैं। नसरीन और मांद्रिया— एक ही गुरुत्व के दो केन्द्र हैं। माँद्रिया बढ़ते गये अँखुवे की शाखा-प्रशाखाओं की बुनियादी रचना, पत्ते, फूल और फलों के समुच्चय बने पेड़ का रंग-संयोजन करता है। इसलिए उसके चित्र की मोटी रेखा के विभाजन में ऐसे ही रंगों के समुच्चय की संयोजना होती है। बतौर बीजकार्य, विपरीत दिशा में बढ़नेवाली जड़ें तन्तु-तन्तु से फैलती जाती हैं। उनमें फूल-पत्तों का कोई समुच्चय नहीं होता। नसरीन के चित्रों में भी इस तरह गहरायी की बुनियादी संरचना है। फिर भी नसरीन और मांद्रिया के आकार भौमितिक हैं। सन्त ज्ञानेश्वर की एक उक्ति से यह स्पष्ट हो जायेगा कि नसरीन और मांद्रिया में क्या समानता है :

> जैसी अंकुरेसी सरळ। वेली दिसे वेल्हाळ।
> ते बीज नव्हे केवळ। बीज कार्य होय।।४३।।
>
> (ज्ञानेश्वर, अमृतानुभव)

अर्थात्, अँखुवा सीधा ऊपर बढ़ता है, जिसका विस्तार लता से दिखायी देता है। परन्तु इसकी बुनियाद केवल बीज नहीं, बीजकार्य भी है।

नसरीन के चित्र में कभी समतल, कभी खड़ी, कभी तिरछी रेखाएँ, कभी तनिक घनतावाले वर्गाकार कभी अण्डाकृति आकार तो कभी केवल किसी भौमितिक आकार के अंश होते हैं। इससे ये चित्र भूमिति के किसी प्रमेय की तरह लगते हैं। अनीष कपूर के अनेक विशाल शिल्प अथवा इन्स्टालेशन

बाह्यांग से मुक्त प्रतीत होने के बावजूद ऐसी ही भूमिति के प्रमेय पर निर्भर होते हैं। नब्बे डिग्री के कोण को पैंतालीस डिग्री में विभाजित कर उसके बीचोबीच तोप की रचना की जाती है। तोप से अत्यन्त तेज गति से रंग माध्यम दाग़ा जाता है। यह रंग-माध्यम विभाजित होकर नब्बे डिग्री के दोनों ओर विभाजित होता है और एक समानान्तर रचना बन जाती है। नसरीन मोहमदी के चित्र में वर्गाकार अवकाश का किसी तिरछी रेखा से विभाजन किया जाता है। अथवा इस अवकाश में किसी तिरछी रचना का भौमितिक आकार होता है। चतुष्कोण में यह तिरछापन कुछ और नहीं, बल्कि चतुष्कोण का प्रत्यक्ष-अप्रत्यक्ष विभाजन है। चतुष्कोण के कोण से तिरछी रेखा खींचने पर चतुष्कोण का विभाजन होता है और दो त्रिकोण बनते हैं अथवा दो त्रिकोणीय आकार के आकर्ण परस्पर जोड़ देने से एक चतुष्कोण बनता है।

चतुष्कोण सम आकार के हैं और त्रिकोण विषम आकार के। अंकगणित में दो विषम संख्याओं के योग से एक सम संख्या प्राप्त होती है और समान संख्या के भागाकार से दो विषम संख्याएँ मिलती हैं। अंकगणित की तरह नसरीन के चित्रों में भी रेखागणित की रचना होती है। अनेक समतल समान्तर रेखाओं को अनेक तिरछी रेखाओं द्वारा काटने से समान-असमान असंख्य संख्या की निर्मिति होती है, वैसे ही इस रेखा से असीम की निर्मिति होती है।

नसरीन के चित्र गणित को सौन्दर्यशास्त्र के द्वारा पेश करते हैं। इसीलिए यह कहा जा सकता है कि नसरीन के चित्र कलर बॉक्स से नहीं, बल्कि कैम्पास बॉक्स से प्रकट हुए हैं।

२७ ज़रीना हाशमी
(१९३८)

ज़रीना हाशमी

प्रकृति और भौतिक यथार्थ के पीछे कुछ शक्तियाँ कार्यरत होती हैं, जिनमें स्थित कार्य-कारण भाव का अहसास घनवाद से पूर्व ही प्रभाववादी कलाकारों को हो चुका था। विन्सेंट वैन गॉग, जार्जेस सरा, पॉल सेजाँ आदि प्रभाववादी चित्रकार इस संवेदना की खोज में ही थे। प्रकृति में ही भौमितिक आकार हैं। प्रकाश के कारण दीख पड़नेवाली वस्तुएँ त्रिमितिक नहीं, बल्कि बहुमितिक होती हैं। रंग लहरियों से नहीं बल्कि कण-कण से बनते हैं। इस तरह आँखों को दिखायी न देनेवाली प्राकृतिक संवेदनाओं की अनुभूतियों को प्रभाववादी चित्रकारों ने अंकित किया। प्रभाववादी संवेदनाओं से घनवाद और आगे चलकर अमूर्तवाद चित्रकला में स्थापित हुआ।

घनवाद का प्रभाव पूरे संसार पर था, जो भारतीय चित्रकला पर भी पड़ा। परन्तु भारतीय कला में घनवाद एक विचार के रूप में नहीं, बल्कि एक शैली के रूप में आया। भारतीय कलाकारों ने भौमितिक शैली को आधुनिक कला समझकर प्रकृति-चित्रण, वस्तु-चित्रण से लेकर सभी कला-प्रकारों में उसे अपनाया।

प्रभाववादी चित्रकारों ने प्रकृति के पीछे कार्यरत प्रकृति को लक्ष्य किया। इसी प्रकार एस. एच. रज़ा ने भी भारतीय सन्दर्भ में प्रकृति को लक्ष्य किया। भारत में अपने निवास के दौरान प्रकृति-चित्रण कर चुके एस. एच. रज़ा विदेश में भी प्रकृति-चित्रण करने लगे। रज़ा ने विदेश की कला शैली के अनुरूप प्रकृति-वर्णन की शैली अपनायी। भौमितिक शैली में प्रकृति-चित्रण कर रहे रज़ा प्रकृति की बाह्य रचना की अपेक्षा प्रकृति-निर्मिति की

बुनियादी प्रेरणाओं के विचार को चित्रित करने लगे। एस. एच. रज़ा ने हिन्दू दर्शन द्वारा 'भारतीयत्व' के अहसास से प्रतिपादित सृष्टि-निर्मिति के बुनियादी तत्त्व का सहारा लिया। पृथ्वी, तेज, वायु, जल, आकाश आदि पंचतत्त्व सृष्टि-निर्मिति के मूलाधार हैं। अर्थात् एस. एच. रज़ा ने कला के ज़रिये प्रकृति और प्रकृति से सृष्टि की अनुभूति ग्रहण की। भारतीय कलाकार का भारतीय सन्दर्भ में प्रकृति की तरफ़ देखना भारतीय प्रकृति-चित्रण परम्परा की दृष्टि से महत्त्वपूर्ण है।

सृष्टि, प्रकृति, भूगोल आदि पृथ्वी के ही अलग-अलग आयाम हैं। जल, वायु, तेज, अग्नि आदि शक्तियों से भौतिक सृष्टि उत्पन्न होती है। साथ ही पृथ्वी के आसपास की और पृथ्वी के गर्भ की शक्तियाँ भी महत्त्वपूर्ण हैं। पृथ्वी का भ्रमण, ग्रह, उपग्रह, अवकाश की अनेक शक्तियाँ और पृथ्वी के गर्भ की चुम्बकीय शक्ति; इस तरह पृथ्वी के साथ सम्पूर्ण खगोलशास्त्र का सम्बन्ध आता है। पृथ्वी पर इस खगोलशाला और भूगोलशास्त्र की भी कुछ गतिविधियाँ होती रहती हैं। प्रकृति में कार्यरत इस अगाध शक्ति की अनुभूति बहुत ही अपवादात्मक कलाकारों ने प्राप्त की है।

ज़रीना हाशमी भूगोल के भू-पृष्ठ की भूमिति का अहसास कला के ज़रिये प्रस्तुत करती है, जो कि अपवादस्वरूप ही कार्य है। भौगोलिक परिवेश के परिवर्तन से आनेवाला प्रकृति में बदलाव, उसमें बदलता जीवन आदि का कला से सीधा सम्बन्ध है। प्रकृति के अलावा भी हम भूगोल से अनिवार्यत: जुड़े होते हैं। हमारी स्मृतियाँ और भूगोल की मितियाँ या भूमिति से ज़रीना हाशमी की कला-निर्मिति होती है। भूगोल की मितियाँ और हमारी स्मृतियों के सम्मिलन के कारण ज़रीना हाशमी के चित्राकार किसी मानचित्र जैसे बनते हैं। किसी भी भूखण्ड का मूर्त आकार मानचित्र ही होता है।

अवकाश में स्थित अनेक ग्रह-उपग्रह, अलग-अलग तापमान, अलग-अलग दबाव आदि का पृथ्वी पर असर दिखता है। अक्षांश और रेखांश की आड़ी-खड़ी रेखाओं से बना पृथ्वी का बुनियादी मानचित्र हम देखते हैं। अवकाश की पृथ्वी-भ्रमण, पर्जन्य, वायु आदि गतिविधियों का असर भूपृष्ठ पर पड़ता है। भूगर्भ की चुम्बकीय शक्ति, विभिन्न खनिज, रसायन आदि खगोलशास्त्र और भूगर्भशास्त्र से 'भूगोल' बनता है। भूगोल से प्रकृति और प्रकृति से जीवन अनिवार्यत: जुड़ा होता है।

गुज़रा हुआ ज़माना हमेशा इतिहास बन जाता है और इतिहास हमेशा अमूर्त और धूसर होता है। परन्तु भूगोल पर उसकी निशानदेही कर उसे जीवन्त और शाश्वत बनाया जाता है। ज़रीना हाशमी गुज़रे ज़माने को इतिहास की बजाय स्मृतियों में सँजोये रखती है। इन स्मृतियों को समय के अनुरूप शाश्वत बनाये रखने के लिए वह भूगोल का आधार लेती है। सामान्यत: कोई स्मृति हम कहानी या चित्र के रूप में बयान करते हैं। ज़रीना अपनी स्मृतियाँ इतिहास की तरह भूगोल पर अंकित चिह्नों से बयान करती है।

उत्तर-दक्षिण के दो ध्रुव, सूर्योदय और सूर्यास्त, प्रमुख चार अमूर्त दिशाएँ, उनकी उपदिशाएँ, टीले, पहाड़, नदियाँ, जंगल आदि मूर्त तत्त्वों से खण्डित महाद्वीपों जैसे ज़रीना के चित्रों के आकार होते हैं। ऐसे तिरछे, चौकोनी आकार भूमि से नहीं, भौगोलिक महाद्वीपों से आते हैं। इसलिए ज़रीना के चित्र में अवकाश के बजाय एक क्षेत्रफल प्रतीत होता है।

बहते पानी पर दीख पड़ती लहरियाँ, रेखाएँ वग़ैरह पानी में प्रतिबिम्बित भूमि की गठन ही होती है। इसी प्रकार पानी के प्रवाह का सीधी रेखा की बजाय सर्पाकार में बहते रहना भी भूमि की देह का दर्शन है। ज़रीना के चित्र की रेखाएँ भी इसी तरह पृष्ठ की गठन दर्शाती हैं। ज़रीना के चित्र की रेखाएँ हमेशा प्रवाही, गतिशील और खुरदरे गठन की होती हैं।

भूमि पर स्थिर अथवा चंचल वस्तु गुरुत्व के नियम का पालन करती है। यह वस्तु अलग होकर भी भूमि से संश्लिष्ट होती है। ज़रीना हाशमी के चित्र की रेखा या अनेक रेखाखण्ड, आकार अथवा आकार के समूह पृष्ठ से अलग होकर भी पृष्ठ से सम्बद्ध लगते हैं, जिनमें पृष्ठ के पीछे कोई चुम्बकीय आकर्षण महसूस होता है।

क्षितिज के पार भूमि दिखायी नहीं देती, इसका मतलब यह नहीं कि भूमि समाप्त हो गयी है। क्षितिज के पार भी भूभाग होता है। ज़रीना की चित्र रचना में क्षितिज होता ही नहीं, इसलिए भूमि और क्षितिज के परे का भूभाग एक ही रचना में आ जाता है। क्षितिज से होनेवाले आभास के अभाव में चित्र में किसी तरह की गहरायी का अहसास नहीं होता। परिणामत: ऐसा लगता है, जैसे पूरा चित्र ऊपर से देख रहे हों। चित्र की रेखाएँ और आकार किसी महाद्वीप के मानचित्र की तरह होने के कारण चित्ररचना में कुछ चतुर्सीमाएँ होने का अहसास होता है।

भूमि की हर बात गुरुत्व के नियम से संचालित होती है। पेड़ से टूटा फल नीचे ही आ गिरता है। कोई वस्तु भूमि से ऊपर तैरती है, जो गुरुत्व का ही परिणाम है। भूमि पर स्थिर वस्तु अथवा भूमि से बहती जा रही वस्तु के पीछे गुरुत्व की ही शक्ति है। वस्तु के न्यूनाधिक भार का अहसास भी गुरुत्व के कारण ही होता है। ज़रीना के चित्र का कोई आकार अथवा रेखा मुक्त लग सकती है, परन्तु वह परस्पर आकार या रेखाओं के नियन्त्रण में होती है। ज़रीना के चित्र की कोई रेखा एक परिपूर्ण निर्मिति होती है। कोई भी आड़ी रेखा क्षितिज समान्तर होती है। रेखा के दोनों छोरों पर ध्रुवबिन्दु और भीतर चुम्बकीय प्रवाह के कारण रेखा सजीव प्रतीत होती है अथवा रात भर फैलनेवाली कोई रेखा, उस रेखा की तरफ़ अपने आप खींचे जा रहे असंख्य लौहकणों जैसे सूक्ष्म आकार आदि के कारण रेखा सशक्त प्रतीत होती है। जिस प्रकार सूक्ष्म आकारों की हरकतें भू-पृष्ठ की चराचर सृष्टि होती है, ज़रीना हाशमी के चित्र में भी ऐसी ही रचना होती है।

भूमि पर स्थित प्रत्येक तत्त्व में भूमि का गुणधर्म होता है। भूमि के भीतर सुप्त रूप में गुरुत्व शक्ति व्याप्त होती है। यह सुप्त शक्ति भूमि पर स्थित वस्तु—वस्तु में भी परावर्तित हो जाती है। गति, दबाव, तनाव, खिंचाव आदि रूपों में भूमि पर स्थित वस्तु-वस्तुओं में सम्बन्ध होता है। आड़ी-खड़ी धागे बुनते जाने पर उनमें आये परस्पर तनाव से कपड़ा तैयार होता है। मिट्टी का घड़ा भी गति के आधार पर ही तैयार होता है। यही है घड़े और कपड़े का तत्त्व। इसी कारण कारीगरी ज़मीन से उपजी है। कारीगरी इसी रूप में यहाँ के भू-तत्त्व से जुड़ी है। ज़रीना के चित्र में ऐसी अनगिनत आड़ी-खड़ी तन्तुओं जैसी रेखाओं की बुनावट होती है। ये चित्र वस्त्र की रचना की तरह होते हैं। द्विमित आकार अनेक मितियों के कारण घनरूप या वस्तुरूप बन जाते हैं। ज़रीना के कुछ द्विमित आकार घनरूप हैं, कुछ वस्तुरूप हैं और कुछ कलावस्तुओं के रूप में हैं। ज़रीना की यह घनरूप निर्मिति और ऐसे ही विचार से उत्पन्न अनीष कपूर की कलावस्तुएँ; दोनों में सम्बन्ध आता ही है। आड़े-खड़े अनेक तन्तुओं की निर्मिति नसरीन की कला-निर्मिति जैसी प्रतीत होती है। भूमि और वास्तु का जिस तरह क़रीबी सम्बन्ध होता है, उसी प्रकार वास्तु से प्रेरणाएँ लेकर काम करनेवाली नसरीन, अनीष कपूर तथा भूमि से प्रेरणा लेकर काम करनेवाली ज़रीना हाशमी की निर्मिति; दोनों के बीच ऐसा ही अटूट सम्बन्ध है।

भूगोल में क्षेत्रफल की तुलना में क्षेत्रफल को विभाजित करनेवाली सीमा महत्त्वपूर्ण होती है। इसी प्रकार ज़रीना के चित्र में आकार की तुलना में रेखा महत्त्वपूर्ण होती है। किसी देश का क्षेत्रफल, उसकी नदियाँ, रास्ते, पहाड़ आदि सारा विवरण आकारों से न दर्शाकर रेखाओं से ही दर्शाया जाता है। ऐसी ही छोटी-मोटी रेखाएँ चित्र में अनेकानेक महाद्वीप दर्शाती हैं। रंग, आकार, छायाभेद, रचना आदि तत्त्व सामान्यत: चित्रकला में होते ही हैं। परन्तु ज़रीना के चित्र में केवल रेखा ही सबसे महत्त्वपूर्ण तत्त्व होता है। ऐसे न्यूनतम तत्त्वों से ज़रीना अपनी निर्मिति सम्पन्न करती है। राष्ट्र, देश, शहर के बारे में कथन करने की अपेक्षा वह रेखाओं के ज़रिये उनकी स्मृतियों को अंकित करती है।

परिसर के बदलने पर प्रकृति भी बदल जाती है और भाषा भी बदल जाती है। भाषा में आनेवाला बदलाव अप्रत्यक्ष भौगोलिक परिवर्तन का असर होता है। ज़रीना अपने चित्र में 'मैपिंग' करते समय कुछ शब्द और वर्णों का प्रयोग करती है। ये शब्द उर्दू में होने के कारण यह साफ़ हो जाता है कि चित्र में अंकित प्रदेश उर्दू भाषिक है। वह प्रदेश ज़रीना की स्मृति का उसका अपना गाँव, शहर या देश भी हो सकता है। इस तरह क्षेत्रफल, महाद्वीप, उपमहाद्वीप आदि भूगोल के तत्त्व चित्र के अवकाश, आकार आदि तत्त्वों की जगह पर आते हैं। ज़रीना की इस चित्र मालिका को देखना यानी विश्व के परिचित-अपरिचित देशों के मानचित्र देखने की ही अनुभूति होती है।

२८ जमील नख़्श
(१९३८)

जमील नख़्श

एक वस्तु प्रतिमा और प्रतिबिम्ब दोनों सम्भावनाओं को लेकर चलती है। वस्तु की छाया या प्रतिमा प्रकाश की विपरीत दिशा में पड़ती है। वस्तु का विपरीत दिशा में प्रतिबिम्ब हू-ब-हू वस्तु जैसा होता है। यानी अपना सादृश्य और उससे पूर्णतः मुक्त दोनों सम्भावनाएँ वस्तु में ही निहित होती हैं। वस्तु का मूर्त रूप और उसी का अमूर्त रूप; इस प्रकार वस्तु के कारण ही मूर्त-अमूर्त की सम्भावनाएँ उत्पन्न होती हैं।

वस्तु यथार्थ का संक्षिप्त या उसका बीज-रूप होती है। उससे मिली अनुभूति का विस्तार मूर्त-अमूर्त रूप में होता है। यथार्थवादी चित्रण की प्रेरणाएँ या अमूर्त चित्र की प्रेरणाएँ यथार्थ की अनुभूति से आती हैं। इस प्रभाववादी विचार से यथार्थवादी और अमूर्त दोनों विचारधाराएँ उत्पन्न हुई हैं।

मूर्त-अमूर्त में तालमेल स्थापित करनेवाला घनवाद वैश्विक कला को अपना लगा और पिकासो जैसे चित्रकार से पूरा विश्व प्रभावित हुआ। पिकासो की तरह जमील नख़्श के चित्र भी पॉल क्ली के आसपास पहुँचते हैं। पिकासो के चित्र में साफ़-साफ़ अलग-अलग मितियाँ हैं, क्ली के चित्र में अलग-अलग मितियाँ नहीं हैं। एक ही आकार को कुछ रेखाएँ काटती जाती हैं, जिससे आकार विभक्त होते हैं और अलग से मितियाँ नहीं बनतीं। रेखा द्वारा आकार बेधे जाने के कारण एक ही आकार में दो रंगों की योजना बन जाती है, परन्तु आकार एक ही बना रहता है। जमील के चित्र में विभिन्न रंगों की योजना के कारण रेखा द्वारा आकार बेधा जाता है। आकार को बेधते जाने की शैली के कारण जमील के चित्र फिर से पॉल

क्ली के चित्र के क़रीबी लगते हैं। यथार्थ और भौमितिक काम करनेवाले चित्रकार जमील नख़्श मूर्त–अमूर्त की मिश्र शैली के चित्रकार हैं।

वस्तु के बिना छाया सम्भव नहीं है। लेकिन छाया वस्तु और यथार्थ की तुलना में न जाने कितने अमूर्त आकारों की आभासी दुनिया को बसाती है। दरअसल, ये भास–आभास वस्तु अथवा यथार्थ का ही परिणाम हैं। छाया वस्तु से अलग अवकाश में होती है। अभ्यस्त नज़रों को छाया के बिना भी वस्तु का आभास होता रहता है। वस्तु में अनेक प्रतिमाओं के आभास होते रहते हैं। यानी यथार्थ भी स्थिर या अचल नहीं है। यथार्थ या वस्तु के भी कुछ कम्पन होते हैं, जो चंचल होकर अनेक प्रतिमाओं का आभास उत्पन्न करते हैं। यथार्थ से ही अमूर्त संवेदनाएँ बनती हैं। इन संवेदनाओं को अंकित करनेवाला कलाकार मूर्त–अमूर्त में भेद नहीं करता। इसलिए जमील नख़्श के चित्र यथार्थ होने के बावजूद कुछ अमूर्त संवेदनाओं को दर्शाते हैं।

शरीर, आकार और आकृति के क्रम से यथार्थ में रूपान्तरित होता है। यथार्थ शरीर के न्यूनतम घटकों से यथार्थ बनता है और अनुपात तथा नियम से आकृति बनती है। परन्तु आकार अपना अनुपात और नियम से यथार्थ की स्मृतियाँ बरकरार रखता है। जमील नख़्श के चित्र आकृति में होते हैं। रंग, रेखा बदलकर यथार्थ का अनुपात बरकरार रखती ये आकृतियाँ रंग और रेखाओं के यथार्थ नियमों की परवाह नहीं करतीं। यानी वे स्वतन्त्र होती हैं। इसीलिए यथार्थ और कल्पना या यथार्थ और स्मृति की एकत्रित योजना यथार्थ में ही नवीनता ले आती है।

यथार्थ में दीख पड़नेवाली अपूर्वता अतियथार्थवाद का अहसास कराती है। परन्तु जमील नख़्श के चित्र में यथार्थ का अनुपात उसमें स्थित आभासमयता के लिए भी होता है। अत: वह स्वप्निल प्रतीत नहीं होता, बल्कि 'ऑप्टिकल' यानी दृष्टिभ्रम प्रतीत होता है। और ऐसा अहसास होता है कि एक ही प्रतिमा से दुबारा वैसी प्रतिमाएँ छूटती जा रही हैं।

जमील नख़्श के चित्र में हमेशा एक ही आकार होता है। गठन, रेखाएँ भी एक–जैसी होती हैं। आकार एकसमान स्तब्ध और स्थिर होने के कारण ऐसा प्रतीत होता है कि उस स्त्री–आकार का वस्तुकरण हो गया है। जिस तरह वस्तु स्थिर और स्तब्ध होने के बावजूद दृष्टि को आभास होता रहता है, ठीक उसी प्रकार जमील के वस्तुकरण में तब्दील हुए आकारों में भी

आभास होते रहते हैं। चित्र यथार्थ होने के बावजूद इस आभास प्रतिमा से वे दन्तकथा की तरह लगते हैं। जमील के चित्र के पीछे कोई विषय न होने के कारण उसमें कोई कथा या कथन नहीं होता। मात्र स्त्री देह की प्रतिमाएँ या प्रतिमाओं का समूह। सामने स्थित कोई समूह देखने के बाद जिस तरह विषय का अहसास अपने भीतर से उभरता है, ठीक उसी प्रकार जमील के चित्र की समूह प्रतिमाओं के विषयों के अहसास हमारे भीतर से उभरते हैं। कोई मूक नाट्य देखने के बाद हम उसके पात्रों की हरकतों का अन्वयार्थ लगाते हैं, परन्तु इन चित्रों का अन्वय चित्र में नहीं होता, बल्कि वह चित्र की रचना से बनता है।

एक वस्तु पर दो दिशाओं से प्रकाश डालने पर उसकी छाया दो विपरीत दिशाओं में पड़ती है। दो प्रकाशों के फासले जैसा ज़रा-सा फासला बनाकर ये दो छायाएँ वस्तु की अलग ही प्रतिमा बनाती हैं। एक-दूसरे पर परस्पर फैलकर इन छायाओं की घनी-फीकी छटाएँ तैयार होती हैं। इससे अनेक प्रतिमाएँ बनती हैं। जमील अपने चित्रों की प्रतिमाओं को एक-दूसरे पर तनिक बिछाकर इसी तरह अनेक प्रतिमाओं की निर्मिति करते हैं। समान आकार की इस समूह रचना से चित्र में एक नाट्यमयता उत्पन्न होती है। कभी-कभी शीशे के पीछे स्थित शीशे पर प्रतिबिम्ब पड़ने से अनेक घने-फीके प्रतिबिम्ब उत्पन्न होते हैं। इसी से अनेक प्रतिबिम्बों का अहसास होता है। जमील नख़्श एक ही अवकाश में ऐसी प्रतिमाएँ और प्रतिबिम्बों की रचना करते हैं। यह रचना चित्र-रचना की अवधारणा से अधिक यथार्थ रचना जैसी होती है। इससे अवकाश का अलग से अहसास भी नहीं होता।

सामान्यतः कोई वस्तु टूट जाने पर उसके अनेक टुकड़े हो जाते हैं। परन्तु जमील के चित्र में अनेक टुकड़ों को जोड़कर एक आकार खड़ा किये जाने का अहसास होता है। इससे आकार अखण्ड रहता है और रेखाएँ आकार को विभक्त करनेवाली न लगकर उस आकार के साथ स्वतन्त्र अस्तित्व दर्शानेवाली लगती हैं। चित्र की रेखाएँ, आकार जितनी ही ठोस हों, रेखाएँ चाहे स्पष्ट हों, फिर भी वे दंतूर और कम्पन रेखाओं जैसी होती हैं। भारी वस्तु से शून्य का प्रकाश, वायु निरन्तर परावर्तित होता है, जिससे वस्तु और शून्य को निश्चित रूप से विभक्त करनेवाली रेखा दिखायी नहीं देती। वह हमेशा धूसर होती है। भूमि और आकाश को विभक्त करते क्षितिज जैसी। इसलिए वस्तु की बाह्य रेखा क्षितिज रेखा की तरह होती है। जमील नख़्श

के चित्र की रेखाएँ मात्र रेखाएँ नहीं, क्षितिज रेखा की तरह प्रतीत होती हैं। यथार्थ से चित्र में परावर्तित हुई एक सजीव रेखा लगती है।

जमील के सभी चित्रों में एक गठन होती है, जिससे ऐसा लगता है कि रंग और रेखा के नीचे एक पृष्ठ है। इस पृष्ठ पर रंग और रेखा स्थिर होने के कारण वे अधिक सशक्त लगते हैं। यथार्थ से अनेक आभास उत्पन्न होते हैं, फिर भी किसी कल्पना से यथार्थ का ही आभास होता है। जैसे किसी वस्तु पर प्रकाश पड़ता है, ठीक उसी तरह जमील के चित्र के किसी आकार पर अथवा सम्पूर्ण चित्र पर प्रकाश की दिशा में सफ़ेदी फैली होती है। इस सफ़ेद रंग-योजना के कारण वस्तु पर प्रकाश पड़ने का अहसास होता है और चित्र के कल्पित रंग, आकार यथार्थ लगने लगते हैं। चित्र में कल्पित यथार्थ प्रतीत होने का आभास उत्पन्न होता है।

जमील नख़्श अपने चित्रों में स्त्री-प्रतिमाओं के साथ पक्षियों की प्रतिमा का बार-बार प्रयोग करते हैं। स्त्री-प्रतिमा के जैसी ही पक्षियों की प्रतिमा होने के कारण वह किसी मिथक अथवा प्रतीकात्मक रचना जैसी प्रतीत होती है। पक्षी जब भी प्रतीक रूप में आते हैं, इन प्रतीकों या चिह्नों के पीछे कुछ निश्चित संकेत होते हैं। जमील के चित्रों में ऐसे संकेतों का अहसास नहीं होता। अत: चित्र के पक्षी प्रतीक के रूप में नहीं, बल्कि ऐसे आते हैं मानो वे जमील के जीवन की कुछ स्मृतियाँ हों। कभी स्त्री-प्रतिमा में पिरोकर तो कभी अलग, ऐसे पक्षियों की रचना स्मृति और यथार्थ की मिश्र संवेदना जैसी लगती है।

जमील के चित्र उत्कट भावदशा या कुछ अलग रस-निष्पत्ति के नहीं होते। उसके चित्र हमेशा समशीतोष्ण होते हैं। अति शीत अथवा अति गर्म पदार्थ पर भाप जिस तरह एक-जैसी होती है, ठीक उसी तरह जमील के चित्र में संवेदनाएँ एक-जैसी होती हैं।

अलग रचना से किसी शब्द की अर्थानुभूति बदल जाती है। इसी प्रकार जमील के चित्र के उसी आकार की अनुभूति दूसरे आकार, रंग-रचना से बदल जाती है। यथार्थ और आभास का एक ही आकार से अहसास होता है। उसके चित्र का आकार द्विअर्थी शब्द जैसा होता है, जो यथार्थ भी लगता है और कल्पित भी।

मानवीय आकारों के ज़रिये अभिव्यक्ति करते समय कलाकार कुछ कहना

चाहता है। कहने के पीछे कोई वास्तविकता होती है। पुराणकथा, मिथक, यथार्थ घटना, प्रसंग, कोई विषय, कोई कथा, कहानी अथवा परम्परा के रूप में चित्र में मानवीय आकार हमेशा होते हैं। लेकिन इनके ज़रिये वह कुछ भी नहीं कहता। न कथन करता है और न ही कथा रचता है। सूचक के रूप में चित्र का विषय भी नहीं होता। चित्र के आकार निर्विकार और स्तब्ध होते हैं। चित्र में अपवादस्वरूप ही सम्पूर्ण शरीर होता है। स्त्री–प्रतिमा होने के बावजूद वे अन्य कलाकारों की स्त्री प्रतिमाओं जैसी मोहक नहीं होतीं अथवा उनका विरूपीकरण नहीं होता। निरन्तर आनेवाली स्त्री–प्रतिमा स्तन दर्शानेवाली होने के बावजूद वह ऐसी नहीं होती कि उसके प्रति आसक्ति प्रतीत हो। चित्र के रंग, रेखा, आकार, गठन इन्हीं का सौन्दर्य और स्त्री–प्रतिमा के साथ की रचना—यही तत्त्व महत्त्वपूर्ण होने के कारण चित्र की अमूर्त संवेदनाएँ ही महत्त्वपूर्ण होती हैं। जमील की चित्र–निर्मिति अमूर्त को पूरा अवसर देती है। केवल अमूर्त के रूप में ही नहीं, बल्कि उसमें यथार्थता आ जाने के कारण जमील मूर्त–अमूर्त में तालमेल बनाकर चित्र का अद्वैत बरकरार रखता है।

अन्वर जलाल शेम्ज़ा और ज़रीना हाशमी की तरह जमील नख़्श भी अपनी कला के लिए भाषा का इस्तेमाल करते हैं। उनके कुछ चित्र 'उर्दू' भाषा की रचना में होते हैं। ऐसे उर्दू हिज्जे या वर्णों की रचना के चित्रों में जमील नख़्श साफ़–साफ़ अमूर्त शैली के कलाकार लगते हैं। दरअसल, अमूर्त चित्र बनाना उनका उद्देश्य नहीं होता, परन्तु वर्णों की स्वाभाविक रचना से चित्र अमूर्त हो जाते हैं। चित्र की भाषा रचना में भाषा के प्रति प्रेम से ज़्यादा उनकी धार्मिक आस्था अधिक महसूस होती है। चित्र में चाहे भाषा का, वर्णों का प्रयोग हो, फिर भी मानवीय प्रतिमा के रंग, रेखा, बुनावट भी चित्र में होते हैं। जमील नख़्श को रंग, रेखा, बुनावट, आकार का तीव्र अहसास है।

आकार अथवा अवकाश में बहुबेधक रेखा से नयी मितियाँ नहीं बनतीं। आकार का विरूपीकरण नहीं होता। आकार संलग्न रहकर रेखा से विभक्त हो जाता है। स्त्री–प्रतिमा पर ऐसी अनेक बेधक रेखाएँ देने से मूल प्रतिमा का विरूपीकरण नहीं होता। जमील नख़्श के चित्र विरूपीकरण के नहीं हैं, बल्कि वे मूर्त–अमूर्त में तालमेल बनाते हैं।

२९ जोगेन चौधरी

(१९३९)

जोगेन चौधरी

"My background is relevant," he once remarked in an interview, explaining that his life in Calcutta was quite disturbed with political movements. "This has a definite influence on my work like the Ganesha Period. The Bangali Business Class worshipping the icon, and their corruption, how they degenerate just like a flesh." The famine, the partition and the food movement all cast a pallover his formative years, and anality of darkness may be seen to inhere in Chowdhury's work. Yet as well as an indicator or sadness, this darkness can be understood to evoke an aura of mystery. It is an effect enhanced in Chowdhury's more recent works, which increasingly, crop the central image. Chowdhury explains that "the purpose to hide some parts. The movement I show the entire figure, the interest in the detail would be lost. Earlier on, the figures were observed in their natural bearing which came through expressionistic stylization and the weight of reality was greater. There is an effect of distancing today."

(Crayon Art Gallery, Jogen Chowdhury)

भारत में कथन शैली की चित्र परम्परा अत्यन्त अहम थी। यह एक ऐसी मिश्र कला का दौर था, जहाँ मौखिक साहित्य परम्परा ने साहित्य के साथ-साथ नाट्य, नृत्य, शिल्प, चित्र को भी अपने भीतर समाहित कर लिया था। कोई पुराणकथा साहित्य के साथ-साथ काव्य, नृत्य, नाट्य अथवा चित्र-

शिल्प का भी आधार बन जाया करती थी। इसी से यह धारणा दृढ़ हो गयी कि कला निर्मिति करना यानी पुराण के किसी विषय को लेकर कला प्रकार में अभिव्यक्त करना है। विषय पहले से बना-बनाया होने के कारण चित्रकारों में बस हुनर होना आवश्यक था। हमारी समूची भारतीय कला पर काव्य-प्रतिमा और सांगीतिक लय का पूरा प्रभाव है। इसी कारण शिल्प-चित्र आलंकारिक बन गये। स्वदेशी विचारों ने पुनः पुरानी तकनीक, कौशल और भारतीय सौन्दर्यशास्त्र के निकषों को मानक माना। इस कारण कला बेजान बन गयी।

अमृता शेरगिल ने इस ग़लत सौन्दर्यवादी दृष्टिकोण को पूरी तरह से बदलकर कला में जीवन की अनुभूति को प्रतिबिम्बित किया, जिससे यह सोच बनी कि भारतीय जीवन के दुख और करुणा भी चित्र का विषय बन सकते हैं। अमृता ने अपने चित्रों से यह साबित किया कि आम आदमी के जीने में भी कला होती है।

अमृता शेरगिल के इस परिवर्तन के परिणामस्वरूप भारतीय कला पारम्परिकता की अपेक्षा वैश्विक कला की तरफ़ आकर्षित हुई। द्वितीय विश्वयुद्ध के बाद अनेक देश आज़ाद हुए। साथ ही अनेक देशों के कलाकारों को अपनी अभिव्यक्ति और विचार स्वातन्त्र्य की प्राप्ति हुई। इस कारण अनेक चित्रकार नवीनता की खोज में जुटे थे। घनवाद के बाद उत्तर घनवादी चित्रकार अमूर्तवाद का प्रारम्भ कर चुके थे। इस अमूर्तवाद को ही भारतीय चित्रकार अत्याधुनिक समझ रहे थे। 'फ़िगरेटिव' यानी किसी शैली में चित्र बनाना अथवा केवल रंग-लेपन की तकनीक विकसित करना या अमूर्त यानी अत्याधुनिक कला-निर्मिति; इस तरह मानकर चलने से दोनों कला-प्रकार अत्यन्त सतही और रोमांटिक बन गये।

परन्तु बंगाल में सघन और यथार्थ जीवन को स्पर्श करनेवाली कला की परम्परा रवीन्द्रनाथ टैगोर से चली आ रही थी। रवीन्द्रनाथ टैगोर, बिनोद बिहारी मुकर्जी, रामकिंकर बैज ने अपना परिवेश, वहाँ का मानवीय जीवन, किसान, मज़दूर, आदिवासी जैसे उस भूमि से एकाकार हुए जीवन पर ही अपनी कला को केन्द्रित किया। इस कारण बंगाल में होनेवाले प्राकृतिक, भौगोलिक, सामाजिक बदलाव कला में भी परिवर्तित होते गये। सोमनाथ होर, जैनुअल आब्देन, चित्ताप्रसाद जैसे चित्रकारों ने बंगाल के भयानक अकाल का यथार्थ चित्रण किया। प्रचलित कलामूल्य अथवा सौन्दर्य को

अनदेखा कर सामने प्रस्तुत यथार्थ मूल्य को चित्र में परावर्तित किया। भारतीय कला में यही मौलिकता साबित हुई।

अपने परिवेश के प्रति अहसास या कला के समग्र परिवर्तन के लिए अनुकूल आन्दोलन चित्रकला में नहीं हुए। 'प्रोग्रेसिव ग्रुप' और 'ग्रुप १८९०' में कुछ चित्रकार समान विचारों के थे। परन्तु बाद के 'प्लेस फॉर पीपल' आन्दोलन में भारतीय मौखिक परम्परा के प्रभाव से आयी हमारी कथन कला को 'नैरेटिव' परम्परा से जोड़ने का व्यापक विचार आया। उस दौर में स्थापित अमूर्त कला के खोखलेपन और समग्र कला के कलावाद को अस्वीकार कर दुबारा 'कला मनुष्य के लिए' यानी 'प्लेस फॉर पीपल' के रूप में यथार्थ जीवनवाद का आग्रह किया गया। इस चित्रकला से अमृता शेरगिल की मनोवांछित भारतीय कला की निर्मिति होती गयी।

'प्लेस फॉर पीपल' के समान विचारों के चित्रकारों में किसी विशिष्ट शैली या विशिष्ट विचारधारा का कोई आग्रह नहीं था। उनकी यही अपेक्षा थी कि जीवन के प्रति खुली आँखों से देखें और उसके बारे में बात करें। इसीलिए भूपेन खख्खर, गुलाम मोहम्मद शेख, सुधीर पटवर्धन आदि कलाकरों के चित्र इनसानों पर ही केन्द्रित हैं, परन्तु वे एक-दूसरे से पूरी तरह अलग हैं। परन्तु इन्हीं में से एक चित्रकार जोगेन चौधरी की तरफ़ अलग दृष्टि से देखना होगा। क्योंकि जोगेन भी शान्तिनिकेतन और बंगाली परम्परा का है। इनसान के प्रति तीव्र आस्था रखनेवाली इस परम्परा में रवीन्द्रनाथ टैगोर, रामकिंकर बैज, ऋत्विक घटक, सत्यजित रे, सोमनाथ होर, चित्ताप्रसाद से लेकर जोगेन चौधरी तक; न केवल चित्र-शिल्पकारों की, अपितु सिनेमा, साहित्य आदि कला-प्रकारों की भी दृढ़ परम्परा है। इस परम्परा ने मानवीय जीवन को केन्द्र बनाया है। उनके दर्द, यातनाएँ और दरिद्रता का सौन्दर्य अंकित किया है। दरिद्रता में भी सौन्दर्य होता है—यह सिद्धान्त इसी परम्परा ने दिया है। जोगेन का विचार मात्र 'प्लेस फॉर पीपल' के अपने समकालीन कला-प्रवाह तक सीमित नहीं है। रवीन्द्रनाथ टैगोर से लेकर सोमनाथ होर, जैनुअल आब्देन, चित्ताप्रसाद की समग्र एकत्रित संवेदनाएँ जोगेन के चित्र में अंकित होती हैं। जोगेन के चित्र का बिन्दु वह व्यक्ति है, जिसकी सुख-दुख की संवेदनाएँ समाप्त हो चुकी हैं और जो स्वयं को अभिव्यक्त नहीं कर पाता हो।

एक ही तापमान की अभ्यस्त वस्तु को उसी तापमान की आवश्यकता होती

है। इसी प्रकार एक ही परिस्थिति के आदी व्यक्ति को उसी परिस्थिति की आदत हो जाती है। इस स्थिति की निरन्तरता के कारण उसकी संवेदनाएँ क्षीण हो जाती हैं। उसमें अहसास की क्षमता नहीं रह जाती। संवेदना ख़त्म होने पर संवाद ख़त्म हो जाता है। धीरे-धीरे मनुष्य का वस्तुकरण हो जाता है। जोगेन के चित्र में ऐसी ही निरन्तर यातना, क्लेश, दुख से व्याप्त परिवेश, समय के पीछे का समय, परिसर ही ओढ़ लेने के कारण संवेदनशीलता और संवाद खो चुके लोग होते हैं।

जोगेन चौधरी दरअसल, विभाजन के बाद बाङ्ला देश से भारत आया। बंगाल में सदियों से भीषण दरिद्रता, निरन्तर अकाल, महामारी, ज़मींदारी, उनके द्वारा होनेवाला शोषण, राजनीति, समाजनीति चली आ रही है। जोगेन के आसपास के परिवेश का यही यथार्थ है। वनस्पति को भूमि में पोषक द्रव्य न मिलने पर उसकी जड़ें भूमि के भीतर पहुँचकर पोषक तत्त्वों को खोजती रहती हैं।

मिट्टी में प्राप्त अवकाश से कन्दमूल अपना आकार धारण करते हैं। प्राकृतिक वस्तु में रस, बीज और भीतरी रचना होती है, जिससे उनका बाह्याकार निश्चित होता है। कन्दमूल में कोई भीतरी रचना नहीं होती। अतः वे केवल मिट्टी की देह की तरह बढ़ते रहते हैं। जोगेन के चित्र के आकार भीतर से ऐसे ही बिना रचना के होते हैं। चित्र के मनुष्य के शरीर में अस्थियाँ, रचना नहीं होतीं। इस कारण शरीरावयवों की रचना, हलचल के लिए शरीर में कोई हावभाव नहीं रह जाता। वे कद्दू आदि सब्ज़ियों की तरह चाहे जैसे बड़े हुए होते हैं। मिट्टी में जैसा अवसर मिलेगा, वैसे कन्द बड़े होते हैं। जोगेन के चित्र के आकार भी अवकाश का केवल खोखल व्याप्त रहते हैं।

जोगेन के चित्र में अवकाश नहीं होता। आकार में अवकाश का अहसास रचना के बाह्यांग से होता है। चित्र के आकार स्पष्ट, सुघड़ और अवकाश में खोदकर रखे जैसे अलिप्त होते हैं। चित्र में अवकाश आकार को धारण करने के लिए आता है।

प्रत्येक कन्द और फल-सब्ज़ी में बाहर से हल्की-सी कँटीली बुनावट होती है। कन्द अथवा फल-सब्ज़ी जब बढ़ती है, तब वातावरण की उस पर खरोंचे लगती हैं, जिसके निशान कन्द अथवा फल के सजीव होने का अहसास कराते हैं। जोगेन के चित्र के मानवीय आकारों की बुनावट इसी

तरह मुलायम कँटीली होती है। उस पर साफ़-साफ़ दीख पड़नेवाले ज़ख़्मों के निशान, मानवीय आकार ज़िन्दा होने का अहसास कराते हैं। ये वेदनाविहीन मानवीय आकार इसी कारण संवेदनशील नहीं लगते। मूक पशु की तरह हर भाव की अभिव्यक्ति क्षमता खो बैठे लगते हैं।

जोगेन के चित्रों में रंगों का अभाव होता है, परन्तु बुनावट हमेशा होती है। मानवीय आकार नग्न हो या वस्त्र से ढके , उनकी बुनावट एक-जैसी होती है। शरीर और वस्त्र एक-दूसरे में मिले होते हैं। अलग महसूस हो, ऐसी उनकी अलग बुनावट नहीं होती। शिल्पी आकार में शरीर और वस्त्र बुनावट-रूप की दृष्टि से एक ही होते हैं। ठीक इसी प्रकार जोगेन के चित्र के आकार में शिल्पी आकार का अहसास होता है। शिल्प अवकाश से जितना अलिप्त होता है, जोगेन के चित्र के आकार भी उतने ही अवकाश से अलिप्त होते हैं।

पेड़ की त्वचा यानी उसकी छाल होती है। उसके टूट-फूट के निशान पेड़ के साथ-साथ बढ़ते रहते हैं। इसी प्रकार त्वचा मानवीय शरीर का आवरण होती है। उसके ज़ख़्मों के निशान शरीर पर हमेशा बने रहते हैं। जन्म से प्राप्त निशान और ज़ख़्मों के निशान के रूप में ये निशान शरीर पर हमेशा बने रहते हैं। जोगेन के चित्र में जन्म-निशानों की तुलना में ज़ख़्मों के निशान ही अधिक होते हैं।

जोगन चौधरी के चित्र न्यूनतम आकार में और न्यूनतम रंगों में होते हैं। दो या तीन आकारों में पूरे चित्र की रचना की जाती है। सीमित आकार और सीमित रंगों के कारण चित्र की बुनावट मुखर और साफ़-साफ़ होती है। चित्र में मानवीय आकार कम होते हैं। साथ ही वे अपने भीतर ही गुत्थमगुत्था होते हैं। ये आकार पूर्णत: संकीर्ण मन के होने के कारण एक-दूसरे के पास होकर भी स्पर्श संवेदना से विहीन होते हैं। जम चुके शरीर से परस्पर कामपूर्ति की याचना करनेवाले जोगेन के चित्र के स्त्री-पुरुष अनावृत्त होते हैं, नग्न नहीं। वे कामपूर्ति की याचना करते हैं, परन्तु वासनान्ध नहीं हैं। व्यंग्यचित्र जैसे प्रतीत होनेवाले ये चित्र रेखा-बुनावट के कारण आशय सम्पन्न हैं।

दुर्बल जीव आत्मसुरक्षा के लिए अपनी देह के इर्द-गिर्द अपनी ही देह का आवरण बना लेता है। अपने ही शरीर की कुण्डली से अपनी देह की

कोमलता की रक्षा करता है। जोगेन के चित्र के मानवीय आकार ऐसे ही भयबोध से अपने ही शरीर की कुण्डली बनाकर पड़े होते हैं। जोगेन के चित्र में जीवन से पूरी तरह से स्खलित, हताश और विवश और दूसरे की देह की ऊर्जा के लिए अपनी देह को सौंपना चाहनेवाले लोग होते हैं। ये लोग सुख और दुख की संवेदनाएँ खो चुके मात्र जीव प्रतीत होते हैं।

शरीर पर ज़ख़्मों के निशान मानो अपने ही शरीर के तनाव से आये हैं। शरीर का आकार, उस पर ज़ख़्म के कारण आनेवाली कुरूपता, शरीर में सुघड़ता लानेवाली रेखा और शरीर की बुनावट आदि बहुत हुनरमन्द और सुन्दर हैं। चित्र में रेखा महत्त्वपूर्ण होती है। उस समय उसके व्यक्तित्व का कोई स्वतन्त्र गुण होता है। रेखा टूलमार्क होती है, आकार का बाह्यांग होती है, रेखा भौमितिक, मैकेनिक होती है। दिशा दर्शक होती है, बॉडी लाइन होती है। परन्तु जोगेन के चित्र की रेखा के दो व्यक्तित्व हैं। अनेक दिशाएँ बदलती जाती वह रेखा प्रवाही और अखण्ड होती है। रेखा समाप्त होते ही उससे शरीर का आकार प्रकट होता है। शरीर की रचना से रेखा अंकित नहीं होती है। शरीरशास्त्र से मुक्त शरीर के आकार की यह रेखा बॉडी लाइन नहीं होती। रेखा अपना पूरा व्यक्तित्व बनाये रखती है। इसी कारण किसी शरीर का अहसास दिलाती है। कुरूपता और सुन्दरता के इस उचित सन्तुलन से ही चित्र कलात्मक ऊँचाई प्राप्त करते हैं। इसके अलावा रचना, रंग, विषय सामान्य होते हैं। साथ में सहजता और कलात्मकता का गुण भी जोगेन के चित्रों में दिखायी देता है।

जोगेन के चित्रों में जोगेन की अपनी विशिष्ट बुनावट होती है। साथ ही अपनी स्वतन्त्र शैली के अलावा उनके चित्र ठेठ बंगाली ग्रामीण शैली के हैं। के. जी. सुब्रह्मण्यम्‌ अथवा बिनोद बिहारी मुकर्जी ने जिस ग्रामीण बंगाली चित्र परम्परा से भारी-भरकम रेखाएँ ली हैं, जोगेन के चित्र भी वही परम्परा दर्शाते हैं। उनके चित्र के विषय परम्परा के अनुसार ही चेहरे, पक्षी, फूल, पत्तियाँ आदि होते हैं।

जोगेन के चित्र की बुनावट ठेठ रवीन्द्रनाथ टैगोर की रेखांकन परम्परा से आयी प्रतीत होती है। टैगोर कई बार काले पेन की स्याही से जलरंगों पर रेखाओं की बुनावट अंकित करते थे। जोगेन के चित्र की बुनावट उनसे रिश्ता जोड़ती है। उसने इसे अनेक माध्यमों के मिश्रण से कुशलतापूर्वक प्राप्त किया है। यह जोगेन चौधरी की विशिष्टता है।

स्थूल और सूक्ष्म प्रतीत होनेवाले शरीर पर जोगेन अतिसूक्ष्म विवरण अंकित करता है। चेहरे पर बंकिम भवें, आँखें, पीठ का मध्य, सपाट पेट पर पुरुषों के स्तनाग्र, सुघड़ आँखें, इस कारण चित्र में ऊबड़-खाबड़पन और सूक्ष्मता की विसंगति आती है। इन सूक्ष्म तत्त्वों को रँगाते समय शरीर का भाग रँगाने का बोध न होकर ऐसा अहसास होता है कि प्रकृति का कोई तत्त्व रँगा रहे हैं। और अपने आप ही भारतीय सौन्दर्यशास्त्र की उपमाएँ तथा अलंकारों की याद हो आती है। मछली जैसी करारी आँखें, मनुष्य जैसी भवें आदि ऊपरी तौर पर सुन्दर न लगनेवाले चित्रों में भारतीय सौन्दर्यशास्त्र के सूक्ष्म लक्षण दिखते हैं।

जोगेन के चित्रों में रचना नहीं होती। आकारों का समूह भी नहीं होता। कम से कम यानी एक या दो आकार होने के कारण अवकाश में परस्पर सन्दर्भ के लिए वे बस रखे होते हैं। परस्पर सम्बन्ध के स्पष्ट आकार किसी नाट्यमय प्रसंग जैसे होते हैं। जोगेन के चित्र का पूरा ढाँचा नाट्यमय प्रसंग जैसा होता है। मूकनाट्य जैसा। संवाद नहीं, बस हरकत होती है। ठीक इसी प्रकार जोगेन के चित्र में विषय अथवा प्रसंग बहुत बड़े नहीं होते। होती हैं दोनों आकारों के अवयवों की विसंगत हरकतें। जोगेन के चित्र में अलग-अलग अंगों से विसंगतियाँ बार-बार आती हैं। अतः विसंगति जोगेन चौधरी के चित्र का मूलाधार है।

३० के. लक्ष्मा गौड़
(१९४०)

के. लक्ष्मा गौड़

प्राचीन काल से भारतीय परम्परा में अनेक परस्पर विरोधी दर्शन, सम्प्रदाय एक दूसरे में विलीन होते रहे हैं। अतः भारतीय परम्परा कोई एकात्म परम्परा नहीं है। वह वैविध्यपूर्ण है। आर्य-अनार्य, वैदिक-अवैदिक आदि मोटी-मोटी परम्पराओं का उल्लेख हम अवश्य करते हैं, परन्तु ऐसी ही अनेक छोटी-बड़ी परम्पराएँ इस भारतीयता में मिलकर एकाकार हो गयी हैं।

ऐसी विशाल और विविध परम्पराओं से निसृत कला भी एक सुर की कैसे हो सकती है! कलाकार मनोवांछित स्वाधीनता लेकर भी पारम्परिक बना रह सकता है। जब एक कलाकार परम्परा से कट जाने के अहसास से दुबारा उससे जुड़ने का प्रयास करता है, तब उसका अनुमान ग़लत हो जाता है। परम्परा हमारे भीतर, हमारे परिसर में ही होती है। अपने परिसर से कटकर परम्परा से नहीं जुड़ा जा सकता। जब कोई भारतीय कलाकार भारतीय बनने के लिए परम्परा से जुड़ने का प्रयास करता है, तब वह बुनियादी रूप से अपने परिसर से कट चुका होता है। परन्तु परिसर से कटकर हम परम्परा से नहीं जुड़ सकते।

कारीगरी भी सम्बद्ध परिसर से दृढ़ता से जुड़ी होती है। आबोहवा, मिट्टी, प्रकृति के साथ-साथ वहाँ के समूह मन का अक़्स भी उसमें अंकित होता है। इसीलिए परिसर के बदलते ही कारीगरी में भी बदलाव आता है। इस तरह कारीगरी से भी अपने प्रदेश की पहचान बनती है।

वस्तु और कपड़ा आदिम काल से मनुष्य के जीवन को आसान बनाते रहे

हैं। वे न केवल मनुष्य के जीवन का मूलाधार बने हैं, अपितु मनुष्य के साथ-साथ उत्क्रान्त भी होते रहे हैं। यह अनुप्रयुक्त कारीगरी लगातार उन्नत होती गयी। अनुप्रयुक्त प्रौद्योगिकी, विज्ञान हमेशा प्रगतिशील होता है। उससे नयी-नयी अवधारणाओं का विकास होता है। विशुद्ध विज्ञान, प्रौद्योगिकी जब तक अनुप्रयुक्ति को नहीं अपनाती, तब तक उसकी उन्नति नहीं हो सकती। ऐसी अनुप्रयुक्त वस्तुएँ हमेशा प्रगतिशील होती हैं। अतः वस्तु और कपड़ा परम्परा की कारीगरी हमेशा विकासशील रही है।

लोक-परम्परा में किसी कला, परम्परा को अलग नहीं किया जा सकता। भारतीय कारीगरी परम्परा से भी मौखिक साहित्य परम्परा को अलग नहीं किया जा सकता। भारतीय महाकाव्य में कारीगरी जितनी ही अहम है, भारतीय आभिजात्य कारीगरी में महाकाव्य भी उतना ही अहम है। रामायण, महाभारत, एलोरा, अजन्ता, ताजमहल, भारतीय वस्त्र, नटराज आदि सब मात्र कला अथवा साहित्य नहीं है, बल्कि भारतीय परम्परा के सांस्कृतिक प्रतीक हैं।

भारत में अनेक समाज और समूह रहते हैं। प्रदेश, गाँव, परिसर से उनकी पहचान बनती है। इसी प्रकार परम्परा तथा संस्कृति से भी उनकी पहचान बनती है। इसके बावजूद ऐसे अनेक समूह हैं, जिनके पास उनकी अपनी कोई पहचान नहीं है। उनके पास अपना गाँव, परिसर नहीं है। इस कारण उनकी पहचान भी नहीं है। वे अपनी परम्परा, अपनी संस्कृति, अपने देवी-देवता, अपनी कथाएँ रचकर ही अपनी पहचान बनाते हैं। इस तरह उन्हें परम्परा बनाकर अपनी पहचान बनानी पड़ती है। उनकी परम्परा इस भारतीय परम्परा में मिश्रित हो गयी है। परन्तु गाँव-बस्ती से विहीन, यहाँ तक कि जंगल भी जिनका अपना परिसर नहीं है, ऐसे गाँव और जंगल के सहारे जीनेवाली छोटी-छोटी खानाबदोश जनजातियाँ भी हमारी संस्कृति का हिस्सा हैं। उनकी भी अपनी परम्पराएँ हैं, कलाएँ हैं।

भारतीय कलाकार अपनी परम्पराओं को भी ठीक से नहीं जानते। इसलिए वे ख़ुद को ऐसी परम्परा से जोड़ने का प्रयास करते हैं, जिसकी पहचान पहले से ही बनी हुई है। परन्तु ऐसी अनेक अजनबी परम्पराएँ हैं, जो संस्कृति की विरासत का अनुरक्षण करती हैं। आधुनिक कलाकारों का शायद ही इन परम्पराओं से परिचय होगा। ऐसी अपरिचित परम्पराओं से जुड़ने पर ही कला का अभिसरण होता है। परम्परा के सादृश्य से कला का रिश्ता उससे नहीं जुड़ पाता और वह बाहरी ही बनी रहती है।

खानाबदोश जनजाति के प्रतिनिधि कलाकार के रूप में सामने आनेवाले के. लक्ष्मा गौड़ भारतीय कला में अत्यन्त बिरले कलाकार हैं। खानाबदोश जनजातियों की सामाजिक परम्पराओं से उनकी कला का जैविक रिश्ता है। अतः परम्परा से परिचय बनाने की सीमाएँ उनकी कला में नहीं हैं। अनेक माध्यमों, शैलियों में वे मुक्त रूप से काम करते रहते हैं।

लोककला, लघुचित्र आदि देसी कलाएँ और के. जी. सुब्रह्मण्यम् जैसे लोक कलाकार के साथ-साथ पाब्लो पिकासो, हेनरी मातीस जैसे विदेशी कलाकारों का प्रभाव लक्ष्मा गौड़ के मुद्रा-चित्र, टेराकोटा, बर्तन शिल्प, भित्ति शिल्प, रेखांकन आदि कई माध्यमों में किसी न किसी प्रकार से दिखायी देता है। गौड़ ने किसी कलाकार, शैली अथवा किसी माध्यम का सोद्देश्य चयन नहीं किया है। बहुआयामी ढंग से अभिव्यक्त होना यही उनका उद्देश्य है। इस कारण उनकी निर्मिति में अनेक शैलियाँ और अनेक प्रभाव देखे जा सकते हैं।

लक्ष्मा गौड़ के चित्र में कोई न कोई मानवीय समुदाय अवश्य होता है। उसमें घटना, प्रसंग, विषय, कथा या संवाद के उद्देश्य से सही; मानव समुदाय अवश्य आता है। गौड़ के चित्र में स्त्री, पुरुष, पशु, पेड़ आदि समूह रूप में नहीं होते, बल्कि एक-दूसरे से जुड़े, परस्पर संलग्न होते हैं। स्त्री-पुरुष, पशु, पेड़ का यह संयुक्त रूप परस्पर अटूट रिश्ते की तरह सहज लगता है। चित्र में संवाद, कथा, प्रसंग आदि कुछ भी न होने के कारण कोई विषयवस्तु भी नहीं होती। इस तरह चित्र का समुदाय एक-दूसरे से संवाद नहीं करता, बल्कि परस्पर सम्बद्ध दिखता है।

आदिवासी स्त्री-पुरुषों में सामान्यतः अपने शारीरिक सौन्दर्य का बोध नहीं होता। परन्तु अनेक सुन्दर वस्तुओं को अपने शरीर पर धारण करने, सुन्दर वस्तुओं से अपनी देह को सजाने में उसे दिलचस्पी होती है। कभी-कभी अपने अंगों को छेद कर वह आलंकारिक वस्तुएँ धारण करता है। लक्ष्मा गौड़ के चित्र के व्यक्ति काली-भूरी पेन्सिल से बने होते हैं। चित्र में देह कभी-कभी ही दीख पड़ती है। परन्तु वस्त्रों का रंग-संयोजन फूल-पत्ते के डिज़ाइन से भरा होता है। टेक्सटाइल परम्परा का यह प्रभाव और आदिवासी मानसिकता—दोनों का मिश्रित रूप इस चित्र में होता है।

चित्र में अंकित समूह में किसी भेड़ या बकरी का चित्र होता है। चित्र में भेड़-बकरी लगातार आने के कारण ऐसा महसूस होता है कि यह समूह

गड़रिया लोगों का होगा। खानाबदोश समुदाय में ये पशु उनके जीवन का अनिवार्य अंग होते हैं। भारी-भरकम देह के व्यक्ति, बकरी जैसे पशु, पीछे जंगली पतझड़ के पेड़ों का परिसर, भड़कीले रंग के कपड़े, स्त्री-पुरुषों की अजीब हरकतें, उनके माथे पर रंग-बिरंगी गुलाल आदि सब देखकर ऐसा लगता है कि यह कोई धार्मिक विधि का दृश्य होगा। इस तरह यह समुदाय देखकर किसी विधिकथा अथवा विधिनाट्य का अहसास होता है।

लक्ष्मा गौड़ के चित्र में समुदाय के अलावा केवल चेहरे आते हैं। इससे चित्र की शैली सहज ही बदल जाती है। चेहरे के आकार लघुचित्र जैसे सुडौल होते हैं, परन्तु रंग अमानवीय हैं। चेहरे से लेकर कपड़े, केशरचना आदि का चित्रण आलंकारिक पद्धति से करने के कारण चेहरे पर अनेक रंग आते हैं, जिससे ये चित्र ठेठ हेनरी मातीस के व्यक्ति-चित्रण जैसे अमानवीय लगते हैं। यूरोप में ऐसे चित्रण से ही 'पशुवाद' की अवधारणा जन्मी थी। अत: लक्ष्मा गौड़ के चित्र में लघुचित्र और पशुवाद का मिश्रित रूप मिलता है। हेनरी मातीस के चित्र में वस्तु अथवा व्यक्ति निमित्त मात्र होते हैं। पूरे चित्र में 'टेक्सटाइल' शैली की रंग-संयोजना होती है। लक्ष्मा गौड़ और हेनरी मातीस के चित्र में अपनी-अपनी परम्परा कायम रखकर भी इस तरह साम्य देखा जाता है।

भित्ति शिल्प अथवा शिल्प बनाते समय लक्ष्मा गौड़ की शैली अपने आप ही बदल जाती है। भित्ति शिल्प में एक पर एक इस तरह मिट्टी की अनेक महीन पर्तें डालकर अथवा उससे कुछ आकार काटकर उसकी रचना की जाती है। इस शैली के कारण अनेक मानवीय आकार साबुत नहीं रह पाते। उन मानवीय आकारों में कुछ भौमितिक आकार मिल जाते हैं और भित्ति शिल्प एक मिश्रित रचना में बदल जाता है। इन रचनाओं पर के. जी. सुब्रह्मण्यम् के भित्ति चित्रों का प्रभाव साफ़-साफ़ देखा जा सकता है।

शिल्प में चेहरा बनाते समय लक्ष्मा गौड़ की शैली और बदल जाती है। ये अलग से बने 'हेड्स शिल्प' भारतीय मूर्तिशास्त्र परम्परा के लगते हैं। मूर्तिशास्त्र भारतीय शिल्पशास्त्र से अलग है। मूर्तिशास्त्र में देवी-देवताओं के चेहरे की गठन के कुछ सूत्र बने होते हैं, जिनके कारण मूर्ति के चेहरे पर अपने आप ही दैवी भाव प्रकट होते हैं। लक्ष्मा गौड़ के शिल्प में मूर्तिशास्त्र का यह सूत्र अपने आप आ जाने के कारण ये शिल्प दैवी प्रतीत होते हैं।

विरूपीकरण से चित्र के आकार विद्रोही और हिंसक प्रतीत होते हैं। इसी

कारण पिकासो के चित्र का विरूपीकरण विद्रोही और हिंसक लगता है। लक्ष्मा गौड़ का माध्यम अलग है। अतः विरूपीकरण के कारण उनके चित्र के आकार और अधिक विद्रोही और हिंसक बनते हैं। इसी प्रक्रिया में उनकी चित्रशैली पिकासो की चित्रशैली के आसपास पहुँच जाती है। मुद्रा-चित्रण करते समय मात्र रेखाओं का प्रयोग करने से व्यक्ति का, आकार का विरूपीकरण हो जाता होगा। इससे वे और एक नयी शैली के पास पहुँचते हैं।

मुद्रा-चित्रण में तकनीकी पहलू अत्यन्त अहम होता है। लक्ष्मा गौड़ उसके अनुरूप रेखांकन जैसी रेखा से मुद्रा-चित्रण करते हैं। मुद्रा-चित्रण में रंगों का अभाव होता है और आकार भी न्यूनतम होते हैं। न्यूनतम आकारों के ज़रिये निर्मिति के कारण इन आकारों पर ध्यान केन्द्रित किया जाता है। पेंटिंग में सहज आनेवाले मानवीय आकार मुद्रा-चित्रण में अभिव्यक्ति के रूप में आते हैं। कभी-कभी इसी से उसका विरूपीकरण हो जाता है। मुद्रा-चित्रण में श्रृंगारिक विषयों के ज़रिये रंगों के अभाव को दूर किया जाता है। पेंटिंग में यौन चित्रण बहुत कम होता है, और मुद्रा-चित्रण में भरपूर होता है। पेड़, पशु और स्त्री-पुरुषों के रेखांकन में कभी-कभी पुराण अथवा मिथक का विषय प्रतीत होने लायक रचना भी आती है। कभी-कभी ये मुद्रा-चित्रण तकनीकी अहसास भी दिलाते हैं। मुद्रा-चित्रण के पेड़ों की रचना, आकार चित्र की तुलना में अधिक संवेदनशील होते हैं। पतझड़ के कारण रूखे बने पेड़ रेखांकन की तकनीक से आकर्षक और आलंकारिक प्रतीत होते हैं। छोटी-मोटी रेखाओं से निष्पर्ण पेड़ की टहनियों की रचना होने के कारण वे पारदर्शी अथवा अर्धपारदर्शी लगती हैं। अनेक पेड़ दिखाने के बावजूद वे पेड़ घने नहीं लगते, विरल ही लगते हैं।

एक कलाकार के रूप में लक्ष्मा गौड़ के सर्जन में अनेक शैलियाँ, अनेक माध्यम, अनेक परम्पराओं में आस्था, आधुनिकता का अहसास, तकनीकी कुशलता और अपने भौतिक जीवन के प्रति अटूट निष्ठा आदि कितनी ही विशेषताएँ हैं। इसी से उन्होंने अपने सृजन के अवकाश को विस्तृत किया है। अतः यह कहना अप्रासंगिक न होगा कि लक्ष्मा गौड़ भारतीय कला के बहुमाध्यमीय कलाकारों में अपवादात्मक कलाकार हैं।

मनजीत बावा

भारत में भिन्न-भिन्न दौर में, भिन्न-भिन्न प्रदेशों में भिन्न-भिन्न परम्पराएँ, पुराणकथाएँ, मिथक प्रचलित थे। भारतीय कला-परम्परा इन्हीं का समग्र रूप है। ये पुराणकथाएँ और मिथक भारत के सभी कला प्रकारों में आते हैं। पुराण, मिथक और लोकजीवन की घटनाओं तथा कथाओं के समन्वय से ही भारतीय कला का एक प्रतीकात्मक ताना-बाना तैयार हुआ है। रूपक, दृष्टान्त या प्रतीकात्मकता भारतीय कला-साहित्य की एक महत्त्वपूर्ण विशेषता है।

भारतीय देवी-देवताओं की प्रतिमाओं में समानता नहीं है। एक देवता के कई हाथ, कई सिर हो सकते हैं। साथ ही उन देवी-देवताओं के साथ कोई न कोई पशु या पक्षी जुड़ा होता है। अनेक देवताओं की प्रतिमाओं में मनुष्य और पशु प्रतिमाओं के मिश्रित रूप भी हैं। उदाहरणार्थ, नरसिंह, गणपति, तुम्बर ! देवता, मानव, पशु, पक्षी, वनस्पति आदि प्रतीकों के एकत्र आ जाने पर लौकिक-अलौकिक का भेद समाप्त हो जाता है। हिन्दू, बौद्ध, जैन आदि धर्म अथवा एलोरा, अजन्ता या कारीगरी को भीतर से जोड़नेवाला 'सिम्बॉलिज़्म' एक अहम सूत्र है। इसलिए प्रतीकवाद अथवा सिम्बॉलिज़्म विशिष्ट भारतीय वस्तु है।

आधुनिक भारतीय कला में राजा रवि वर्मा से लेकर एम.एफ. हुसेन और तैयब मेहता तक के कला-सृजन की बुनियाद भारतीय पुराण या मिथक कथाएँ रही हैं। यद्यपि ये विषय भारतीय पुराणों से सम्बन्धित हैं, परन्तु उनमें रंग भरने की कलात्मक प्रक्रिया में उन्होंने अपनी-अपनी तकनीक और

शैली का प्रयोग किया है। यहाँ केवल विषयवस्तु ही परम्परागत है, बाक़ी सब आधुनिकता है।

मनजीत बावा भारतीय पुराण, मिथक, लघुचित्र परम्परा, लोकजीवन आदि अनेक मितियों की भारतीय परम्परा से जुड़ा एक विशिष्ट कलाकार है। वह भारतीय पुराण अथवा मिथक के विषय को प्रतीक या रूपक के ज़रिये सूचक रूप से प्रतिपादित कर अपना कला-सर्जन करता है। इसलिए मनजीत बावा अनेक मितियों से भारतीय परम्परा और लोकजीवन के साथ जुड़ जाता है।

नरसिंह, हनुमान, गणपति, तुम्बर जैसी पशु-मानव की मिश्र प्रतिमाओं के पीछे एक कथा होती है। कोई दूसरी कथा प्रतिपादित करने के लिए दुबारा पशु-मानव के रूप में दूसरा अवतार सामने आता है। ऐसी पुराणकथाएँ, देवता-कथाएँ मनजीत बावा के चित्रों में नहीं होतीं। वह पशु और मनुष्याकार के समूह के ज़रिये रोज़मर्रा के जीवन-प्रसंगों को सूचकता से प्रतिपादित करता है। मनजीत के चित्र में पुराणकथा या लोककथा नहीं होती। कथा न होने के कारण ये चित्र प्रचलित रूप से नैरेटिव नहीं होते, बल्कि पुराण और लोकजीवन के परस्पर रूपक या दृष्टान्त होते हैं।

पशु, पक्षी, व्यक्तियों के समूह परस्पर हिंसक अथवा सौम्य प्रकृति को त्याग देते हैं और जीवात्मा की सुसंगति के फलस्वरूप उनका द्वैत समाप्त होकर वे अद्वैत बन जाते हैं। इसलिए मनजीत के चित्र के पशु-पक्षी जंगली भी नहीं हैं और पालतू भी नहीं हैं। वे जीवात्मा की आसक्ति में एक-दूसरे में विलीन हैं। इससे किसी मिथक का पता चलता है। इसलिए ये चित्र न पूर्णतः कल्पित हैं, न पूरी तरह से यथार्थ। उनका अपना अलग अवकाश, अलग संसार है।

मनजीत बावा पुराण में वर्णित कृष्णलीला के आधार पर एक सीधी-सरल क्रीड़ा रचता है। कृष्ण के हाथों में तिरछी धरी बाँसुरी, बाँसुरी से मोहित गाय-गोपियाँ; मनजीत इस रचना को बदलकर उस चित्र को आसानी से सरल बना देता है। कोई चरवाहा मुँह से बाँस लगाये यों ही खड़ा है या बैठा है। बाँस से मोहित गाय-भैंस या कुत्ता; कोई भी जानवर अकेला या समूह में होता है। यानी रोज़मर्रा की ज़िन्दगी में पुराण होता है, जिसकी पुराण जैसी ही अहमियत है।

मनजीत बावा के चित्र के आकार 'क्रिएटिव फॉर्म' नहीं होते। सीधे-सरल होते हैं। चित्र के आकार शरीर की पुनर्रचना जैसे भी नहीं होते। कुछ आकार शरीर जैसे लगते हैं। इसलिए चित्र के प्राणी तीन, दो या एक पैरवाले भी होते हैं। किसी भी दिशा में हरकत करनेवाले, किसी भी दिशा में मुड़नेवाले हाथ-पैरों के कारण ये आकार लचीले और लयबद्ध प्रतीत होते हैं।

मनजीत के चित्र के आकार भौतिकविज्ञान, शरीरविज्ञान, आलंकारिक या सौन्दर्यशास्त्र जैसे किसी भी शास्त्रीय ढंग के नहीं होते, बल्कि सीधे-सरल खिलौने की वस्तुएँ जैसे होते हैं। चित्र की रचना ऐसी होती है मानो खेल की वस्तुएँ एक पर एक रखकर सहजता से सजायी गयी हो। कभी-कभी इस खेल की रचना किसी तमाशा या नुक्कड़ नाटक जैसी होती है। तमाशा और खेल की रचना से ही कोई मिथक सूचित या अनुभूत हो जाता है।

जिस प्रकार भीतर-बाहर से हवा से भरी कोई घनी और ठोस वस्तु भूमि से सम्बन्ध टूट जाने पर हवा या पानी में तैरने लगती है, ठीक इसी प्रकार मनजीत के चित्र के आकार घने और ठोस प्रतीत होकर भी अवकाश में एक-दूसरे पर यों हीं आधृत या परस्पर सम्बद्ध प्रतीत होते हैं। ये आकार पुष्ट होकर भी तरल होते हैं।

फूल या पंखुड़ी के डण्ठल से लेकर छोर तक या इस तट से उस तट तक धीरे-धीरे छटाएँ बदलती जाती हैं। मनजीत के चित्र के आकारों में भी किनारे से किनारे तक की छटाएँ धीरे-धीरे बदलती हैं और वे भूरे होते जाते हैं। घनी और हल्की छटाओं के कारण आकार सुकोमल प्रतीत होते हैं। भीतर से बाहर फूटते प्रकाश के कारण जिस तरह की पारदर्शी स्थिति बनती है, ये आकार भी ठीक उसी तरह पारदर्शी प्रतीत होते हैं। भीतर से बाहर आनेवाले प्रकाश के कारण सारे आकार भीतरी त्वचा के लगते हैं।

तितली फूल का ही विस्तारित रूप है। रूप-रंग की दृष्टि से वे एक ही होते हैं। दोनों की कान्ति एक-सी लगती है। मनजीत के चित्रों में प्राणी, पक्षी, व्यक्तियों की कान्ति भी एक प्रतीत होती है। प्राणी, पक्षी और व्यक्तियों के आकार एक ही अन्तर्कान्ति से बने होने के कारण मनजीत के चित्र के व्यक्ति, पशु और प्राणी, फूल और तितली जैसे एक-दूसरे के विस्तारित रूप हैं।

हौले से फूल पर बैठी तितली की रचना जिस तरह स्वतन्त्र लगती है, उसी

प्रकार मनजीत के चित्रों के आकार यों ही एक-दूसरे पर स्वतन्त्र रचे होते हैं। इनमें एक दूसरे पर हौले से रचे, हौले से परस्पर क़रीब आये और एक ही अन्तर्कान्ति से बने पारदर्शी या अपारदर्शी पुष्ट प्राणी, पक्षी या व्यक्तियों के आकार जीव और जीव के आकर्षण में नज़दीक आये होते हैं। रचना के पीछे के सारे अवकाश में सूर्यास्त या सूर्योदय जैसा एक ही तेजस्वी रंग होता है। इस कारण सारी चित्र सृष्टि किसी अलग संसार जैसी लगती है।

बाह्यदर्शी फूल में फूल पर बैठी तितली दिखती है, फिर एक-एक परागन की प्रक्रिया घटित होती है। ठीक इसी प्रकार चित्र के आकार हौले से एक-दूसरे पर रखे होने के बावजूद उससे इसी तरह किसी मिथक का परागन हो जाता है।

मनजीत के चित्रों में अनेक मिथकों का मिश्रण होता है। एक मिथक से अनेक मिथक बनते जाते हैं। वह अनेक मिथकों से एक ही मिथक की तरफ़ जाने की कोशिश करता है। अनेक मिथकों से बने 'गोवर्धन' को हौले से करांगुली पर उठाकर वह मिथक का केन्द्र ढूँढ़ता है। इसमें मनजीत एक बेसिक मिथक की खोज करना चाहता है।

भारतीय पुराण, मिथक, एलोरा, अजन्ता, अनेक कारीगरियों में स्थित 'सिम्बॉलिज़्म' प्रतिवाद, लघुचित्र परम्परा आदि कई मितियों से मनजीत के चित्र परम्परा से जुड़ जाते हैं। भारतीय लघुचित्र परम्परा कैसी रही होगी, इसका उत्तर पुरातत्त्वीय दृष्टि से दिया जा सकता है। यदि यह लघुचित्र परम्परा आज अक्षुण्ण रही होती तो आज उसका रूप कैसा होता? इस सवाल का उत्तर है—मनजीत बावा के चित्र। मनजीत बावा के चित्र लघुचित्र शैली के इतने नज़दीक पहुँच जाते हैं कि उसी की परम्परा के मालूम पड़ते हैं। इन चित्रों में छाया-प्रकाश की घनता नहीं है, रचना में गहरायी का आभास नहीं है। साफ़-साफ़ तेजस्वी रंग और द्विमिति रचना है। लघुचित्र के सारे लक्षण मनजीत के चित्रों में मौजूद हैं। उन पर लघुचित्र का प्रभाव नहीं, बल्कि वे लघुचित्र परम्परा के ही हैं, जो जे. स्वामीनाथन के चित्र के भी समीप पहुँचते हैं। जे. स्वामीनाथन के प्रकृति चित्रों में प्रकृति भी इसी प्रकार रचित होती है। उसमें भी हवा का, मिथक का हल्का-सा अहसास होता है। कोई पहाड़, पहाड़ पर निष्पर्ण पेड़, पेड़ पर उड़ रहा कोई पक्षी। कभी-कभी यह रचना विपरीत क्रम में भी होती है; और रचना के पार्श्व में फिर वही कोई तेजस्वी सपाट रंग। मनजीत बावा के चित्रों में केवल कुछ

जीव-सजीवों की रचना होती है। उसके चित्र में सजीव वस्तुरूप की तरह रंग भरे जाते हैं, जिसके कारण सजीव-निर्जीव का भेद भी समाप्त हो जाता है। इसी कारण ये आकार खिलौनों जैसे लगते हैं। खिलौने निर्जीव होते हैं, लेकिन उनमें सजीव का बिम्ब अवश्य होता है। सजीव होने के बावजूद वे वस्तुरूप होते हैं।

यूरोप के प्रभाववादी चित्रकार हेनरी रूसो से भी मनजीत बावा के चित्रों का दूरस्थ सम्बन्ध दीख पड़ता है। रूसो के चित्रों में अनेक झाड़-झंखाड़ों का जंगल होता है। उसमें भी इसी तरह अनेक अनामिक पशु, पक्षी एकत्रित होते हैं और कोई व्यक्ति पशु, पक्षी और व्यक्ति दूसरे की साथ-संगत में रहते हैं। परन्तु उनकी रचना ऐसी होती है कि ये पशु, पक्षी, व्यक्ति घने पेड़ों में लुप्त हो गये हों। इस कारण उनमें एक आदिम रहस्य का अहसास होता है।

मनजीत के चित्र में झाड़-झंखाड़ की रचना नहीं होती। मानवीय बस्ती भी नहीं होती। इस कारण प्रकृति या जीवन भी नहीं होता। होती है बस पशु, प्राणी और व्यक्तियों की जीवित रचना। समय के अनादि और अनन्त प्रवाह में केवल जीव ही सत्य है। जीव से अनेक जीवों का बनना, न बनना, उसका बार-बार अवतरित होना, यह एक सूक्ष्म-सा मिथक ही है।

भारतीय देवी-देवताओं के साथ कोई न कोई प्राणी या पक्षी उनका वाहन होता है। मनजीत के चित्र में भी कोई प्राणी या पक्षी होता है, जिससे मिथकों की स्मृतियाँ जागृत होती हैं। चित्र में कभी-कभी किसी प्राणी-पशु की विसंगत वस्तु के साथ रचना होती है। जैसे भेड़-बकरी के सामने बैंगन या शेर के सामने केला। अथवा शेषशायी रचना पर कोई व्यक्ति और उसके ऊपर लेटा कोई बाघ। विसंगति के कारण ऐसी रचना अतिवास्तव प्रतीत होने की सम्भावना होती है। परन्तु मनजीत का उद्देश्य होता है, अनेक मिथकों से नये मिथकों की रचना करना।

मनजीत के चित्र में अपने परिवेश के रोज़मर्रा के यथार्थ का चित्रण होता है। परम्परा द्वारा सुना पुराण होता है, कथा होती है, चिर-परिचित प्राणी होते हैं, आसान घटना-प्रसंग होते हैं। परन्तु मनजीत इस ब्योरे की रचना या पुनर्रचना इस तरह करता है कि उसमें एक नवीनता उत्पन्न होती है और यही नवीनता मनजीत की ख़ासियत है।

जिस प्रकार कोई औलिया साधारण-सी बात में भी असाधारण करामात

दिखा जाता है उसी तरह मनजीत भी साधारण प्रसंग से ऐसा चित्र बनाता है कि उसमें एक नवीनता जन्म लेती है। इस नवीनता को वह किसी औलिया की तरह निर्मित करता है। उसके चित्र में औलिया की तरह एक सूफ़ी सन्त का भी अहसास होता है। हिंसक और सौम्य पशु के आकार किसी मानवीय आकार के साथ होने के कारण उसमें दीख पड़नेवाला वात्सल्य किसी सन्त की ही निशानदेही करता है और यह सब मिश्रित रूप में होने से मनजीत के चित्र किसी सूफ़ी दर्शन जैसे लगते हैं।

भारतीय पुराण, मिथक, लोकजीवन, लघुचित्र परम्परा, प्रतीकवाद, द्वैत-अद्वैत, सजीव-निर्जीव आदि कितनी ही मितियों से मनजीत बावा भारतीय जैविक परम्परा से जुड़ जाता है। इसी से वह विशुद्ध देशी चित्रकार प्रतीत होता है।

३२

सुधीर पटवर्धन

(१९४९)

सुधीर पटवर्धन

सामान्यत: भारतीय देहात और शहर का परिचय इन शब्दों में दिया जाता है : भारतीय समाज और परम्परा की जड़ें गाँव-देहातों में हैं, लेकिन प्रगतिशील तथा आधुनिक विचार-प्रवण समाज केवल शहरों में रहता है। अर्थात् शहरी मानसिकता के अनुसार देहात गँवार लोगों की बस्ती है। इसके विपरीत प्रत्येक देहात को शहर के प्रति आकर्षण है।

सच्चा भारत गाँव-देहातों में बसा है; महात्मा गाँधी का यही विचार स्वदेशी आन्दोलन का केन्द्र था। ग्रामीण संस्कृति भी परम्परा का समर्थन करती थी। इसी स्वदेशी आन्दोलन के कारण कलाकार ख़ुद को अपनी परम्परा से जोड़ने का प्रयास करने लगे थे। भारतीयत्व के प्रतीकों का अपनी कला में इस्तेमाल कर रहे थे। इसका अर्थ यह हुआ कि कलाकार ने देहाती जीवन, परम्परा आदि विषयों को चित्र के लिए, कला के लिए चुना और स्वदेशी आन्दोलन के अनुरूप वह कला-निर्मिति करने लगा।

द्वितीय विश्वयुद्ध के कारण विश्व के अनेक राष्ट्र आज़ाद हुए। भारत को भी आज़ादी मिली। स्वतन्त्र भारत के कलाकारों में वैश्विक कला के प्रति आकर्षण उत्पन्न हुआ और विश्वस्तरीय कलानिर्मिति के मोह में वे देश तक को त्यागकर विदेश चले गये। इस तरह भारतीय कला-प्रवाह एक दृष्टि से स्वदेशी की विपरीत दिशा में बहने लगा।

भारतीय पुराण सम्बन्धी विषयों को नयी तकनीक से पेश करनेवाले चित्रकार अपने चित्रों में भारतीयता की रक्षा करते थे। साथ ही उनमें यह अहसास भी था कि हम भारतीय परम्परा को ही अभिव्यक्त कर रहे हैं। परन्तु इनमें

कुछ चित्रकार ऐसे थे, जो समकालीन अमूर्त कला को आधुनिक कला मानते थे। माना कि आधुनिक और परम्परागत चित्रों का विशिष्ट प्रयोजन है, लेकिन फिर भी ये चित्र सुन्दर लगने चाहिए। इसी धारणा से कला रोमांटिक, आलंकारिक बनी।

'प्लेस फॉर पीपल' एक ऐसा आन्दोलन था, जो स्वदेशी-विदेशी, परम्परागत-आधुनिक, मूर्त-अमूर्त जैसी विशुद्ध बौद्धिकता को नकारता था। साथ ही सीधे वास्तव को कला का आधार मानकर 'मनुष्य' को ही केन्द्र मानता था। यह आन्दोलन देश भर में व्याप्त हो गया और चित्रकला के पूर्ववर्ती आन्दोलनों से अधिक निर्णायक साबित हुआ।

स्वाधीनता के बाद वामपन्थी विचारों का प्रभाव बुद्धिवादी समाज, कलाकार और विचारकों पर पड़ा। इससे न केवल चित्रकला, बल्कि साहित्य, नाटक, सिनेमा आदि कलाएँ भी समान विचारधारा की बन गयीं। इससे कला, साहित्य, नाटक, सिनेमा आदि कलाएँ न केवल क़रीब आयीं, बल्कि परस्पर सहयोग से सशक्त भी बन गयीं। इसी दौर में देश में सभी कलाओं का संस्कृतीकरण हो रहा था।

मराठी साहित्य के Little Magazine (लघुपत्रिका) आन्दोलन से उपजा दलित साहित्य आन्दोलन और चित्रकला का 'प्लेस फॉर पीपल' आन्दोलन लगभग समान्तर और समकालीन ही थे। दोनों का केन्द्र मनुष्य था। इसीलिए श्रमिक, मज़दूर और शोषित वर्ग का व्यक्ति कला का केन्द्र बन गया।

देहात से निष्कासित श्रमिक शहर में आकर मज़दूर बन जाता है। उसके सामाजिक स्तर में इसके अलावा कोई बदलाव नहीं आता। इस कारण देहात-शहर का काल्पनिक भेद भी समाप्त हो जाता है। ऐसी मिल मज़दूरों की बस्ती और देहाती जीवन में ऊपरी तौर पर कुछ अन्तर दिखायी देता है, परन्तु भीतर से एक शोषित के रूप में वे समान ही होते हैं। कला और साहित्य के लिए श्रमिक जीवन एक विषय बन जाता है। इसी से महानगरीय संवेदना या अहसासों का अलग साहित्य जन्म लेता है।

'प्लेस फॉर पीपल' आन्दोलन के आगे-पीछे यह परिवर्तन अन्य कलाओं में भी घटित हो रहा था, परन्तु यह आन्दोलन अधिकांशतः शहरों, महानगरों में ही था। सुधीर पटवर्धन इसी आन्दोलन से उपजे एक युवा और महत्त्वपूर्ण चित्रकार थे।

चित्रकार सुधीर पटवर्धन श्रमिक और मज़दूर आन्दोलन में भी सक्रिय थे। उन्हें साहित्य, कला, नाटक आदि सभी कला-आन्दोलनों में अपने जैसी विचारधारा के मित्र प्राप्त हुए, जिससे उन्हें अनुकूल माहौल मिलता गया। इस कारण सुधीर की चित्रकला महानगरीय संवेदनाओं के रूप में मुखर होने लगी। उनकी चित्र-संवेदना भाऊ पाध्ये, नारायण सुर्वे, जयन्त पवार आदि कवि-लेखक तथा सतीश आलेकर जैसे नाटककार आदि की संवेदनाओं के समकक्ष पहुँचती थी।

सुधीर के चित्र परिवेश से सम्बद्ध होते हैं। परिवेश बदल जाने पर इसके चित्र भी बदल जाते हैं। सुधीर के चित्रों में नगर-विस्तार के साथ-साथ अनेक आयाम होते हैं। नगर विस्तारित होकर उपनगर बनता है। सुधीर के चित्र इसी विस्तार और अवकाश को अपने भीतर समेट लेते हैं।

सुधीर के चित्रावकाश में भूगोल-निसर्ग, समाज-समाजशास्त्र, नगर-नागरिक- नागरिकशास्त्र आदि आयाम होते हैं। सुधीर जहाँ रहता है, जो देखता है, सुनता है, उसकी त्वचा जो अलग-अलग स्पर्श संवेदनाएँ महसूस करती है, वह सारा परिवेश उसके चित्र में साकार हो उठता है। उस चित्र की वस्तुएँ, व्यक्ति, पेड़, नदियाँ, पहाड़ आदि के अंग-अंग से परकाया प्रवेश जैसा एक समान अहसास उत्पन्न होता है। देह की माँसल संरचना के समान पहाड़ की संरचना। उस परिवेश की स्थूल वस्तुओं के समान मनुष्य। पालतू जानवरों की तरह वाहन और मोटर-गाड़ियाँ।

शहर बदल जाने पर सुधीर के चित्र भी बदल जाते हैं। किसी शहर का इतिहास, उसके बदलाव की निशानियाँ,उसमें होती हैं। सुधीर के चित्र में ये निशानियाँ भी आती हैं। विशुद्ध इतिहास नीरस होता है। परन्तु लालित्य घोल देने पर वही इतिहास बखर[१] परम्परा को जन्म देता है। इसी तरह सुधीर के चित्र मात्र परिवर्तन का ब्योरा नहीं रह जाते। चित्र की रसनिष्पत्ति के कारण वे उस शहर की, नगर की बखर ही बन जाते हैं।

औपनिवेशिक दौर की विशाल इमारतें, रेलवे स्टेशन, सरकारी दफ़्तर, होटल, उनका फ़र्नीचर आदि सब पुरानी विरासत है। उसी इलाक़े में किसी प्रदेश से आये शरणार्थियों की भीड़। इन दो कालखण्डों के दो टुकड़ों से स्थिति में परिवर्तन का अहसास हो जाता है।

समय के साथ नगर का विस्तार होता जाता है। कई उपनगर बनते हैं। इस

विस्तार में नदियाँ, पहाड़, पेड़, प्रकृति, सीमेण्ट की बनी इमारतों के अवशेष, बुलडोज़र, ट्रकें, मज़दूरों की भीड़। प्रकृति और औद्योगीकरण के ये दो टुकड़े स्थिति में आये परिवर्तन का अहसास कराते हैं।

सुधीर के चित्र स्थूल रूप से 'लैण्डस्कैप' या 'सिटीस्कैप' जैसे लगते हैं। फिर भी चित्रों में चित्रकार ऐसे कई बदलाव करता है कि पता भी न चले या क्षितिज की सीधी गहरायी दर्शानेवाले यथार्थ का दर्शन भी नहीं होता। सुधीर अपनी कलाकृति में आवश्यकतानुरूप प्रकाश की दिशा बदल देता है। इससे यथार्थ दर्शन के कई केन्द्र उत्पन्न होते हैं।

सुधीर छाया प्रकाश से बने त्रिमित वास्तव की अपेक्षा चित्र के आकार को गोलाई प्रदान करता है। इससे चित्र के आकार घनाकृति से ज़्यादा उसकी जड़ता और वज़न का अहसास कराते हैं।

सामने क्षितिज तक जानेवाले यथार्थ दर्शन को तोड़कर उसे आड़ी सड़कें, नदियाँ अथवा इमारत की रचना बना देने से यथार्थ दर्शन के कई केन्द्र बनते हैं। यथार्थ दर्शन के क्रम में रंग भी धूसर होते जाते हैं। परन्तु सुधीर के चित्र के रंग क्रमबद्ध नहीं होते हैं, बल्कि चित्र की संरचना के लिए न्यूनाधिक घने हो जाते हैं। इससे भी गहरायी से ज़्यादा मितियाँ तैयार होती हैं। नाटक के प्रकाश संयोजन में आवश्यकता के अनुरूप उसकी दिशा निश्चित होती है। इसी प्रकार सुधीर के चित्र का प्रकाश भी चित्र की रचना के लिए सम्बद्ध दिशा में संयोजित होता है।

सुधीर की चित्र-संरचना एक पर एक इस तरह दो पर्तों में होती है। विषय की पहली पर्त वैसे तो आकार और रचना होती है। दूसरी पर्त चित्र के अहसास की होती है। रंग-संयोजना भी विषय के अनुरूप नहीं बल्कि चित्र की आवश्यकता के अनुरूप होती है, जो आकार और अवकाश के गुणधर्म के अनुसार की जाती है। सुधीर मनुष्य की भीड़ में मनुष्य देह की अपेक्षा उसके कपड़े की रंग-संयोजना में अधिक दिलचस्पी लेता है। रंग यहाँ भी विषय के अनुरूप नहीं, बल्कि सन्दर्भ के अनुरूप आते हैं। गन्दे और बदबूदार पानी की नदी; यह विषय होने पर भी जब उस पर प्रकाश का जो अक़्स दिखायी देता है, वह सुन्दर ही होता है। चन्द्रमा का बिम्ब चाहे नाली के गन्दे पानी में गिरे, वह सुन्दर ही नज़र आता है। इस तरह कुरूपता और सुन्दरता एकसाथ साकार हो उठते हैं।

सुधीर के चित्रों में अनेक लोगों की भीड़ होती है, परन्तु वह कथा के लिए आधारभूत नहीं होती। अर्थात् सुधीर के चित्र में कथन या कथा नहीं होती। कोई छोटा-मोटा प्रसंग या घटना होती है। घटना-प्रसंग न हो, फिर भी अनेक वस्तुएँ, अनेक व्यक्ति एकत्र आने पर उसका कोई न कोई कथाबीज बन जाता है और दर्शक उसी में किसी कथा की कल्पना कर लेता है।

सुधीर पटवर्धन के समकालीन साहित्य में, नाटक में, सिनेमा में सामान्यत: ऐसे ही विषय और ऐसा ही परिवेश आता है। भिन्न-भिन्न स्थानों से आये शरणार्थियों की अपनी कोई मूल मातृभाषा हो सकती है। परन्तु मुम्बई में जब ऐसे अलग-अलग इलाक़ों से लोग साथ आते हैं तब सामान्य हिन्दी का इस्तेमाल उनके लिए अनिवार्य हो जाता है। अपनी-अपनी मूल भाषा को हिन्दी में मिलाने से एक खिचड़ी भाषा 'मुम्बइया हिन्दी' तैयार हो जाती है। साहित्य, नाटक, सिनेमा आदि सभी कलाएँ भाषा की ही माध्यम होने के कारण उनमें इस मुम्बइया भाषा का सीधा इस्तेमाल होता है। इसी तरह सुधीर के चित्र का आशय-विषय और उससे बनी उसकी इस विशेष शैली को 'मुम्बइया' चित्रशैली कहें तो अत्युक्ति न होगी। इसी कारण सुधीर की चित्रशैली पर सीधा प्रभाव नज़र नहीं आता। यह शैली केवल सुधीर पटवर्धन की है।

चित्र की शैली में अन्तर है, फिर भी सुधीर की पूर्ववर्ती पीढ़ी के चित्रकार भगत के चित्र आशय-विषय की दृष्टि से उसके क़रीबी और मुम्बई महानगर का जीवन अंकित करनेवाले हैं। इसकी तरफ़ विषय की स्वाभाविकता के रूप में ही देखना होगा। वैसे भगत के चित्रों का सुधीर के चित्रों से सीधा कोई सम्बन्ध नहीं है।

यथार्थ और बदलते यथार्थ के कारण सुधीर के चित्र बदलते गये। शुरुआती चित्रों में दिखायी देनेवाली लोगों की भीड़ ख़त्म होकर नयी-नयी इमारतें, झुग्गी बस्तियों का पुनर्वास आदि के परिणामस्वरूप इमारतों की ही भीड़ बढ़ती गयी। चित्र में इनसान का वजूद दोयम होता गया। परिसर के विस्तार में बड़ी संख्या में इमारतें, बड़े-बड़े पुल, सड़कें, हाइवे, टावर आदि बदलाव होता ही रहेगा। सुधीर के चित्र में उस समय के इस यथार्थ का अक़्स भी अंकित होगा। मनुष्य का चित्र बनानेवाले चित्रकार के चित्र में मनुष्य रहेगा ही नहीं। यह यथार्थ परिवेश का भी है और अन्ततोगत्वा चित्रकार का भी।

३३ अनीष कपूर

(१९५४)

अनीष कपूर

Vishnu, the powerfull Hindu deity, has 1000 names, each of express a different attribute. With no single material nature, he may manifest in any form. Invoking this mythic representation of simultaneous unity and multiplicity, Kapoor gave a single title to an entire body of work. From this early movement of the 1000 names series, it is clear that Kapoor's art, while resolutely abstract, would have range of association. Moreover, those associations would be grounded, in the physical world, in the most basic bodlily and constructed forms, yet would also connect to spiritual questions of origin and belief. The penetrating red cone of 1000 names, 1979-80 might read as phallic, but it also is reminiscent of a spiralling minaret, like that of the great mosque of Samarra in Iraq. ('अरूप' पत्रिका से साभार)

More remarkable still is that in Kapoor's art the noncomposi-tional critique of the romantic model of artistic creation merges with an Indian concept of self-manifestation. Svayambhav is a Sankrit term referring to that which is created of its own accord rather than by the hand of man. Thus, stones from the Narmada, a holy Indian river, which have been polished into elliptical shapes by the fast-moving currents, are revered as lingams, sacred objects that represent the god Shiva.

('अरूप' पत्रिका से साभार)

किसी वस्तु को केन्द्र में रखकर एक प्रदक्षिणा पूर्ण करने के बाद हम उस

वस्तु के भीतर जाते हैं। वहाँ अनेक दिव्य संवेदनाओं का अहसास होता है। हमारी आँखों को वस्तु चाहे तीन मितियों में दिखायी देती हो, परन्तु वस्तु में ऐसी अनेक मितियाँ होती हैं, जो हमें दिखायी नहीं देतीं। ऊपर से उन मितियों की अलग-अलग संवेदनाएँ होती हैं। इससे वस्तु रहस्यपूर्ण अनुभव होती है। यह एक मिथक ही होता है।

'विष्णु के सहस्र नाम हैं'
'कलाकार वस्तु नहीं, मिथक की रचना करते हैं।'

— अनीष कपूर

कोई कलाकार जब कोई वस्तु या रूप गढ़ता है, तब उस रूप या वस्तु को गढ़ना ही उसका उद्देश्य नहीं होता, बल्कि उस रूप से, वस्तु से वह कुछ अभिव्यक्त करना चाहता है। यही अभिव्यक्ति उसका लक्ष्य होता है, जिसे वह रूप अथवा वस्तु से ही हासिल कर सकता है। मानवीय हस्तक्षेप से परे की वस्तुओं में भी मनुष्य की मानसिक संवेदनात्मक बातें होती हैं, जो उसे आकर्षित करती हैं। ऐसी स्वयम्भू वस्तुएँ मनुष्य को अपनी स्वनिर्मित वस्तुओं से भी अधिक 'दिव्य' लगती हैं।

साम्प्रदायिक परम्परा अथवा आध्यात्मिक परम्परा में इसी कारण ऐसी दिव्य बातें अलौकिक प्रतीत होती हैं। साक्षात्-आकार, प्रकटन अथवा स्वयम्भू को उच्च कोटि की अनुभूति माना जाता है। इसी परम्परा को केन्द्र में रखकर अनीष कपूर अपनी कलानिर्मिति करते हैं। भारतीय मिथक, वास्तुपरम्परा, दर्शन, धर्मशास्त्र—सबका प्रभाव अनीष कपूर की कला पर है। इनके प्रति उनमें तीव्र आकर्षण है।

अनीष कपूर विश्व के समकालीन कलाक्षेत्र में अत्यन्त प्रभावशाली कलाकार है। लन्दन में बसे हुए इस कलाकार की मुख्य बात यह है कि वह जन्म से भारतीय है। अर्थात् भारतीय वंश का वैश्विक कलाकार है।

यूरोप की कला-परम्परा विज्ञाननिष्ठ है तो भारत की अध्यात्मनिष्ठ। विज्ञान और अध्यात्म का अद्‌भुत मेल अनीष कपूर की कला में है। यद्यपि अनीष कपूर की कला भारतीय और यूरोपीय कला के मिश्रण का उत्कृष्ट नमूना है, फिर भी अनीष कपूर अपने आप को भारतीय कलाकार ही मानते हैं।

स्वयम्भू वस्तुओं के प्रति अनीष कपूर का अत्यधिक आकर्षण है। उसका आग्रह होता है कि मनुष्य का ऐसी निर्मिति में हस्तक्षेप नहीं होना चाहिए।

इसी कारण उसकी रचनाएँ भावनाप्रधान नहीं होती हैं। वे उसी प्रकार तटस्थ प्रतीत होती हैं, जैसे विज्ञान। अध्यात्म में मानवीयता की उन्नत स्थिति होना अपेक्षित है। परन्तु वह एक विरक्त स्थिति होती है। अनीष कपूर की आकार निर्मिति भी ऐसी ही तटस्थ और विरक्त भाव से होती है, और फिर भी रंग की दृष्टि से वह कलाकृति अत्यन्त आकर्षक और रसपूर्ण बनती है। अर्थात् स्वयम्भू वस्तु मानवीय हस्तक्षेप के परे हो, परन्तु फिर भी मनुष्य को अपनी मानसिक संवेदनाओं के कुछ बिम्ब उस वस्तु से प्रकट होते दिखायी देते हैं। इसी कारण अनीष कपूर की कला निर्मिति के बजाय 'निर्माण' अधिक लगती है।

अनीष कपूर रंग और माध्यमों का इस्तेमाल प्रचलित ढंग से नहीं करता। उसकी किसी भी कलाकृति में रंगद्रव्य नहीं होता। 'धूलिरंग' के माध्यम से वह अपनी कला का निर्माण करता है। भारतीय धर्म-सम्प्रदायों में कुछ रंग सम्बन्धित सम्प्रदायों के प्रतीक रूप में प्रयुक्त किये जाते हैं। ये रंग यानी अलग-अलग रंगों के गुलाल ही होते हैं। अलग-अलग उत्सवों के समय गुलाल उड़ाना यहाँ की परम्परा है। अनीष कपूर अपनी कलाकृतियों में इन्हीं धूलिरंगों का प्रयोग करते हैं। वह इन रंगों का मिश्रण नहीं करते, बल्कि मूल रूप में ही उनका प्रयोग करते हैं। ऐसे साम्प्रदायिक रंगों से भी एक तरह से मिथक का अहसास होता है।

कलाकार वस्तु नहीं, मिथक की रचना करते हैं।

अनीष कपूर की रचना सरल होती है। उसका प्रत्येक आकार, तत्त्व स्वतन्त्र होता है। ऐसे सभी स्वतन्त्र तत्त्वों की एकत्रित योजना होती है। ऐसे स्वतन्त्र आकार का फिर अपना स्वतन्त्र रंग होता है। ऐसी समूह रचना से वे आकार ही एक-दूसरे के सन्दर्भ ही बन जाते हैं। एक-दूसरे के सन्दर्भ से ही स्वतन्त्र बने रंग परस्पर संयोजन में आते हैं और एक अलग रंग-संयोजन बन जाता है।

चित्र-शिल्प परम्परा में कलाकार चाहे जितना प्रयोगशील हो, पर वह स्थूल रूप में मानवीय आकार, प्रकृति आदि की प्रतिमाओं का प्रयोग करता ही है। परन्तु अनीष कपूर इस परम्परा को हटाकर केवल वस्तुनिर्मिति करता है। ऐसी वस्तुनिर्मिति से वह ठेठ कला के बुनियादी अंग से यानी कारीगरी से जुड़ जाता है। कोई भी कारीगरी तकनीकी ज्ञान के माध्यम से विकसित

होती है। अनीष कपूर भी अपनी निर्मिति के लिए विशेष तकनीक विकसित करता है।

कुम्हार पहिये की गति से मिट्टी के लोंदे को आकार देकर कोई वस्तु बनाता है। यह वस्तु खोदकर या रचकर बनायी नहीं गयी है, वह गति की सहायता से निर्मित हुई है। इस कारण आकार की दृष्टि से वह स्वयम्भू प्रतीत होती है। ठीक उसी प्रकार, जैसे नदी के पानी के गतिशील प्रवाह से पत्थर को आकार प्राप्त होता है और वे भी स्वयम्भू प्रतीत होते हैं।

गति के प्रति अनीष कपूर का अत्यधिक आकर्षण है। इस कारण उसकी प्रत्येक निर्मिति गति से ही होती है। गति से ही निर्मिति होने के कारण उसकी कलाकृति के आकार सामान्यतया वृत्ताकार, घनवृत्ताकार अथवा मुक्त, इस तरह निराकार होते हैं। एक ही शक्ति के अनेक रूप अथवा उसकी अनेक मितियाँ अथवा एक ही बीज का असीम विस्तार अथवा एक ही घड़े के अनेक आकार—इस तरह एक में अनेक दिशाओं के रहस्य अनीष कपूर को आकर्षित करते हैं।

'विष्णु के सहस्त्र नाम हैं।'

गति के आकर्षण में कला का अमूर्त बनना स्वाभाविक है। जॉन टर्नर, जैक्सन पोलॉक ऐसे ही चित्रकार थे, जो गति के प्रति आकर्षित थे। गति के आकर्षण से ही अनीष कपूर रंगों के गोले सीधे तोप से दीवार पर दागता है। तोप से दीवार तक के फ़ासले का नाट्य आँखों की क्षमता से परे है। अतः हमें केवल तोप और दीवार पर छिन्न-भिन्न हुए रंगीन आकार ही दिखायी पड़ते हैं। दीवार की इस तरह निराकार की प्रतिमा स्वप्नमय, अद्‌भुत लगती है। ये आकार कलाकार की कल्पना या उसके विचार नियन्त्रित प्रयोजन के नहीं होते। वे होते हैं, बस स्वतन्त्र, गति का चित्ररूप।

'स्वयम्भू।'

दो दीवारों के दरमियान नब्बे अंश का कोण बनाकर उसके बीचोबीच पैंतालीस अंशों के कोण में रंग दागने का माध्यम तोप संयोजित होती है। दीवार के कोण पर रंग का प्रहार होने के कारण उस प्रहार की शक्ति दोनों पार्श्वों में विभाजित होकर स्थिर हो जाती है। दोनों पार्श्वों में यह प्रहार विभाजित होकर रंग-रचना समान्तर बन जाती है और एक कल्पित चित्र जैसा चित्र सामने खड़ा हो जाता है। अनीष कपूर का यह चित्र अपने भीतर

हिंसा का भाव भरता है। रक्त, मांस आदि का आभास करानेवाली घटना सामने खड़ी हो जाती है। दो दीवारों के बीच के कोने में खड़ी रेखा और यह रक्त-मांस का अहसास; अपने आप ही 'नरसिंहावतार' के मिथक का रूपक साकार करता है।

'कलाकार वस्तु नहीं, मिथक की रचना करते हैं।'

एक ही दिशा में जानेवाली अथवा वृत्ताकार घूमकर किसी भी दिशा से विहीन--दोनों प्रकारों में गति बहुत तेज़ रूप धारण करती है। एक केन्द्र में स्थिर होकर कम्पास जैसी वृत्ताकार घूमनेवाली गति से भी अनीष कपूर अपनी कला निर्मिति करते रहते हैं। पूर्ण वृत्ताकार, अर्धवृत्ताकार अथवा वृत्त का अल्प हिस्सा (कोष्ठक की तरह) अनेक आकार बनाते हैं। भीतर का अहसास एक रहकर बाहर से असंख्य आकार बनते हैं। केन्द्र एक ही हो तो भी परिधि असीम होती है।

'विष्णु के सहस्र नाम हैं।'

अनीष कपूर की कलाकृति में गति के साथ-साथ प्रकाश की भी क्रीड़ा होती है। धातुओं का अत्यन्त विशालकाय आईना भूमि पर रखकर उसमें आकाश का प्रतिबिम्ब तौला जाता है। इससे भूमि पर ही एक आकाश का टुकड़ा अवतरित होने की तरह एक स्वप्निल दृश्य बनता है। झाड़-झंखाड़ में तरल बादलों का रूप जादुई लगता है। कलाकृति देखने के बाद यह दृश्य केवल दृश्य नहीं रह जाता, बल्कि उसमें भी चन्द्रमा के लिए ज़िद करनेवाले राम का मिथक प्रकट होता है।

अपने परिसर को अपने भीतर समा लेना आईने का गुण है। अनीष कपूर कभी-कभी इसके विपरीत जाकर अलग ही रूप तैयार करते हैं। धातु से बना उनका आईना अनेक टुकड़ों में बँटा होता है। प्रकाश अनेक कोणों में परावर्तित होने के कारण आईना सामने का दृश्य ज्यों का त्यों नहीं दिखा पाता। परिणामतः सामने का दृश्य छोटे-छोटे दृश्यों में बिखरकर उसका एक अपरिचित पुनर्रूप बनता है। अर्थात्, रूप का एक मिथक ही तैयार होता है।

'विष्णु के सहस्र नाम हैं।'

अनीष कपूर को रंग, रूप और प्रत्येक वस्तु में मिथक ही मिथक महसूस

होते हैं। भारतीय परम्परा में यह धारणा है कि चराचर के हर किसी में आत्मा का अस्तित्व होता है। शायद इसी कारण अनीष कपूर को भारतीय वास्तु, अध्यात्म, कारीगरी, परम्परा—सभी के प्रति तीव्र आकर्षण है। वह कहते हैं, 'मैं भारतीय हूँ। मुझे इसका गर्व है। भारतीय जीवन मिथकीय दृष्टि से समृद्ध और शक्तिसम्पन्न है।'

३४

एन. पुष्पमाला

(१९५६)

एन. पुष्पमाला

कोई कला-आन्दोलन स्थापित होने के लिए एक व्यवस्था की आवश्यकता होती है। स्थापित व्यवस्था द्वारा कला-विचार का स्वीकार किये जाने पर उसका विस्तार हो जाता है। शान्तिनिकेतन ने स्वदेशी आन्दोलन का विचार स्वीकार किया। स्वदेशी आन्दोलन और शान्तिनिकेतन की एकरूपता से परिपुष्ट होकर यह विचार 'बंगाल स्कूल' बना, जिसका देश भर में विस्तार हुआ।

बड़ौदा कला संस्था ने 'प्लेस फॉर पीपल' आन्दोलन का तत्परता से स्वीकार किया। साथ ही वामपन्थी विचारों के बुद्धिवादी आन्दोलन ने आध्यात्मिकता, धार्मिकता, काल्पनिकता तथा सौन्दर्यवादी भावना की परिधि में फँसी कला को ठेठ यथार्थ की भूमि पर उतारा और मनुष्य को उसका केन्द्र बना दिया। इससे सौन्दर्यशास्त्रीय विचारों के साथ-साथ इतिहास, भूगोल, समाजवाद, राजनीति आदि विषय भी कला की परिधि में आ गये। इस कारण कला के सन्दर्भ में कई रास्ते खुल गये।

कला-विचार जो भी हो, कारीगरी सभी कला शैलियों के लिए अनिवार्य है। कला में जैसे-जैसे तकनीक का प्रयोग होने लगा, वैसे-वैसे कारीगरी का स्थान गौण होता गया। आज आधुनिक कला में कारीगरी का स्थान पूरी तरह से तकनीक ने ले लिया है। आज की कला ने अपना कोई विचार या कल्पना प्रस्तुत करने के लिए दूसरे की कारीगरी का प्रयोग करने की खुली छूट ले रखी है।

दृश्य-संवेदनाओं को विस्तृत करने की तकनीक क़ैमरे से लेकर आज

सिनेमा तक आयी है। इस कारण क़ैमरा और सिनेमा को चित्रकला से अलग नहीं रख सकते। इस तकनीक को समाहित करने से चित्रकला की व्याप्ति बढ़ गयी है। इसीलिए वास्तुकला-शिल्पकला-चित्रकला के कला समूह में सिनेमा का समावेश नये सिरे से हुआ है।

'प्लेस फॉर पीपल' कला आन्दोलन के दौर में सारे देश में नये विचारों की हवा बह रही थी। इस दौर के कला और साहित्य ने पूर्ववर्ती पारम्परिकता, उससे आयी रोमांटिकता, स्वाधीनता के दौर का राष्ट्रप्रेम आदि बातों को अस्वीकार कर कला विचार को यथार्थ के प्रति प्रतिबद्ध कर दिया। इसी कारण साहित्य, नाटक, सिनेमा आदि सभी कला-प्रकारों में परस्पर साहचर्य स्थापित हुआ और उन्हें एक-दूसरे से बल मिला। उस दौर में चित्रकला में कोई नयी शैली खोजकर उसे फ़िगरेटिव बना दिया जाता था। अमूर्तवादी कलाकारों में यह धारणा दृढ़ हो चुकी थी कि हमारे गहरे अवचेतन अथवा अहसास में भी कला ही है। इस कारण अमूर्तवादी चित्र बस 'कलर क्राफ़्ट' बनकर रह गये।

वैश्वीकरण के दबाव के कारण कलाकार कला के विषय में सोचने लगा। इससे उनका दृष्टिकोण अत्यन्त विशाल बना। वैश्विक दबाव के चलते वह देशी कला के बारे में भी गहरायी से सोचने लगा और यह कलाकार लघुचित्र परम्परा, एलोरा, अजन्ता, लोककला, अलग-अलग कला-प्रकार, और तो और कला के सौन्दर्यशास्त्र से भिन्न इतिहास, राजनीति, समाजवाद आदि विषयों को भी अपनी निर्मिति में स्थान देने लगा।

'प्लेस फॉर पीपल' आन्दोलन से प्रभावित और वैश्वीकरण को गम्भीरता से लेनेवाली आज की पीढ़ी के चित्रकारों में एन. पुष्पमाला और अतुल दोड़िया का नाम लेना होगा। सिनेमा के प्रभाव के लिए, सन्दर्भ के रूप में, दूसरी कला का अपनी कला के लिए प्रयुक्त करने का मामला, पुराण की ओर टेढ़ी नज़र से देखना। इतिहास और वर्तमान को एक-दूसरे के सन्दर्भ में दुबारा खड़ा करने का प्रयास; इनकी विशेषता रही है।

एन. पुष्पमाला की कला में सुप्त परन्तु तेज स्त्रीवादी संवेदनाएँ हैं। अमृता शेरगिल की स्त्रीवादी संवेदना से मेल खाते इस स्त्रीवाद में केवल स्त्री-पुरुष सम्बन्ध का ही हिस्सा महत्त्वपूर्ण नहीं है। बल्कि वह पुराण-इतिहास के सन्दर्भ देते-देते वर्तमान में स्त्री के सामाजिक स्तर को दिखाती है।

औपनिवेशिक युग के राजा रवि वर्मा के चित्र की स्त्रियाँ पुष्पमाला की अहम लक्ष्य हैं। परन्तु साथ ही औपनिवेशिक युगीन नेटिव स्त्री की प्रतिमा भी पुष्पमाला का लक्ष्य होती है और यह निर्मिति इतनी समान्तर होती है कि राजा रवि वर्मा की ही समकालीन लगती है।

नयी तकनीक के प्रति आकर्षण के चलते भी कलाकार यह नयी तकनीक प्रयुक्त करते हैं। परन्तु ऐसा भी नहीं कि यह नयी तकनीक अपने कलाशय के लिए पूरक ही हो। पुष्पमाला के चित्राशय के लिए यह तकनीक इतनी अनुकूल है कि आशय और तकनीक ज़रा भी अलग नहीं लगते। गुज़रे दौर के यथार्थ को आज के वास्तव रूप में प्रस्तुत करना लगभग असम्भव होता है। परन्तु पुष्पमाला को यह तकनीक अवगत है। इस कारण गुज़रा दौर और इतिहास को केवल वास्तव ही नहीं, अपितु 'वर्तमान वास्तव' जितना ठेठ कहा जा सकता है।

आशय की दृष्टि से भारतीय चित्रकला बहुत ज़्यादा परिवर्तित नहीं हुई। पुराण, मिथक, अध्यात्म और बहुत हुआ तो ग्रामीण जीवन ही उसमें चितारा गया है। आशय में परिवर्तन नहीं आया, इसलिए तकनीक में भी परिवर्तन नहीं आया। पुराण, दर्शन आदि के कारण भारतीय जीवन में बदलाव आया, जिसे अन्य कलाओं ने गम्भीरता से लिया। परन्तु भारतीय चित्रकार इसके प्रति सजग नहीं हैं। वे ठेठ दर्शन से चित्र-प्रतिमा तैयार करते हैं, पुराणकथाएँ पुर्नरूपित करते हैं, परन्तु जीवन पर इसके असर का उन्हें अहसास नहीं है। इसी कारण भारतीय चित्रकारों को न तो दर्शन ठीक से समझ आता है और न ही पुराण। इनकी तरफ़ वे चित्र की मात्र एक सतही आवश्यकता के रूप में देखते हैं।

प्रयोग जीवन में करना होता है। कला में तो वह अपने आप आ जाता है। परन्तु कला का परिवर्तन बुनियादी न होने के कारण वह स्थायी नहीं बन पाता। एन. पुष्पमाला और अतुल दोड़िया आदि कलाकारों की कला में पुराण, मिथक आदि का सम्बन्ध ठेठ नहीं, बल्कि उनमें पुराण, मिथक, अध्यात्म का समाज जीवन पर हुआ असर प्रतिबिम्बित होता है। अनेक विचार, अनेक घटनाएँ, साहित्य, नाटक, सिनेमा, आज का और इतिहास का दौर; एक बड़ा कैनवस होने के कारण इसे अंकित करने के लिए वैसे ही तकनीक की आवश्यकता होती है।

'प्लेस फॉर पीपल' आन्दोलन से प्रभावित एन. पुष्पमाला ने केवल इसी आन्दोलन का अनुनय नहीं किया। जे. जे. स्कूल ऑफ़ आर्ट, शान्तिनिकेतन और बड़ौदा अपनी-अपनी दृष्टि से अलग-अलग संस्थाएँ हैं। औपनिवेशिक युग से लेकर आज तक के भारतीय जीवन की मौजूदगी पुष्पमाला की कला में पायी जाती है। परिधि की पृष्ठभूमि के इतिहास की परिधि को एक ही यथार्थ दर्शन से जोड़ने की दृष्टि पुष्पमाला के पास है। इसी कारण उसे नयी तकनीक की आवश्यकता पड़ती है।

इतिहास की परिधि को वर्तमान कला से जोड़ने का प्रयास इससे पूर्व देश-विदेश में अन्य कलाओं में हुआ है। रोदाँ के शिल्प पर नृत्य-नाट्य की रचना हो, भारत में उदय शंकर दौर में अजन्ता भित्तिचित्रों को नृत्य-नाट्य से अभिव्यक्त करना हो या इतिहास को वर्तमान से जोड़ने का प्रयास अथवा सम्पूर्ण परम्परा का अभिसरण करने का प्रयास हो, परन्तु अन्ततोगत्वा वह कलाधारित कला ही होता है। पुष्पमाला की कला इतिहास को जोड़ती है, फिर भी वह कलाधारित कला नहीं है। बल्कि उसमें उस दौर की कला का समाज-जीवन पर हुआ असर और उस समाज के इतिहास को आज के वास्तव से जोड़ने का प्रयास था। यह सम्बन्ध मात्र से वास्तव से जोड़ने का नहीं, बल्कि 'वर्तमान वास्तव' से जोड़ने का है। इस कारण उसके लिए ठेठ 'जैविक आकार' का विकल्प अनिवार्य हो गया। नृत्य-नाट्य के जैविक आकारों को उसने चित्रावकाश में सहज ही समाहित कर दिया। नाट्य-नृत्य का आकार और चित्र का अवकाश, पुष्पमाला की कलाकृति की मौलिकता है।

राजा रवि वर्मा के चित्र की पुराण प्रतिमा, सिनेमा की रंजक कथाओं की स्त्री, औपनिवेशिक दौर की नेटिव स्त्री, आभिजात्य वर्ग की साईकिल, क्रिकेट तथा तस्वीर खींचने का शौक़ीन विशिष्ट उच्चशिक्षित स्त्री-जीवन, धारवाड़ की देशी स्त्रियाँ, उनका देशी लिबास आदि भारतीय स्त्री के कितने ही पहलू पुष्पमाला की कला के विषय हैं। इतना शक्तिशाली आशय और उससे उतनी ही दृढ़ता से एकाकार होना, यह केवल भारतीय स्त्री जीवन के प्रति निष्ठा के कारण ही सम्भव है।

पुराण, इतिहास अथवा विचार, दर्शन, कल्पना आदि का चित्रण प्रतिमा में ही होता है। अथवा प्रतिमा या आकार को ही चित्र के बुनियादी तत्त्व कहा जा सकता है। पुष्पमाला को अपनी अभिव्यक्ति के लिए इन बुनियादी

आकारों में परिवर्तन की आवश्यकता पड़ती है। वह प्रतिमा के स्थान पर प्रतिबिम्ब को अपनी कलाकृति में साकार करना चाहती है। प्रतिबिम्ब के लिए वास्तव स्थिति की आवश्यकता होती है। इसके लिए पुष्पमाला नयी तकनीक खोजकर अपनी निर्मिति का लक्ष्य साध्य कर लेती है।

सामने रखी वस्तु का प्रतिबिम्ब दर्पण में पड़ता है। परन्तु वही दर्पण तिरछा करने पर सामने की वस्तु का प्रतिबिम्ब परावर्तित होकर किसी और ही दिशा में चला जाता है। यह परावर्तन किसी तकनीकी वैज्ञानिक दृष्टिकोण से ही सम्भव होता है। पुष्पमाला की सारी कला प्रतिमात्मक नहीं बल्कि प्रतिबिम्बात्मक है। फिर भी यह कला वास्तव नहीं है। पुराण की प्रतिमा अथवा राजा रवि वर्मा की प्रतिमा का प्रतिबिम्ब है। प्रतिबिम्ब वास्तव में ही सम्भव है। वर्तमान जो वास्तव का भी केन्द्र होता है, पुष्पमाला की कला में भी वही केन्द्र है। अर्थात् पुष्पमाला की कला 'वर्तमान वास्तव' है।

पुष्पमाला समय और अवकाश की विशाल परिधि का रेखांकन करती है। इस कारण उसकी वास्तव कल्पना भी विस्तृत हो जाती है। कला के आशय में गहरायी आती है। औपनिवेशिक दौर और आज का दौर; दोनों को परस्पर सन्दर्भ-मूल्य देने पर आशय को अलग मिति प्राप्त होकर उसका मूल्य बढ़ जाता है।

भारतीय कला में पुराण कथाएँ निरन्तर आती रही हैं। प्रत्येक कलाकार अपनी शैली के अनुसार अपनी प्रतिमाओं में रंग भरता है। राजा रवि वर्मा के माध्यम से पुराण कथा, औपनिवेशिक दौर के माध्यम से तत्कालीन समाज, अलग-अलग स्तर की स्त्रियों के माध्यम से स्त्री-संवेदना; इस तरह दृढ़ आधार पर टिके पिछले इतिहास को आज के वर्तमान में परावर्तित करते समय वह कला की प्रतिमा का नहीं, बल्कि प्रतिबिम्ब का सहारा लेती है। प्रतिबिम्ब वस्तु के साथ अधिकाधिक एकनिष्ठ होता है। प्रतिमाएँ धूसर होती हैं। यह प्रतिबिम्ब कल्पित रूप में नहीं होता, बल्कि प्रतिमाएँ अपने भीतर से उसका रूपान्तरण करती हैं। वे स्वयं ही कला का केन्द्रीय आकार होती हैं। यानी कलाकार और कलाकृति दो नहीं, वास्तव और इतिहास दो नहीं, पुराण और आज का जीवन भी दो नहीं। पुष्पमाला की कला में इन दोनों पहलुओं का यानी प्रतिमा और प्रतिबिम्ब का एकत्रित गठजोड़ होता है।

आज के वास्तव की जटिलता का उत्तर इतिहास में छिपा होता है। इतिहास तो हाथ से निकल चुका होता है। उसकी विश्वसनीयता भी ख़त्म हो चुकी होती है। इसलिए भूगोल में ही इतिहास के चिह्न खोजकर उसे वास्तव और ज़िन्दा रखने का प्रयास किया जाता है। पुष्पमाला समाज की जटिलताओं का समाधान इतिहास की कला-संस्कृति पर अंकित चिह्नों के सन्दर्भ में करना चाहती है। परस्पर सन्दर्भ से कुछ नयी संवेदनाओं की खोज, यही उसकी निर्मिति है।

संगीत का प्रतिबिम्ब नृत्य में और नृत्य का प्रतिबिम्ब नाट्य में सहज सम्भव है। अथवा दर्पण में किसी वस्तु का प्रतिबिम्ब साकार होना भी अत्यन्त स्वाभाविक है। परन्तु पुष्पमाला की अधिकांश कला-कृतियों में चित्र का प्रतिबिम्ब चित्र में ही होता है। यह किसी का अनुकरण या अनुनय नहीं है, बल्कि प्रतिबिम्ब से प्रतिबिम्ब का लगाया गया अनुमान है। यानी दर्पण का प्रतिबिम्ब दर्पण में ही खोजा जाय तो वह अनुमान असीम और अनन्त तक पहुँच जाता है। राजा रवि वर्मा के प्रतिबिम्ब में अपना प्रतिबिम्ब ढूँढ़ते हुए पुष्पमाला उसमें आशय की असीम और अनन्त सम्भावनाएँ निर्मित करती हैं।

इतिहास के पन्ने पलटते समय ऐतिहासिक घटना एक ही अर्थ में नहीं रह जाती। उसमें तत्कालीन दौर से लेकर अनेक सन्दर्भ जुड़ जाते हैं। ये स्मृतियाँ केवल प्रसंगों को ही नहीं, बल्कि उस दौर को भी सजीव बना देती हैं। पुष्पमाला यद्यपि राजा रवि वर्मा के चित्र की प्रतिमाओं को परावर्तित करती है, फिर भी चित्र-प्रतिमा से जुड़ी स्मृतियाँ, उसकी अलग-अलग विलम्बित प्रतिमाएँ संवेदनाओं के साथ परावर्तित होती हैं। इसलिए पुष्पमाला की कला-प्रतिमा में नाट्य प्रतिमा; उसमें भी बालगन्धर्व, यक्षगान और सम्पूर्ण विक्टोरियन शैली का अहसास होता है। पुष्पमाला की कलाकृति केवल कला से ही नहीं जुड़ जाती, बल्कि उसकी चित्र-प्रतिमा से वह दौर ही प्रतिबिम्बित होता है।

३५

अतुल दोड़िया
(१९५९)

अतुल दोड़िया

आशय को लेकर भारतीय कला में बहुत अधिक बदलाव नहीं आया। स्वदेशी आन्दोलन से लेकर आज तक अनेक छोटे-बड़े आन्दोलन हुए हैं, परन्तु इसके बावजूद कला के विषय भारतीय पुराण कथा, मिथक, अध्यात्म या ग्रामीण जीवन के ही इर्द-गिर्द रहे हैं। इनमें कोई बदलाव नहीं हुआ। इन आन्दोलनों ने निर्मिति-शैली में बदलाव अवश्य किया, परन्तु आशय यथावत् रहा। भारतीय पुराण, दर्शन आदि के कारण परिवर्तित भारतीय जीवन को अन्य कलाओं ने गम्भीरता से लिया, लेकिन भारतीय चित्रकारों में इसके प्रति उपेक्षा का ही भाव रहा। ये चित्रकार दर्शन की प्रतिमाएँ बनाना, पुराणकथाएँ निरूपित करना, अपनी कला में आध्यात्मिक चेतना होने का दम्भ भरना, प्रकृति की ऋतुओं को जाने बिना उनके मोहक चित्र बनाना; बस इन्हीं क्रियाकलापों में उलझे रहे। इसका असर यह हुआ कि भारतीय चित्रकार न तो पुराण को ठीक से जान पाये, न दर्शन को और न ही प्रकृति को। चित्र की सतही और अस्थायी ज़रूरत के लिए ही वह इन तत्त्वों की तरफ़ देखता रहा।

प्रयोग जीवन में होते रहते हैं। कला में तो वे अपने आप आ जाते हैं। परन्तु कला का परिवर्तन बुनियादी परिवर्तन नहीं होता। अतः वह बदलाव का सशक्त माध्यम नहीं बनता। एन. पुष्पमाला और अतुल दोड़िया जैसे कलाकारों की कला में पुराण, मिथक आदि का ठेठ सम्बन्ध नहीं है, परन्तु उनकी कला में आये पुराण और मिथकों का समाज जीवन पर असर दिखता है। अनेक विचार, अनेक घटनाएँ, साहित्य, नाटक, सिनेमा तथा आज का और इतिहास का दौर; ऐसे विशाल कैनवस के चित्रांकन के लिए ऐसी ही

सशक्त तकनीक की आवश्यकता होती है।

अतुल दोड़िया भारतीय कला का ऐसा विशिष्ट चित्रकार है, जो आशय की दृष्टि से, गहरायी से, सोचता है। आशय के प्रति तीव्र संवेदनशील अतुल दोड़िया भारतीय कला में अपवाद ही है।

आशय को अलग-अलग अंगों से पेश करते समय अतुल को अनेक माध्यमों, तकनीकों की आवश्यकता पड़ती है। आशय के लिए इस तकनीक, माध्यम का प्रयोग करने के कारण उसकी शैली एक-सी नहीं रहती। इस कारण अतुल की चित्रशैली एक नहीं है। उसकी कला वास्तववाद से घनवाद तक और अमूर्तवाद से फ़ोटो रियलिज़्म तक के सभी रूपों को लेकर आती है। चारकोल से लेकर बिल्डिंग मैटेरियल तक, जो भी उसकी ज़रूरत है, वे सब उसकी कला का माध्यम बनते हैं। यह उसके आशय की ज़रूरत होती है।

घन और द्रवरूप पारे की गोली को हाथ से आसानी से नहीं उठाया जा सकता। इसके लिए कोई तकनीक अपनानी पड़ती है। इसी प्रकार चित्र का आशय साकार करते समय अतुल को भी तकनीक की आवश्यकता पड़ती है। अतुल के चित्र का आशय विषय में बँधा नहीं होता। वह तरल संवेदना के स्तर पर होता है। जिस प्रकार पानी वायु, द्रव या घन में से किसी भी अवस्था में होने पर भी उसके गुणधर्म वही होते हैं। अतुल के चित्र भी इसी प्रकार अपने गुणधर्म बरकरार रखते हैं। बाहरी माध्यम तथा रंगसज्जा तो उस चित्राशय के सूचक मार्ग मात्र होते हैं।

अतुल के चित्र का आशय स्वकेन्द्रित होता है। यह चित्रकार परम्परा या प्रकृति की बात नहीं करता, कोई दर्शन भी प्रस्तुत नहीं करता, परन्तु परम्परा, दर्शन, समाज, प्रकृति, संस्कृति आदि सभी सूचक और सांकेतिक मार्ग उसके वजूद का अहसास कराते हैं। जिस प्रकार गुरुत्वाकर्षण का केन्द्र दिखायी नहीं देता, परन्तु वह वस्तुओं को अपने भीतर खींचता है, उसी प्रकार अतुल सारे परिसर, भौतिक दृश्य को अपने भीतर खींच लेता है। परिवार, मित्र-मण्डली, परिसर और परम्परा; सभी का वह इस तरह उपयोग करता है, मानो वे उसकी ही निशानियाँ हों। इस सारी निर्मिति के, आशय के केन्द्र में वह स्वयं होता है। उसकी सारी कला-निर्मिति अपनी ही बखर लिखे जाने जैसी है।

पुराणकथा, मिथक, इतिहास आदि समय के सूत्रों को भी वह अपनी प्रतिमा से जोड़ लेता है। इस हल्के-से परिवर्तन के कारण पुराण, मिथक, इतिहास आदि का आशय बदल जाता है और इस आशय परिवर्तन से उसकी कलाकृति साकार होती है। यह कलाकृति एक तरह से आशय पर प्रभुत्व स्थापित करने की 'दादागिरी' ही होती है।

अतुल लोकमानस में प्रचलित पुराणकथा या मिथककथाओं का ही सन्दर्भ लेता है। जीवन पर असर करनेवाली कथाएँ उसके चित्र में आती हैं, इसी कारण उनका सन्दर्भ होता है। शेषशायी विष्णु की नाभि से उगा कमल और उस कमल में ब्रह्मा, विष्णु, महेश। अतुल इस पौराणिक चित्र में परिवर्तन कर ब्रह्मा, विष्णु और महेश के स्थान पर अपनी प्रतिमा स्थापित करता है। इस प्रतिमा को दुबारा वह घनवादी यानी पिकासो की स्मृति के साथ रखता है। इस तरह पुराण का आशय बदल जाता है। इसी प्रकार महात्मा गाँधी के साथ खड़े स्वतन्त्रता सेनानियों के बीच वह अपनी प्रतिमा को कुशलता से जोड़ देता है। इस तरह वह इतिहास, पुराण और मिथक के आशय को सीधे स्वयं से जोड़ देता है।

पुराण में सामान्यत: वर्तमान काल के सूत्र खोजे जाते हैं। अतुल इसी आयाम को उलटे ढंग से साकार करता है। वह पुराण को भी वर्तमान की तरह चाहता है। वह वर्तमान से पुराण का अटूट सम्बन्ध दर्शाता है। एन. पुष्पमाला पुराण की प्रतिमाओं को वर्तमान में साकार करती है। अतुल वर्तमान को पुराणकथा में साकार करते हुए यह दर्शाता है कि वर्तमान प्रतिमा पुराणकथा की ही सूत्रधार है। राजा रवि वर्मा के एक चित्र में गंगावतरण की पुराणकथा साकार की गयी है। अतुल अपने दोनों हाथ ऊपर उठाकर इस चित्र पर अपनी परछाया को इस तरह साकार करता है, मानो वह परछाया ही गंगावतरण की सूत्रधार हो।

पोषक तत्त्वों की खोज में पेड़ की जड़ें हज़ारों दिशाओं में फैलती जाती हैं। अतुल भी आशय की खोज में अपनी जड़ों को हज़ारों विषयों में फैलाता जाता है। अनेक विषय, अनेक कलाएँ, अनेक घटनाओं के आशय को एक-दूसरे में मिलाकर वह अपना आशय बनाता है। अतुल के चित्रों का आशय इस तरह ठेठ नहीं होता। वह सूचक होता है। लोककला में अनेक आशय समाहित करने की क्षमता होती है। इसी तरह अनेक तत्त्व समाहित होकर अतुल के चित्रों का आशय बनता है।

अतुल आभिजात्य कला की अपेक्षा लोककला की संवेदनाओं को अत्यन्त उत्कटता से साकार करता है। राजा रवि वर्मा का लक्ष्मी का चित्र जनमानस में फैल जाता है। कोई व्यक्ति इस प्रतिमा को सहज ही अपनी दुकान की शटर पर अंकित करता है। आभिजात्य कला का यह लोकसुलभ रूप अतुल को रसीला और उत्कट प्रतीत होता है। अतुल के चित्र में पुराण और मिथक की वे प्रतिमाएँ साकार होती हैं, जो लोकजीवन में प्रतिबिम्बित हैं।

हमारी देह पर पहचान के कुछ चिह्न होते हैं। परिसर के भी अपने विशिष्ट चिह्न होते हैं। अतुल इन विशिष्ट चिह्नों के ज़रिये चित्र में अपना परिसर साकार करता है। किसी देश का या राष्ट्र का जिस तरह मानचित्र होता है, उसी प्रकार अनेक चिह्नों से लैस अतुल के चित्रों की रचना भी किसी मानचित्र के जैसी होती है।

प्रत्येक परिसर का अपना एक विशिष्ट चरित्र होता है। परिसर का यही चरित्र कलाकार की रचना में अंकित हो जाता है। नामदेव धसाल की कविता में जिस तरह 'गोलपिठा' स्थान व्याप्त हो जाता है, उसी प्रकार अतुल के चित्र में घाटकोपर का परिसर अपने अनेक लक्षणों के ज़रिये आ जाता है। अतुल के चित्रों में परिसर दृश्यों के ज़रिये नहीं, बल्कि वहाँ के निशान और चिह्नों के ज़रिये आता है।

अतुल आभिजात्य कला में अत्यन्त सामान्य और लोकसुलभ प्रतिमा के ज़रिये अपना आशय खोजता है। उसकी रचना में अनेक अलग-अलग ढंग की प्रतिमाएँ, अलग-अलग वस्तुओं की रचनाएँ होती हैं और साथ ही कोई आगन्तुक और दुर्बोध लगनेवाली प्रतिमा भी होती है। स्थूल रूप से इनमें कोई परस्पर सम्बन्ध दिखायी नहीं देता, लेकिन प्रत्येक प्रतिमा या प्रत्येक वस्तु का मूल आशय रचना में आते ही उनका एक-दूसरे से गुणाकार-भागाकार हो जाता है। अर्थात् अतुल अपनी रचना में आशय का एक प्रमेय ही प्रस्तुत करता है। अंकगणित में ऊपरी तौर पर केवल अंकों की रचना प्रतीत होती है, परन्तु अंकों के मूल्य से ही उसका अंकन बदल जाता है।

काव्यालंकार शब्द के अर्थ से नहीं, बल्कि उसके नाद से बनता है। अतुल के चित्र में भी स्थूल रूप से परस्पर असम्बद्ध प्रतिमाओं की आशय की दृष्टि से तुकबन्दी हो जाती है और वह आशय काव्यात्मक बन जाता है। नन्दलाल बोस की शबरी की प्रतिमा और मांद्रिया की पेड़ की प्रतिमा—

इसी तरह आशय की दृष्टि से बनायी गयी काव्यात्मक रचना होती है, परन्तु वास्तव में वह दुर्बोध प्रतीत होती है। अतुल दोड़िया के चित्र में आशय और प्रतिमा का श्लेष हमेशा बना रहता है।

अतुल को काव्यालंकार तथा काव्य रचना का अहसास है। इस कारण कभी-कभी वह कैनवस पर ही कविता लिख डालता है। कैनवस का 'शब्द' अर्थ की बजाय एक गठन, बुनावट और आकार लिये आता है। अतुल की दृश्यभाषा समृद्ध है। भाषा पर प्रभुत्व प्राप्त होने के बाद शब्दों का मूल्य और संग्रह अपने आप आ जाता है। शब्द संग्रह की तरह अतुल अपने ख़ुद के और अनेक चित्रकारों की कलाकृतियों से प्रतिमाएँ संगृहीत कर उनका बार-बार उपयोग करता है। चित्र की यह प्रतिमा-योजना शब्द-योजना जैसी ही होती है, जिससे चित्र में भाषा जैसी पठनीयता आती है। चित्र पठनीय बन जाते हैं।

कोई-कोई प्रदेश ऐसा बहुभाषिक होता है, जहाँ अनेक भाषाएँ बिल्कुल सहजता के साथ परस्पर घुलमिल जाती हैं। अतुल के चित्र भी ऐसे ही सम्मिश्र या बहुभाषिक हैं। पिकासो, ब्रांकुसी, मांद्रिया, रवि वर्मा, भारतीय लोककला, लोककथा, नीतिकथा, बोधकथा, भूपेन खख्खर, तैयब मेहता, सत्यजित रे, ऋत्विक घटक, नन्दलाल बोस, मराठी-गुजराती कविता, सिनेमा आदि अनेक विषयों में अतुल ने अपनी जड़ें जमायी हैं। समय के अनुसार किसी कलाकार के चित्र में प्रतिमा या आकार मिश्रित रूप में आते हैं। बाहर से विसंगत प्रतीत होनेवाली यह निर्मिति आशय की आवश्यकता के चलते भीतर से अन्तर्त्वचा की तरह जुड़ी होती है। इससे उसके आशय का अभिसरण लयबद्ध होता है।

अतुल दोड़िया के चित्र हमेशा ही 'हायब्रीड' रहे हैं, जिससे आशय भी बहुमितिक, बहुवचनीय हो जाता है। इस कारण एक ही कलाकृति अनेक सम्भावनाओं को जन्म देती है। अतुल का यह हायब्रीडीकरण सहज होता है। दो भिन्न गुणधर्मों की प्रकृति परागन के ज़रिये एकरूप होकर नवनिर्मित करती है। अतुल के चित्र परागन जैसा नया-नया अहसास प्रदान करते हैं।

लोकसुलभ सामान्य प्रतिमा से लेकर अभिजात कला, सामान्य से लेकर प्रतिभाशाली व्यक्ति, पुराण से लेकर रोज़मर्रा की घटनाएँ, दीवार का कोई सन्दर्भविहीन छिलका, कील से लेकर घनवाद तक की अभिजात प्रतिमा

आदि परस्पर विरोधी छोरों को एकत्रित जोड़कर अतुल अपने आशय की परिधि बनाता है।

अतुल को आशय की दृष्टि से जो महारत हासिल है, वही महारत तकनीक में भी है। क्योंकि तकनीक आशय की आवश्यकता के अनुरूप आती है। आशय बहुवचनीय है, तो तकनीक भी वैविध्य लिये आती है। आवश्यकता के अनुसार तकनीक के स्थान पर हस्तकौशल की आवश्यकता प्रतीत होती है। अतुल का तकनीकी कौशल हस्तकौशल जैसा ही समृद्ध है। अतुल एकमात्र ऐसा चित्रकार है, जो तकनीकी कुशलता के साथ-साथ हस्तकौशल का भी सफ़ाई से प्रयोग करता है।

अतुल दोड़िया अपनी निर्मिति के लिए अनेक विषयों या अनेक कलाकृतियों का आधार लेता है। परन्तु इसके पीछे उसे अपनी अलग शैली दर्शानी है या विभिन्न विचारों का कोलाज बनाना है, ऐसा प्रयोजन नहीं है। उसे प्रतीत होनेवाला आशय समग्रता से अभिव्यक्त हो, इसी हेतु अनेक कलाएँ, कला प्रकार उसकी कला में अनिवार्यतः आते हैं। अनुभूत होनेवाले आशय की प्रतिमाएँ जहाँ-जहाँ उसे दिखायी देती हैं, उसका प्रयास होता है कि उन्हें कलाकृति में समाहित कर आशय का उन्नयन करे। हमें अनुभूत होनेवाले अहसासों को हम ठेठ नहीं खोज सकते। यह खोज अनेक सन्दर्भों से सम्भव होती है। अतुल अपने अनुभूत आशय की रचना के लिए अनेक सन्दर्भों की खोज करता है। अनेक विषयों, कलाओं में उसका हस्तक्षेप इसी सन्दर्भ में होता है।

कला से ही कुछ नया खोजने की प्रवृत्ति सामान्यतः कला में नहीं होती। कलाकार को कल्पना और विचारों से जो अनुभव प्राप्त होता है, अपनी कला में वह उसी की रचना करता है। कला को विचारों की दिशा प्राप्त होने पर कलाकार उससे एकनिष्ठ हो जाता है और उसी विचारों के अनुसार निर्मिति करता है। अतुल अपनी कला में विचार या कल्पकता को प्रस्तुत नहीं करता, बल्कि विचार और कल्पकता के अनेक अंगों से अज्ञात वस्तु की खोज करता है। इसलिए इस खोज के सन्दर्भ में उसे अनेक ज्ञात-अज्ञात विषयों की आवश्यकता प्रतीत होती है।

आशय की दृष्टि से भारतीय कला में बहुत अधिक बदलाव नहीं आया है। पुराण, मिथक, अध्यात्म या अधिक से अधिक ग्रामीण जीवन, यही उसका

आशय रहा है। चूँकि आशय में बदलाव नहीं आया, इसलिए तकनीक की आवश्यकता नहीं रही। आशय-तकनीक में बदलाव नहीं आया, इसलिए हमारी कला में भी बदलाव नहीं आया।

अतुल दोड़िया की कला भारतीय परम्परागत कला जैसी नहीं है और न ही वह समकालीन भारतीय कला जैसी है। अतुल की कला पूरी तरह से अलग है। फिर भी वह भारतीय कला से अलिप्त नहीं है। उसमें भारतीय कला का ही बार-बार अक़्स नज़र आता है। वह अक़्स प्रवाह में दिखता है, परन्तु प्रवाह में घुल-मिलकर नष्ट नहीं होता। अतुल की कला सभी प्रतिबिम्बों की सम्भावना बनकर भी पुनः अलिप्त और प्रवाहित रहती है। आशय के आकर्षण में प्रवाहित होनेवाली यह कला स्वयं में सबको समाहित कर लेती है। भारतीय कला में अतुल की तरह आशय के प्रति संवेदनशील कलाकार एक भी नज़र नहीं आता। अतुल की आशय सम्पन्न निर्मिति के कारण भारतीय कला में यह एक नया अहसास आया है। इसलिए भारतीय कला में अतुल एक नये कलाकार के रूप में मुखर हो उठता है।

३६

जनगढ़ सिंह श्याम

(१९६१-२००१)

जनगढ़ सिंह श्याम

भारतीय आदिवासी कला वैश्विक आदिवासी कला से भिन्न है। यह कला जंगली नहीं, बल्कि स्थिर हो चुके समूह की कला है। अर्थात् कृषि पर जीविका चलानेवाली समूह स्थिति की कला है। कृषि और पशुपालन पर जीविका चलाते-चलाते स्थिर हो चुके आदिवासी समाज में कृषि, अनाज और पशु के प्रति प्रबल श्रद्धाभाव होता है। इसी से उनकी परम्परा और संस्कृति बनती है। वारली, गोण्ड, गोण्ड परधान आदि कई आदिवासी जनजातियाँ कृषि से जुड़ी हैं। उनके मिथक, कथाएँ, पुराण, संगीत, नृत्य, शिल्प-चित्र आदि सब इसी कृषि जीवन से सम्बद्ध हैं।

गोण्ड आदिवासी समाज कृषक है। परन्तु गोण्ड जनजाति की ही 'परधान' उपजनजाति कृषक नहीं है। यह जनजाति अनाज उगानेवाली जनजाति पर निर्भर होती है और इसीलिए इसे 'परधान' गोण्ड कहा जाता है। यह जनजाति देवी-देवताओं की कथाएँ सुनाना, गाना-बजाना आदि काम करती है, यानी एक तरह से पुरोहित जैसा समाज है।

समकालीन चित्रकला जगत् को भारतीय आदिवासी कला का परिचय बहुत बाद में हुआ। सामान्यत: साठ के दशक के बाद नागर समाज अनेक महत्त्वपूर्ण आदिवासी कलाओं से परिचित हुआ। परन्तु तब तक भारतीय चित्रकला वैश्विक चित्रकला की ओर आकर्षित हो चुकी थी। एक कलाकार में आधुनिक वैश्विकता के कारण आधुनिक कला के प्रति आकर्षण था। इनमें अपने देश की कला के प्रति पर्याप्त आस्था या संजीदगी नहीं थी। सत्तर के दशक में वारली तथा मधुबनी और अस्सी के दशक में गोण्ड

समाज की गोण्ड परधान कला का देश और दुनिया को परिचय हुआ। परन्तु भारतीय कला की मुख्य धारा में उसका कोई प्रतिबिम्ब या प्रभाव दिखायी नहीं देता। ये कलाएँ स्वतन्त्र और समान्तर बनी रहीं, जिसके कारण भारतीय कलाकारों को वे देहाती और अविकसित लगीं। परन्तु वैश्विक कला ने भारतीय आधुनिक और समकालीन कला में विशुद्ध भारतीय देशी कला के रूप में आदिवासी कला का सम्मान किया है। मधुबनी कला के सन्दर्भ में पाब्लो पिकासो ने महासुन्दरीदेवी को सम्बोधित करते हुए कहा था, "People find me a great artist but when I saw your art, I found you a greater painter than me." (Discovery India, Oct. २००७) पिकासो का यह कथन हो या वारली कला के प्रति रिचर्ड लाँग का जुड़ाव; इससे यह स्पष्ट होता है कि विश्व स्तर पर इस कला के प्रति क्या आकर्षण था।

विश्व को एक स्वतन्त्र आदिवासी कला के जनक के रूप में जनगढ़ सिंह श्याम का परिचय हुआ। आदिवासी कला स्वभावत: सामूहिक कला है। परन्तु इस बार वह एक व्यक्ति की प्रतिभा से शुरू होकर बाद में सामूहिक बन गयी। कोई भी कलाशैली किसी समूह द्वारा अभिव्यक्त होती रहती है। अत: भारतीय कला में ही नहीं, बल्कि विश्व आदिवासी कला में भी जनगढ़ सिंह श्याम अपवाद रहा होगा।

वारली, पिटोरा, भील, गोण्ड, सावरा आदि आदिवासी कलाएँ संस्कृति या वंशशास्त्र की तरह विकसित होती गयीं। इन सारे समाजों में कथावाचन, गाना-बजाना तथा चित्रकारी करनेवाले लोग होते हैं। परम्परागत रूप से ये लोग यही काम करते हैं। भारतीय आदिवासी संसार के अन्य आदिवासियों से तनिक भिन्न हैं। भारतीय आदिवासियों का जीवन भूमि से जुड़ा होता है। जंगली शिकारी मांसभक्षक अवस्था से आगे बढ़कर अनाज उगाने की प्रवृत्ति से वह स्थिर हुआ। उसकी समूची संस्कृति का केन्द्र कृषि ही है। इसीलिए उसकी चित्र-परम्परा कृषि-संस्कृति से ही तैयार हुई है। सभी आदिवासी कलाकार नाच-गाकर और चित्र-शिल्प की निर्मिति से नवान्न की ख़ुशी मनाते हैं। गोण्ड परधान समाज अनाज पैदा नहीं करता, बल्कि पौरोहित्य करता है। यह समाज पुराणकथाएँ सुनाता है। गोण्ड समाज के अनाज पर ही इसकी जीविका चलती है। पराये धान या अनाज पर जीनेवाला इसलिए इन्हें परधान कहा जाता है।

जनगढ़ सिंह श्याम यद्यपि कथावाचक गायन, वादन की परम्परा से आया था, परन्तु उसने इन परम्परागत अनुभवों को परावर्तित कर अपनी चित्र-निर्मिति शुरू की। इससे इन कथाओं, मिथकों से बनी प्रतिमाएँ अलग ही रूप में अवतीर्ण होने लगीं और इसी से यह परधान चित्रशैली तैयार हुई। गोण्ड और भील चित्र पास-पास पड़ते हैं। परन्तु इनमें भी जनगढ़ की शैली भिन्न है। इसलिए जनगढ़ की 'परधान शैली' को दुनिया ने तुरन्त अपनाया और भारतीय आदिवासी चित्रकला विश्व स्तर पर समकालीन बन गयी।

जनगढ़ सिंह श्याम के चित्र की रेखाएँ, रंग-संयोजन, आकार और अवकाश विशिष्ट हैं। उसके प्रथम चित्र 'हनुमान' में रेखाएँ स्वतन्त्र स्वभाव की मालूम पड़ती हैं। ये रेखाएँ दन्तूर और बिन्दुओं से उत्पन्न होती हैं। बाद में ये रेखाएँ विस्तार पाते हुए रंग-संयोजन की तकनीक पर भी असर डालती हैं। बिन्दुओं से बनी रेखा बाद में आकार, रंग आदि पर प्रभाव डालकर पूरे चित्र की रचना करती है। बिन्दुओं के कारण कम्पित रेखा अपनी कई धूसर प्रतिमाएँ तैयार करती हैं। इसी से आकार साकार होता है। कम्पित रेखा, रंग को, कण-कण में विदीर्ण करती है। विदीर्ण रंगों के कण रंगों की विभिन्न छटाओं का आभास देकर रंगों में चंचलता भरते हैं। कम्पित रेखा आकार को सच्छिद्र बनाकर उसका जड़त्व समाप्त करती है और प्रत्येक आकार, धड़कन की तरह, लय में प्रकट होता है। जनगढ़ नाच-गाना करनेवाले समाज से आता है। शायद इसी कारण उसके रंग, रेखा और आकार से सांगीतिक कम्पन की लय प्रकट होती है।

आदिवासी लोग चित्र के लिए चित्र नहीं बनाते, बल्कि चित्र के ज़रिये वे कथा सुनाते हैं। बस, शब्दों की बजाय चित्रों का अंकन। यह अंकन ही उनके चित्र का आशय बन जाता है। कथा के साथ-साथ वह वृक्ष की सारी जीवसृष्टि साकार करते हैं, जिससे ये चित्र अतियथार्थवादी लगने लगते हैं। दरअसल, ये चित्र अतियथार्थवादी न होकर पुनर्यथार्थवादी होते हैं।

जनगढ़ को आकार के प्रति तीव्र आकर्षण है, जिससे वह चित्र में एक जैसे आकार भी चला लेता है। इन आकारों में उसके परम्परागत देवी-देवता; बड़ादेव, बूढ़ादेव, रातमुड़ी आदि ग्रामदेवताओं की प्रतिमाएँ; कछुआ, केंकड़ा, साँप, चचान पक्षी; परम्परागत मिथक से आये पशु-पक्षी और इन सबके केन्द्र में पेड़ होते हैं। इन आकारों के रंगों में, संरचना में कोई परिवर्तन नहीं होता। चित्र में एक ही आकार होने के कारण वह अधिक असरदार और

आशयपूर्ण लगता है। साथ ही एक सपाट रंग पर अलग-अलग रंगों से आते अनेक बिन्दु, शरीर की सुडौलता और अवकाश के अभाव के कारण आकार सहज ही आलंकारिक होता जाता है। इसीलिए जनगढ़ के ये रंगरूप 'चित्ररूप' धारण करते हैं।

आदिवासी कलाकार कथा के आधार पर चित्र बनाता है। जनगढ़ की शुरुआत भी ऐसी ही कथा से हुई। कथा के देवी-देवता ही उसे अहम लगे। बाद में उसने केवल देवी-देवताओं को चितारना शुरू किया और परम्परागत बातें पूरी तरह से नकार दीं। देवी-देवताओं की प्रतिमाओं से आकार का साफ़-साफ़ अहसास जनगढ़ के चित्र में मिलता है। यह अहसास ऐसा तीव्र है कि आकार के साथ अनिवार्यत: आनेवाले अवकाश को भी वह नकारता है। उसके चित्र में अवकाश का अहसास होता ही नहीं। होता है केवल आकार। आकार की प्रतिमा से दुबारा उसे केवल आकार ही अनुभव होते हैं। इस तरह आकार से आकार की निर्मिति होती रहती है। पहला आकार उसके अहसास से उत्पन्न होता है। उससे संलग्न हो रहे आकार पहले आकारों से उत्स्फूर्त रूप से सूझे आकार होते हैं। वह हिरन का आकार बनाता है। हिरन के सींगों में उसे उत्स्फूर्त रूप से पेड़ की प्रतिमा नज़र आती है। पेड़ की प्रतिमा में दुबारा वास्तव की स्मृतियाँ जागृत होती हैं और पेड़ के पक्षी, रेंगनेवाले प्राणी आदि को लेकर वह पेड़ की दुनिया को साकार करता है। बिन्दुओं से अंकित पेड़, पक्षी, प्राणी किसी वस्त्र जैसे सुशोभित और आलंकारिक प्रतीत होते हैं। गुजराती रबाड़ी समाज जिस तरह पूरे शरीर को बिन्दुओं से गोदकर और वस्त्र को भी उसी तरह के काले बिन्दुओं से सजाकर स्वयं को पूरी तरह से अलंकृत कर लेता है, जनगढ़ के चित्रों का अलंकरण भी इसी प्रकार का है।

जनगढ़ अपने चित्र के लिए एक ही आकार चुनता है। कोई पेड़, प्राणी या पक्षी, बस! वह परम्परागत गोण्ड परधान कथाओं से दूर हो जाता है। अपने चित्र में नया विषय भी समाहित नहीं करता। उसका अधिकांश ध्यान आकार की प्रतिमाएँ बनाने और अलग तकनीक से उनमें रंग भरने की तरफ़ होता है। जनगढ़ अपना माहौल छोड़कर शहरी माहौल में आता है और समकालीन कला की ओर खींचा जाता है। वह नयी तकनीक आत्मसात् करता है। आदिवासी कल्पना से आये आकार और आधुनिक तकनीक का प्रयोग; इससे उसके चित्रों में आदिम और आधुनिक कला का समन्वय

प्रकट होता है। भारतीय कला में आदिम-आधुनिकता का ऐसा संकरित रूप जनगढ़ के चित्र में ही प्राप्त होता है।

जनगढ़ के चित्र के आकार गोल और लचीले होते हैं। शरीर और आकार के एकत्रित हिस्सों को जनगढ़ अपने चित्रों में बरकरार रखता है। किसी प्राणी के अवयव दूसरे प्राणी या पक्षी के शरीर जैसे मालूम होते ही वह उस अवयव से दूसरे शरीर का आकार बनाता है। इससे प्राणियों के आकार एक-दूसरे में गुत्थमगुत्था हो जाते हैं। पेड़ के तने के सुडौल आकार में साँप के सुडौल शरीर का आभास होता है और तुरन्त उसे साँप का आकार दिख पड़ता है। सुडौल साँप दिखते ही ऊपर पेड़ के पत्तों का जमावड़ा होता है। उस पर फिर पक्षी, पत्तियाँ ऐसी वनस्पति की दुनिया वह दिखाता है।

उसके पेड़, पक्षी, प्राणी आदि आकारों के रंगों में कोई परिवर्तन नहीं होता। किसी सपाट रंग पर दूसरे रंग के बिन्दुओं की उसकी यह तकनीक सभी चित्रों में अनिवार्यत: आती है। बिन्दुओं से रंग भरने की तकनीक धीरे-धीरे बदलकर उत्स्फूर्त रूप से आनेवाले बिन्दु बाद में सुनियोजित और क्रमिक पद्धति से आते हैं। बिन्दुओं की क्रमिक पद्धति के कारण आकार आलंकारिक बनकर अपने मूल आशय से दूर हो जाते हैं।

जनगढ़ केवल आकार में ही अपनी निर्मिति करता है। इस कारण आशय के लिए वह आकार का बार-बार प्रयोग करता है। शरीर, शरीर का बाह्यांग और अन्तरंग उसके कुछ चित्रों में दिखायी देते हैं। अस्थिशास्त्र की तरह भीतर वह कुछ रेखांकन करता है। शरीर के बाह्यांग में अनेक हल्की, समानान्तर और धूसर रेखाओं से एक पारदर्शी वृत्त तैयार हो जाता है।

परधान गोण्ड समाज के पास उनकी अपनी कथाएँ, मिथक की जानकारी थी। साथ में गायन-वादन की परम्परा भी। जनगढ़ ने उसी को दृश्य सम्भावनाओं की प्राप्ति करायी। इस कारण परधान समाज जनगढ़ की तकनीक आत्मसात् कर गोण्ड कथाएँ चितारने लगा। यानी जनगढ़ ने इस परम्परा को एक दूसरी सम्भावना भी प्रदान की। जनगढ़ की अकेले की यह कला आज सामूहिक कला बन गयी। इस सामूहिक निर्मिति से आज चित्रकला की नयी परम्परा तैयार हुई। कलाक्षेत्र की दृष्टि से यह बात भी अपवादात्मक ही है।